大学体育

闫俊杰　秦光宇　贾　冲　编著

东南大学出版社
SOUTHEAST UNIVERSITY PRESS
·南京·

图书在版编目(CIP)数据

大学体育/闫俊杰,秦光宇,贾冲编著.—南京:东南大学出版社,2020.9

ISBN 978-7-5641-9136-8

Ⅰ.①大… Ⅱ.①闫…②秦…③贾… Ⅲ.①体育—高等学校—教材 Ⅳ.①G807.4

中国版本图书馆 CIP 数据核字(2020)第 184460 号

大学体育

编　　著:闫俊杰　秦光宇　贾　冲
出版发行:东南大学出版社
社　　址:南京市四牌楼 2 号　**邮编**:210096
出 版 人:江建中
网　　址:http://www.seupress.com
经　　销:全国各地新华书店
印　　刷:广东虎彩云印刷有限公司
开　　本:787mm×1092mm　1/16
印　　张:16.25
字　　数:407 千字
版　　次:2020 年 9 月第 1 版
印　　次:2020 年 9 月第 1 次印刷
书　　号:ISBN 978-7-5641-9136-8
定　　价:48.00 元

本社图书若有印装质量问题,请直接与营销部联系。电话(传真):025-83791830

前　言

在21世纪的今天，大学体育教育是高等学校文化教育的重要组成部分。因此，编写一本可持续发展的、符合当前高等学校教育改革形势需要以及大学生身心健康发展的体育著作，是高等学校体育深化改革和校园体育文化建设的一项重要任务。

为进一步加强体育课程建设，为大学生体育学习和运动锻炼提供指导，在总结以往编写经验的基础上，与时俱进地编写了本书。本书在编写过程中，以《学校体育工作条例》《全国普通高等学校体育课程教学指导纲要》《国家学生体质健康标准》为依据，以教育性、知识性、健康性、兴趣性、发展性为编写的基本原则，吸取了近年体育学科研究成果，着力突出学生的主体地位和健康的主题，以开展素质教育、培养当代大学生的体育意识和体育能力为主线，围绕体育和健康这两个核心，融合了相关学科的理论知识，突出了知识介绍和运动指导的统一。本书涵盖普通高等学校体育课及课外延伸的所需内容，同时满足学生"三自主"选课和有运动特长的学生以及部分身体异常学生的需要。

立德树人作为新时期我国高校人才培养的指向，落实这一任务需要通过学科教学等途径来实现。在立德树人的指导方针下，将大学生的道德品质、心理素质、社会适应能力融入体育教学中，进而更好地实现大学生身心健康与社会适应能力的提升。

本书不仅阐释了体育基本原理，介绍当代体育运动和运动保健的知识和方法，更注重给大学生提供科学的运动指导，有助于大学生根据自己的情况从中找到适合的运动方法，便于课内外阅读和参考，更贴近学习和生活。本书有机地将理论知识与实践技术相结合，将现代大学体育教育和社会体育中重点和流行的项目融入本书，重点介绍了具体的锻炼方法和欣赏方法，以提高大学生的实际锻炼技能和体育欣赏水平。

本书在编写过程中得到了众多院校的支持，并得到了沈阳大学关新枝老师、辽宁教育学院王洋老师、辽宁石油化工大学李研老师、沈阳市教育研究院杨丹老师、沈阳市广全学校谢宝锋老师、佳木斯大学体育学院汪作朋老师、大连市体育事业发展中心贺业恒老师等同行专家、教授的悉心指导，在此一并表示感谢。由于时间仓促和编者水平有限，书中不当之处在所难免，敬请诸位同仁提出宝贵意见，以便再版时进一步修改完善。

编　者

2020 年 3 月

目　录

第一章
体育概论

第一节　体育的起源与发展

一、体育的概念

“体育”一词最初是由国外传来的，是一个国际通用的、流传范围广泛的词语。这个词最早出现的时间大概是 19 世纪，而我国是在 19 世纪末 20 世纪初通过日本引进的这个词，日本则是从西方引进的。

在我国古代，并无“体育”这一词，而是用“养生”“导引”“武术”等名词来描述。1894 年前后，伴随着德国、瑞典等国体操的传入，我国便使用“体操”来作为体育的总概念。1903 年，在清朝政府批准执行的《学堂章程》中就明文规定了各级各类学校要开设体操科(即体育课)。从 1906 年开始并用“体操”和“体育”这两个词，直至 1923 年，由北洋政府新学制课程标准起草委员会所公布的《中小学课程纲要草案》这一官方文件里，才正式将“体操”一词更改为“体育”，将“体操科”更改为“体育课”。

我国对“体育”一词的含义认识有一个过程，对其解释也不尽相同。新中国成立后，我国经过多次学术讨论后，最终对体育有了比较统一的解释。《中国百科全书》中“体育”的概念：“体育的广义概念，亦称为体育运动，是人们根据社会生产和生活的需要，遵循人体生长发育和机能的活动规律，以运动动作作为基本手段，为达到增强人民体质、提高人民运动技术水平、丰富人民文化生活而进行的一种有意识并且有组织的身体运动和社会活动。体育属于社会文化教育范畴，并且受到一定社会、政治、经济的影响和制约，也为一定社会的政治与经济服务。”

从体育(广义)的内涵上来看，体育包含两个基本部分和两种属性：其一是作为体育方式方法和手段的人体运动部分，具有继承、交流、借鉴和吸取的自然属性；其二是运用这种手法和形式，来实现社会所规定的体育目标、法令和轨制部分，具有历史性和阶级性，即为社会属性。体育的本质就是这两种属性所结合的产物。体育既作用于人体，使人体身心健康；又作用于社会，促使社会的物质文明与精神文明的发展。这是体育的自然属性和社会属性两者相互统一和相互作用的结果。

从体育(广义)的外延方面来看,体育的范围包含三个部分,即学校体育、群众体育、竞技体育。

学校体育,通常也称"体育"(狭义概念),又称为体育教育。它是现代体育的基本,也是现代教育的重要组成部分,是便于全面发展人民运动,增强人民自身体质,传授体育知识和技能,提升人民运动技术水平,培养良好意志品性的一种有目的、有规划、有组织的教育过程。"体育"与德育、智育、美育、劳动技能教育等互相配合,培养出全面发展的人,从而为造就一代新人奠定好基础,为人们终身进行体育锻炼创造前提条件和培养兴趣。

群众体育(又称体育锻炼),是指以健身、健美、医疗、娱乐为目的,内容丰富、形式多样,一种因人而异的群众性的健身活动。这种活动一般都是自愿参加的,其组织形式不仅有集体的也有个人的,并且特别崇尚自我教育、精神和情绪的放松以及锻炼的效果。因此,体育锻炼不但可以称之为现代人的生活必需品,也是提高生活质量必不可少的一项内容。

竞技体育(又称竞技运动),是为了最大限度地发挥和提升个人和集体在体魄、身体能力等方面的潜力,以取得优异成绩为目的而进行的科学并且系统的训练和竞赛。这种竞赛具有强烈的对抗性、竞争性和高度的技艺性,必须按照一定的规则才可进行,竞赛成绩应被社会所认同。竞技运动不但是整个体育中最活跃、最积极的因素,也是促进各类体育发展不可或缺的重要条件。

以上三个部分虽然因其各自不同的内容和特点有所区别,但又互相紧密联系、互相渗透。它们的共同点都是通过身体练习来全面发展个人身体、增强自身体质,而且都具有教育教学的因素,都有学习知识、提高个人技术的过程,都具有竞赛的因素等。这三个部分构成了体育的整体。

二、体育的起源

体育是一种人类社会特有的文化现象,与人类社会的产生、发展相互适应。有关体育的起源问题,传统的观点认为,"劳动是体育产生的唯一源泉"。伴随着体育科学研究的深入和各门学科之间的相互渗透和相互借鉴,体育学术界的视野和思路变得更为开阔,人们针对"劳动产生体育这一理论"提出了补充论述。有人认为,"体育的产生不是单源的而是多源的",生产、劳动虽然是产生体育的"主要源泉",但不是"唯一源泉";也有人认为,"体育产生于人类社会生活的两种需要,一种是社会生产活动所产生的需要,另一种是人类生理心理活动所产生的需要"。原始人的身体活动大概可分为三种:一是和生产直接有关的活动,如捕鱼、狩猎、耕种等;二是原始攻防活动所必备的技能,如走、跑、跳、攀、爬等;三是既不和生产、攻防直接有关,又非生活必需的技能,而是仅仅为了满足人的某种需求,如游戏、杂技、舞蹈、娱乐等活动。原始人类不仅需要劳动,而且还需要生活。他们既有喜怒哀乐,也有交往的需求,因而他们习惯群居。仅就体育所产生的动因而言,除了劳动的需要外,还有适应环境的需要、对付同类袭扰的防卫需要、同疾病斗争的生存需要、表达和抒发自身内心各种感情的需要。由此可见,必须要具有健康的身体,从而进行强健自身的活动。

（一）原始体育在生活和劳动过程中萌生

人类的祖先——攀树的古猿，由于生活环境的更改和生活方式的影响，完成了从猿演变到人的具有决定意义的转变——直立行走。原始人的生活条件十分艰苦，他们只能靠采集、狩猎、捕鱼等方式搜集各种食物去维持生存。而且原始人的思维还不够发达，生产工具也十分简陋，只有一些简单的石器。他们的劳动主要依靠身体的活动，靠快跑或长途跋涉去追捕善于跑跳的野牛、野鹿等动物，靠刺杀来对付虎、豹、熊等凶猛野兽，靠攀登或爬越去采集野果，靠游泳或投掷矛器去捕鱼。原始人当时的奔跑、跳跃、投掷、攀登、爬越这些活动的根本目的仅仅是为了生存，而不是有意识地去锻炼身体、增强自己的体质。因此，严格地说，这些行为只能称为生活和劳动。然而，这些又是现代体育运动的雏形，现代体育运动正是从这些活动中蜕变出来的。

（二）体育是原始社会教育活动的主要内容和手段

原始人在长期的生产和生活实践中，对自然和社会的认识也在不断深化，所以生产工具在不断改进，生产力也在不断提高，劳动工具也日趋多样化、复杂化。这一方面就对人类提出了更高的社会要求，人类必须通过学习和培训才能学会制造和使用较为有效的劳动工具，并提高自身劳动技能；另一方面，由于劳动产品有了一些剩余，这就可以由专人对年轻一代施行教育，传授劳动技能和知识，进行身体培训。同时，人的大脑思维也有了发展，这就从主、客观的角度上为教育的产生提供了可能性。原始社会的教育主要是一些生产技能的传授，而原始的生产技能又大多是极为笨重的体力劳动，因此，在原始社会的教育中，对身体的培训占有相当大的比重。体育是原始社会教育活动的重要内容。

（三）原始体育的产生与军事、医疗卫生、娱乐和宗教祭祀活动之间的关系

1. 原始体育与军事

在原始社会末期，出现了由血亲复仇发展到掠夺财产和奴隶的战争：战争推动了武器的演进，增强了人们为了掌握这些武器和提高战斗技能而进行军事训练和身体训练的积极性。像我国的武术就是在军事技能——“武艺”的基础上演化而来的。

2. 原始体育与医疗卫生

原始人的生活条件非常严酷，由于自然灾害及同类互相之间的袭扰，使人们的健康和生命都极度缺少保障，所以他们普遍寿命都很短。考古材料表明，骨的损伤显示了古人饮食不足，患有结核病及关节炎等，而骨折不能完全复原以及头盖骨破裂、抛物刺人胸腔往往是导致死亡的原因。由于茹毛饮血的饮食习惯，卫生状况不佳，又多有胃溃疡等消化系统疾病，间接刺激了原始医疗保健活动的产生和发展。例如，康阴氏的“消肿舞”等，就是为了治疗由于环境、气候等因素所造成的身体疾病而进行的身体活动。这些既是医疗手段，又是健身活动，从目的上看，比那些为了生存、防卫和教育而进行的身体活动更接近于体育；以后又逐渐发展成各种成套的保健体操，健身的目的更加明确，体育的因素也进一步增加。

3. 原始体育与娱乐、宗教祭祀活动互相交融

原始人娱乐的主要形式是舞蹈。而舞蹈与体育有很多共同特点，并且都有健身的作用，某些非表演性的健身性的舞蹈本身就是体育的内容。原始人为了表达对狩猎成功的喜悦、

对自然的崇拜和对祖先的祭祀，往往在酋长的率领下，进行集体舞蹈，来抒发内心的情感。这种舞蹈既是身体训练，又是娱乐活动。在原始社会末期，已经有了专门的球类游戏，而且出现了观赏优秀球员之间竞赛的娱乐活动。随着宗教活动的产生，人们逐渐用舞蹈、竞技和角力来进行祈祷，娱乐神灵或祈求庇护。为了表示对寺院的尊敬，人们进行步行巡礼(赶庙会)、步行化缘等活动，包含着许多体育因素的古代奥林匹克运动会，就是由这样的祭祀活动中的竞技活动演变成的定期举行的节日竞技运动会。

综上所述，体育是由于人类生产和生活、个体和社会、生理和心理等方面的需求而产生的一种社会活动，它主要产生于劳动过程之中。原始社会的体育与教育、军事、医疗卫生、娱乐以及宗教祭祀等活动之间互相联系、互相促进、互相推动，有的甚至交融在同一个过程中。因此，它们共同发展，宛如孪生兄弟，在原始人类社会的母体中，共同萌生孕育。

三、体育的发展

(一) 国内体育的发展

伴随几千年古老文化的发展，我国的体育在不断演变。夏、商、周、春秋时期，由于奴隶主阶级的统治需要和频繁不断的战争，刺激了军事武艺的发展和对军队士兵们身体训练的重视。一些与军事有关的体育项目，如射、御、角力、拳搏、奔跑、跳跃、剑术及其他武艺，都在当时十分盛行。随着社会经济、文化的发展，特别是当文字出现时，产生了学校体育，体育的相关内容也有了文字记载。周代学校的教育实行文武结合，其教育的主要内容是礼、乐、射、御、书、数，其中的射、御和乐中的“舞”都包括了体育的因素。同时，奴隶主阶级为了满足自我享乐的需求，发展了一些具有娱乐性的体育活动，如泛舟、划船、打猎、赛马等。春秋时期是一个动荡不安的时期，出现了许多思想家、政治家和军事家，他们的哲学思想、军事思想、教育理论、体育实践等对这一时期的体育活动具有很大的推动作用。例如，孙武的《孙子兵法》这本不朽的军事经典，就包含了不少有关身体训练的体育内容。孔子除了在他兴办的私学中进行“六艺”教育外，还主张学生去郊游和游泳。他本人爱好射箭、打猎、钓鱼、登山等体育活动，并同时也注意卫生保健，因而身体强健。但由于孔子哲学思想上的“天命论”和过分强调“仁”“礼”，导致他的一些体育思想未能得到更多的实践，所以没有起到应有的作用。战国时期正是奴隶制崩溃、封建制确立的时期，新兴地主阶级正处于上升阶段，对社会的发展起着推动作用。各国在变法中都十分尚武，提倡结合军事训练开展体育活动。诸子百家也多提倡讲武，如墨子主张把射、御作为判定贤士的标准，依此予以赏罚等。由于社会政治、经济的迅速发展，城市的繁荣，医学、养生学和民间的体育活动得到了相应的发展，民间的体育娱乐活动变得非常活跃。

在汉代，由于政策宽松，使人民得以休养生息，所以出现了政治稳定、经济文化繁荣的“文景之治”。为了抵御外来侵扰，需要加强军备，使人民祛病强身，最终促使汉代体育在先秦体育的基础上获得了很大的发展。以训练士兵为主的军事体育，在骑射、刀术等武艺方面都取得了很大的发展。在“养生观”上出现了唯物主义的“寿命论”“无神论”，以及唯心主义的“天命论”，还出现了以健身为主要目的的医疗体育，如导引养生、五禽戏等。特别是名医华佗所创的五禽戏，以唯物主义哲学思想为主，根据人体结构和血脉流通的传统中医生理机制，通过模仿虎、鹿、熊、猿、鸟这些动物的动作，达到活动身躯、促进体内血气运行的目的，颇有祛病强身的价值，成为我国古代医学和体育的宝贵遗产。

在汉代雄厚的物质基础下，宫廷和民间的娱乐性体育活动丰富多彩、名目繁多。角抵戏等项目开始兴盛于世，其中与体育有关的项目有角抵(包括角力、摔跤等)、杂技(包括倒立、爬绳、爬竿、柔术等动作)、舞蹈(剑戟舞、蹴鞠舞等)以及秋千、舞龙、耍狮、高跷等体育活动。有的活动后来发展成竞技运动项目，有的则至今仍是人们喜闻乐见的传统娱乐休闲活动。在两晋、南北朝时期，出现了混乱、分裂的局面。体育方面，汉代那些能促使人们祛病强身并且活动量大的项目(如角抵、蹴鞠等)皆被废弃，而那些可供统治者享乐的歌舞、百戏等项目则得到大力提倡，这一现象致使体育走上歧途，但在客观上也促进了娱乐性体育和养生术的发展。

在我国封建社会的隋、唐、五代时期，尤其是在隋唐时期，由于全国统一、社会安定、经济发达，在这种良好的社会条件下，体育的发展出现了空前的繁荣。

首先是当时的封建统治阶级兼重文治武功。在军事上实行府兵制，其中规定“凡民二十为兵，六十而免”，并且通过练兵讲武活动，使男性农民几乎都受到了严格的军事训练。而在考试制度上，武则天创立了武举制度，提倡考武状元。这一制度的实行，大大推进了民间的练武之风盛行，对体育的发展也起到了相应的促进作用。隋唐体育活动的特点是：范围广，规模大，上起宫廷及文官武将，下至平民百姓。例如，隋炀帝召集全国体育、杂技、乐舞能手综合表演的“角抵大戏”，简直相当于一次全国性的运动会。由于隋唐时期生产技术的提高，促进了体育场地和器材的改进。例如，唐代出现了充气的足球和球门，用油料来浇筑球场。体育运动项目繁多，仅球类运动就有马球、蹴鞠、步打球、十五柱球、踏球、抛球等。同时，由于医学和各种养生术的发展，使导引、养生都取得了新的进展。特别是“药王”孙思邈的著作中关于养生、导引、按摩的理论，对当时和后世都有着不可忽视的贡献。在军事武艺方面，骑射、剑术、角抵、硬气功等，不论是教学方式还是技艺水平，都较汉代有了发展与提升。另外，一些民间的体育活动，如拔河、荡秋千、竞渡、滑雪、滑冰、登高、射鸭(一种嬉水活动)、棋类等，在当时都很盛行。

到了封建社会的宋、元、明、清时代，体育随着社会的变革而发展变化。北宋时期由于沿袭了武举制，又加上王安石变法，提倡富国强兵，从而对体育的发展起到了刺激作用；毕昇发明的活字印刷术，促进了体育图书资料的出版，对体育理论的研究和著述也具有一定的推动作用。明代的开国皇帝朱元璋设武举，立武学，仿古代富兵于农，实行卫所制度，“农时则耕，闲时练习”，因而粮多兵强。清初时期为了抵御沙俄侵略，实行了讲武绥远、御敌防疆的政策。康乾盛世，当时的考试制度也沿袭了武举制，甚至规定文科考试先考骑术，不合格者就不准参加笔试；练兵制度也相对比较完整。因此，清初不仅军队战斗力较强，而且民间也涌现出许多武艺高强的名人壮士。在明清之际，中国武术的发展又出现了一个新的高潮。但乾隆之后，政治腐败，民不聊生，尤其是在鸦片战争以后，鸦片的大量输入，毒害了广大人民的身体，加之清朝中央政府为了维护其统治而“禁民习武”，致使民族体质日益衰败，被外国人辱为“东亚病夫”，体育也由此而一蹶不振。

1949年中华人民共和国的成立，为中国体育运动的发展开辟了广阔的未来，体育地位也大大提高。

1949年9月，在中华人民共和国成立前夕通过的《中国人民政治协商会议共同纲领》中明文规定："提倡国民体育"。随后10月在北京召开了全国体育工作者代表大会，并及时地将原"中华全国体育协进会"改组为"中华全国体育总会"。当时的中央人民政府副主席朱德同志亲临大会并做了重要讲话。1950年，毛泽东主席亲自为新中国的第一本体育杂志《新体育》题了刊头。1952年，为了祝贺中华全国体育总会第二次会议的召开，毛泽东主席为大会题词"发展体育运动，增强人民体质"，朱德副主席也为大会题词"普及人民体育运动，为生产和国防服务"。2018年，我国新宪法的第二十一条也明文规定："国家发展体育事业，开展群众性的体育活动，增强人民体质。"第四十六条规定："国家培养青年、少年、儿童在品德、智力、体质等方面全面发展。"

1952年11月，成立了中华人民共和国体育运动委员会，之后又陆续健全了各省、市、自治区乃至地县的体育运动委员会。近年来，又相继成立了中国体育科学学会、地方体育科学学会及各单科学会，由此使政府机构、社会组织和群众团体相互配合，形成了一个领导、管理和组织我国体育运动的完整体制。

由于党和政府对体育工作的重视，体育工作者的社会地位也相应得到提高。体育工作者被选为全国人大代表的人数一届比一届多。党和国家领导人对为国争光的运动员、教练员都非常关怀，优秀运动员也经常被邀请到中南海或人民大会堂做客。近年来，随着人民物质文化生活水平的提高，群众性的体育活动也得到了全面发展，特别是党的十一届三中全会以来，体育出现了新的发展势头。平日里在公园、校园、街头及体育场(馆)里到处可见做操、跑步、打球、游戏等各种体育活动，武术热、气功热、健身操热、健美操热更是一浪高过一浪，人们的精神面貌发生了根本性的改变。体育活动已成为当今人们日常生活不可或缺的重要组成部分之一。

（二）国外体育的发展

古希腊灿烂的文化、发达的哲学思想和教育思想，带来了体育的繁荣，兴建了许多规模宏大的体育设施，还造就了一批又一批优秀的运动员，增强了国民的体质，出现了经济文化与体育的共同繁荣发展。而且在对青少年的教育中，古希腊还把体育列为重要内容。亚里士多德是第一个在理论上论证了体育与德育、智育的关系，主张国家应负责对儿童进行公共教育，并且使他们的身体、德行和智慧得以和谐发展。古希腊各城邦之间的军事交战，则更加促使了他们对体育的重视。最典型的是斯巴达人，他们不仅注重尚武教育，同时还很注意优生。在尚武教育下，斯巴达人被培养成身体强壮、刻苦耐劳、勇敢善战的战士，彪悍骁勇，称雄希腊。由于注重对青年的身体训练，斯巴达人才保留了他们在古代奥运会上百余年的垄断地位。中世纪时，欧洲进入黑暗的封建社会。一些国家反对舞蹈和其他的身体活动，在体育上甚至比古希腊繁荣的奴隶制体育倒退了。14、15世纪起源于意大利的文艺复兴运动，在教育思想方面重视对儿童的身体教育，并主张把读书与运动结合起来；在体育方面，则要求继承古希腊的体育遗产，赞赏斯巴达人的军事体育，推崇柏拉图关于开设体操课程的主张。文艺复兴运动后，第一个倡导“三育”的英国哲学家、教育家洛克明确地把教育分为体育、德育、智育三部分，主张在宫廷训练中开设体育课程。18世纪启蒙运动的代表人物，法国启蒙思想家、哲学家、教育家、文学家卢梭，主张在教育上要顺应儿童的本性，让他们身心自由发展。从此，古希腊的体育又得以复苏。

19世纪，西欧地区由于资本主义发展的不平衡和民族主义的倾向，各国之间接连不断地发生战争，使许多国家都蒙受战争失败的屈辱。战争的失败刺激了各国重建军队，使其认清了对人民进行身体训练，使之适应服兵役需要的重要性。正是出于这些强国强民的需要，各国对体育的重视程度开始普遍加强，因而相继出现了许多体育著作。这些著作不仅受到本民族的欢迎，成了本国人民的财产，而且逐步流传到其他各大洲，并推动了世界体育运动的发展。

正当欧洲各国纷纷采用和推广德国和瑞典的体操时，英国人凭借其独特的社会条件，兴起了符合本民族特点的户外运动、娱乐和竞技运动。其活动形式丰富多彩，有射箭、羽毛球、板球、保龄球、曲棍球、橄榄球、足球、游泳、网球、划船、田径赛、高尔夫球、登山、滑雪、滑冰等运动项目。伴随着英国殖民主义的扩张及斯宾塞著作的流传，这些运动逐渐在美国、欧洲及其他许多国家广泛传播。

20世纪，随着现代科学技术的迅速发展，影响了整个人类社会及其生命活动。随着社会现代化水平的不断提升，体育的社会价值和地位也日益得到提高。由于体育具有独特的多方面的社会功能，使它成为各国政府特别是一些国家领导人及政要非常重视的一项社会活动。尤其是近年来，由于激烈的国际比赛而造成的巨大压力，促使各国政府不得不以更加积极的态度来支持体育运动，体育也被纳入各国政府的教育制度之中。各国把体育列为学校的必修课，从青少年时起就反复进行灌输和强化教育。

近年来，竞技运动在许多国家迅速渗入人们生活的各个领域，并日益成为人们最感兴趣的社会活动之一，特别是在重大国际比赛中所表现出来的热情，更是达到了狂热的地步。1972年慕尼黑奥运会期间，有10亿人通过电视“游览”了奥运会的各个比赛赛场；1978年第11届世界杯足球决赛时，有100多个国家出高价去购买电视转播权转播比赛实况，并且有12亿人通过电视观看了这届精彩的足球大赛；1984年洛杉矶奥运会各赛场直接观众达579万人次，电视观众每天达20亿人次，观看者总数则达700亿人次，真可谓举世瞩目。在所有的社会活动中，很难有一个能像体育运动那样让社会众多成员如此持久着迷和狂热的运动，这是对体育运动社会地位的一个深刻诠释。

第二节　体育的功能

体育的功能，实际上是体育本质属性的反映。因此，它是确定体育目的、任务的主要依据。随着社会的进步、生产的发展、知识的积累和人类需要层次的提高，特别是近年来体育科学的兴起，体育自身的规律及与其他各种社会现象之间的联系不断地被揭示，人们对体育的认识在实践中不断地向纵深发展。研究体育的功能可以加深我们对体育的理解，进一步认识体育对社会发展的重大意义，从而更有效、更自觉地发挥体育的作用，为我国社会主义现代化建设服务，并为人民服务。体育的功能取决于体育本身的特点和社会的需要，如果没有社会需求的刺激，体育的特点得不到发挥，同样也不可能显示出它的作用。

体育的功能主要从两个方面体现出来，即促进社会的物质建设和精神文明建设。由于体育属于人类文化总的范畴中，因而它本身就是精神文明的一部分。尽管在体育产生的初期及以后的一个相当长久的时期中，人们更多地注意并强调了体育对增强人民体质的生物学作用，然而，随着社会的发展，体育在精神方面和文化方面的价值也越来越明显地在实践中表现出来，并被人们认识。因此，体育是一个有机的整体，也是一个多功能、多目标的系统，这个系统置身于社会这个大系统中，体育的功能也表现在体育本身的特点及其与外部联系的变化过程中。体育的功能归纳起来有健身功能、娱乐功能、教育功能、经济功能、社交功能和政治功能等六种。

一、体育的健身功能

体育是通过身体的运动方式进行的，它要求人的身体要直接参与活动，这是体育最本质的特点。这个特点决定了体育具有健身的功能。通过体育活动可以促进人体的新陈代谢及血液循环，从而促使有机体的生长发育，改善各个器官、系统的机能，提高整个有机体的工作能力。体育的健身功能具体表现在以下的三个方面。

（一）体育运动能改善和提高中枢神经系统的工作能力

经常参加体育运动，可以促使大脑皮层的兴奋性并加深抑制，兴奋和抑制更加集中，中枢神经系统的均衡性和灵活性得到加强，对身体内外刺激的反应就更加迅速、准确，可提高大脑皮层的分析和综合能力，改善神经系统对各个器官、系统的调节作用，从而使各个器官和系统的活动更加地灵活、协调，并且能提高对外界环境的适应能力和整个有机体的工作能力。

（二）体育运动能促进有机体的生长发育，提高运动器官的机能

经常运动可以使管状骨变粗，骨密质增厚，骨结节粗隆增大，骨小梁的排列也随之发生适应性的变化。由于体育运动加强了肌肉的运动，使肌肉中的毛细血管扩张，血液的供应增加，对于蛋白质等营养物质的吸收和贮存能力增强，肌纤维增粗，因而使肌肉收缩更加有力强健，关节也就更加灵活、牢固，机体的运动能力可以大大提高。

（三）体育运动能促进内脏器官构造的变化和机能的提高

运动会使人体内能量的消耗增加，代谢产物增多，促使新陈代谢旺盛和血液循环加速，因而心血管系统、呼吸系统、消化系统和排泄系统等机能都将得到改善，同时也使各主要器官在构造上发生变化，机能得到提高。例如，心脏在构造上产生运动性肥大，心肌增强，心壁增厚或心脏容积增加；在机能上使每搏输出量增加，心搏频率减少或出现“节省化”现象。肺的功能也会相继提高，肺活量增大，呼吸深度增加。在剧烈运动时，则能够高度发挥呼吸器官的机能，使能量物质的氧化过程进行得更加完善，以能够保证运动时能量物质的供应。

总之，体育运动可以增强人的体质，使人健康长寿。这就是体育运动健身功能的直接效果。由体育运动的健身功能还可以派生出其他的一些功能，诸如可以促进生产、提高劳动效

率、提升部队战斗力、增强国防力量以及促进其他事业的发展；同时，全民族的体质增强，本身就是精神文明的标志之一。

二、体育的娱乐功能

进入21世纪后，随着现代化社会进程的加快，人们的余暇开始增多，如何善度余暇，成了一个社会性问题。丰富多彩、健康文明的余暇生活，不仅可以使人们在繁忙劳动之后获得积极性的休息，而且还可以陶冶情操，愉悦身心，培养高尚的品格与品质。体育运动娱乐功能的客观依据是体育能够满足人民的精神需要。体育运动由于其技术的高难性与简单性、动作和造型的艺术性、配合的默契性和易于接受的朴素性，成为现代人余暇生活的一个重要组成部分，起到了丰富社会文化生活、愉悦人的身心、调节人的情感、满足人的精神需要的重要作用。

现代体育运动，特别是一些能够最大限度地发挥人的体力和智力水平的运动，其运动技艺日益在向难、新、尖、高的方向发展。一些杰出的运动员能够在一定的空间和时间内把自己的身体控制到尽善尽美的程度，使健、力、美高度统一起来，再加上和谐的韵律与鲜明的节奏之间的巧妙配合，能表现出其抒情诗般的艺术效果，使人们在观看体育比赛时，犹如欣赏优美的舞蹈、线条明快的雕塑、光线谐和的摄影艺术一样，得到美的享受。正因为体育运动如此富有魅力，所以在运动场上，常常有一种强烈的移情作用，在观众与体育表演者之间扩散开来。例如，在欣赏跳高比赛时，成千上万的观众在运动员准备起跳的时候都在屏息凝神，而当其越杆而过时，观众们立即爆发出纵情的欢呼；当一名排球运动员跳起准备扣球时，观众的手心都沁出了汗水，而当扣球落地得分时，观众就马上爆发出震耳欲聋的掌声。亚里士多德曾将类似的情境称之为“净化”观众的感情。这不仅能使人们因为工作所带来的紧张的神经、疲劳的身体和紊乱的情绪得到积极有益的调节，还有助于元气的恢复，而且也是一种精神上的享受。

另一方面，人们通过参加一些体育运动，特别是参加那些自己特别喜爱或擅长的运动项目，在完成各种复杂练习的过程中，在征服自然障碍的困难中，体验到一种非常美妙的愉快感受。这种心理状态可以激发人们的自尊心、自信心和自豪感，满足人们与同伴交往、合作的需求。同时，由于各种运动项目的不同特点，能够使人在实践中获得各种不同的情感体验。例如，跑步能使人感受到有条不紊，勇往直前；打球使人感受到视野开阔，豁达合群；旅游则可以饱览名山大川，赏心悦目，令人心旷神怡。现代奥运会的创始人皮埃尔·德·顾拜旦在他的名作《体育颂》中也满腔热情地歌颂了体育的这一功能。的确，体育无愧于是一种最积极、最健康的娱乐方式，在现代社会生活条件下，它已经和传统的娱乐方式(如戏剧、电影艺术等)并驾齐驱。

三、体育的教育功能

马克思和恩格斯在其著作中不止一次地论及体育的教育功能，他们把体育视为教育不可或缺的组成部分，认为“生产劳动同智育和体育相结合，不仅是提高社会生产的一种方式，而且是造就全面发展的人的唯一方法”。这一正确的观点理论，是我们论述体育的教育功能的理论依据。

由于体育运动的竞赛具有群众性、国际性、技艺性和礼仪性(指有一定的仪式,如开幕式、闭幕式、发奖仪式等)的特点,使它成为传播价值观的一种理想的载体。它能够激发人们的爱国热情,振奋民族精神,同时教育人们保持与社会价值取向相一致的行为。体育运动竞赛的国际性,不仅扩大了它的活动范围,而且还加深了它所产生的社会影响,将本来属于运动技艺的比赛,扩大和延伸到了国与国之间的竞争,这种竞争超越了体育运动本身的价值,并且产生了不可低估的教育作用。例如在国际比赛中,运动员按规定必须要在自己的胸前佩戴所代表国家(或地区)的鲜明标志;竞赛规程又明文规定在比赛结束后,给获胜国运动员颁奖时需要奏国歌、升国旗,这些更增强了体育运动竞赛参与者和欣赏者的爱国意识。虽然人们不会简单地以运动竞赛的胜负去论定各个国家的优劣,但是,人们总是把一个国家的运动员在国际比赛中的那些表现和他们所取得的成绩,看成是一个国家国力的反映,民族威望也会由于在国际比赛中取胜而得到提高。特别是随着全球性通信网络的形成,体育运动成为一种富于感染、易于传播的精神力量,这就使得体育运动不仅与人民生活息息相关,而且还能产生巨大的教育作用。例如,有一些工读学校的失足青年在给中国女排的信中都表示要告别黑暗的昨天,奔向光辉灿烂的明天。由此可见,体育运动是一个很有说服力的教育手段,对整个社会的教育作用是非常广泛、深刻的。

四、体育的经济功能

经济学界认为,劳动生产力的提高是社会经济发展的重要标志,而在对生产力进行价值评估时,人的素质就成了最主要的衡量标准。一般说来,人的素质包括身体素质、文化素质、道德素质三个方面。但就某种意义上而言,身体素质作为诸多素质的物质基础,对生产力的提高起着至关重要的作用。体育对发展社会经济的功能,最初是由体育的健身作用而决定的。因为它在增强身体素质、提高劳动者健康水平方面有着明显的效果,保持和增强了劳动者的劳动能力,因此,在体力投资方面所做出的贡献,也有力地促进了社会经济的发展。

在商品经济社会里,体育作为第三产业,以劳动的形式向社会提供消费。当前,一些经济发达国家都非常重视发挥体育的经济功能,并采用多种途径追求体育经济效益。诸如在大型比赛中获取收入的措施:出售比赛的电视转播权,发行纪念币、体育彩票,门票收入,广告费等。在日常体育活动中增加收入的措施:提高体育设施的利用率、举办热门项目的比赛,此外还有发展体育旅游、寻求赞助、开展体育咨询等。在改革开放过程中,我国体育的经济功能正在持续不断地得到发挥,以获取可观的体育经济效益。

五、体育的社交功能

体育的社交功能主要表现在人际交往与国际交往两个方面。

(一) 人际交往

体育运动,特别是集体项目,需要众多人员通过默契配合、集体合作、顽强拼搏等方能取胜。在训练和竞赛中，这种日积月累的合作往往能增进人与人之间的情感交流，加深人与人之间的友谊。例如，传统体育中的气功和太极拳等，人们在一起相互切磋技艺，交流心得，共同演练，达到了交友和增进友谊的目的。

（二）国际交往

由于体育竞赛不分性别、不分民族、不分地域，完全按照体育竞赛规则公正、公开、公平参与各种不同的竞赛活动，特别是在交通发达的今天，大大便利了国际间的体育交往。通过体育竞赛，切磋了技艺，增进了各国、各民族之间的团结和友谊，有利于促进世界的和平发展。

六、体育的政治功能

政治对体育起主导和支配作用，直接影响着体育的目的与任务，反之，体育以特有的方式能动的影响和反作用于政治，并为政治服务。体育的政治功能主要体现在以下两个方面。

（一）提高民族、国家的威望与地位

随着竞技体育的飞跃发展，竞赛场成为没有枪声的金牌争夺的战场，金牌从一个侧面标志着一个国家的实力、地位、政治面貌、精神状态、社会制度的优越等，因此各国纷纷运用竞技体育这一手段来表现本国的实力，扩大自身影响，提高国际声誉。例如，1952 年，苏联在十月革命胜利 35 年后，第一次参加奥运会就与美国平分秋色，充分显示了社会主义制度的优越性。1972 年，美国在奥运会篮球决赛中输给苏联，这引起了美国公众的普遍不满，认为这有损于美国的国际威望，强烈要求调查失败的原因。中国在历史上曾被侮辱为“东亚病夫”，国际威望大受贬损。新中国成立后，我国运动员在亚运会上连续夺得金牌总数第一，在奥运会上也连续多届获得了多枚金牌，大大激发了民族意识，振奋了民族精神，提高了中华民族的威望和国际地位。

（二）振奋民族精神，加强爱国主义教育，增强国民凝聚力

一个国家想要谋求政治安定、经济繁荣、文化发达、军事强大，必须要具备多种条件，而发扬民族精神，掀起爱国主义热潮，增强国民的凝聚力是其中必不可少的条件。为了达成这一目标，可采取多渠道和多种方式，而体育则是其中十分重要的渠道和方式之一。在当今，一次国际体育大赛的胜利，就会像巨石击水，在国民心中产生巨大的冲击波，使千百万人甚至整个民族、国家都沸腾起来，使民族精神得到升华，爱国激情得到弘扬，民众之心连成一片。例如，我国成功申办 2008 年奥运会和 2002 年中国男子足球队冲出亚洲走向世界都远远超出了体育本身的意义。

第三节　高校体育概述

一、高校体育的地位

体育教育是高等教育的重要组成部分，是用于培养德、智、体全面发展的现代化高级人才的一个重要方面。无产阶级革命导师马克思曾做过精辟的论述:“可把教育理解为以下三种:第一,智育;第二,体育,即体操学校和军事操练所传授的东西;第三,技术教育,这种教育要使儿童或少年去了解一切生产过程的基本原理,同时使他们获取使用一切最简单生产工具的技能。”列宁也曾经指出,为了实现和完成共产主义事业,应培养青年一代具有健康的身体、钢一般的意志和铁一般的肌肉,去迎接新的战斗。毛泽东同志在开始从事革命活动时就曾提出了学校要德、智、体“三育”并重。1957 年,他在《关于正确处理人民内部矛盾的问题》一文中又明确地指出:“我们的教育方针,应该使受教育者在德育、智育、体育几方面都得到发展,成为有社会主义觉悟的、有文化的劳动者。”这一全面发展的指导思想,为我国高等体育教育指明了方向。

大学生在学习专业理论知识的同时,也必须接受体育教育。“德智皆寄于体,无体即无德智也。”如果没有健康的体魄,就难以完成在校期间繁重的学习任务,也难以在“四化”建设中发挥更大的作用。高校体育可以增强学生的体质,促进学生智力的发展,培养其敏锐的感知、灵活的思维和丰富的想象力;可以培养学生高尚的思想道德品质,勇敢顽强的毅力和集体主义、爱国主义精神;可以丰富学生的课余文化生活,调节精神,消除疲劳,有助于提高学生学习效率。大学生是祖国的未来和希望,是社会主义建设和发展科学技术的主力军,他们身上肩负着神圣的使命。每一位大学生都应该在刻苦钻研、勤奋学习的同时,努力去锻炼身体,学习并掌握体育知识、技术、技能,使体育成为其生活的一部分;应该把体育的近期效益与长远效益结合起来,只有这样才能既有利于大学生在校期间健康地、精力充沛地学习、生活,又有利于毕业后继续科学地进行锻炼,为祖国、为人民健康高效且长期地服务。

二、高校体育的目的和任务

为使学生在校期间能够顺利地完成学习任务,未来能够更好地为社会主义现代化建设服务,高校体育的目的是:养成自觉锻炼的习惯,有效地增强学生的体质,促进学生身心的全面发展。

为了实现上述目的,高校体育必须完成以下任务:一是对学生进行国际主义和共产主义的品德教育,增强组织纪律性,培养学生热爱党、热爱祖国、热爱社会主义的品质及其勇敢、顽强、积极进取的精神,激励学生勤奋学习、勇攀高峰、勇于拼搏、勇于竞争;二是全面发展学生的身体素质,增进学生的身心健康,增强学生自身体质,提高学生的形态机能水平;三是通过体育理论的讲授,使学生了解并掌握体育基本知识,了解体育对提高健康水平所起到的作用,培养学生体育意识,养成自觉锻炼的良好习惯,逐步形成终身体育的观念;四是传授体育技术,发展学生的体育运动能力;五是提高学生的运动技术水平,为国家培养体育人才。

三、实现高校体育目的和任务的基本途径和环节

高级中学和中等职业学校体育是高等教育培养德、智、体全面发展的“四化”建设人才的基本途径。高校的体育工作包括体育教学、课外体育活动、课余运动训练以及运动竞赛等环节。

（一）体育教学

高校体育课是实现高校体育目的和任务的主要途径，是一个传授和使学生能够掌握体育知识、技术和技能的教学过程。在高校体育工作条例中所规定的体育必修课，是高校体育的基本教学形式，是开展课外活动、课余训练不可或缺的基础和纽带。

体育课是师生教与学双方面的活动。在教学中，应当建立正常的教学秩序，健全体育课的教学常规。教师要充分发挥主观能动作用，师生应共同努力，不断提高和增强教与学的积极性、科学性和组织纪律性，使学生通过体育教学，既能锻炼身体、增强体质，又能学到知识与技术，提高技能，磨炼自我意志，振奋精神。

体育课分为理论与实践两种形式；按照课程的不同任务，又可分为基础体育课、专项体育课、选修体育课、保健体育课等课程。

基础体育课，通常在大学一年级开设，以促进身体全面发展、提高身体素质为主，使较多的学生能通过《国家体育锻炼标准》，并为以后的选项课、选修课打下良好的基础。

专项（或选项）体育课，通常在大学二年级开设，一般可以设置足球、篮球、排球、武术、网球、乒乓球、健美操等项目。根据学生自己所选的项目，在技术等方面进一步强化训练，提高专项技术水平，增强学生身体素质和技能。

选修体育课，也在大学二年级开设，根据条件可开设一些学生们喜闻乐见的、有利于毕业后能进入日常生活的体育项目，一般开设乒乓球、羽毛球、网球、游泳、溜冰、艺术体操、体育舞蹈、棋类、太极拳、气功等项目，由学生根据自身爱好选修。

保健体育课，通常在体弱或患慢性病的学生中开设，但须经医院证明、体育部（室）审核同意并报学校教务处备案，教学内容以太极拳、气功等传统的体育项目为主。在教学中要加强医务监督和跟踪调查，以便利于学生的身体康复。

体育课教学要体现出科学性、系统性和循序渐进性，注意调动并发挥教师和学生双方的积极性，处理好教学与训练之间的关系。新授课教学内容相对多一些，复习课练习次数相对多一些。并且要注意调查研究，加强对课程设置以及教学效果反馈信息的获取，不断完善体育课教学的各个环节，以取得更好的效果。

（二）课外体育活动

课外体育活动是高校学生体育教学的工作中心，其目的是在于增强学生体质，培养学生锻炼身体的习惯，丰富学生的体育文化生活，陶冶学生的情操，发展学生的个性。要积极推行《国家体育锻炼标准》，在组织学生经常开展体育锻炼的基础上，对身体正常的学生定期进行测验并登记，争取通过锻炼标准，并取得优异的成绩；也可通过共青团、学生会、体协等群众组织，开展有益于学生身心健康的体育活动，如远足、野营、登山、夏令营等；还可由学生自发组织或体育职能部门组织开展体育活动项目。

（三）课余运动训练

课余运动训练是高校体育工作的重要方面。学校应当在普及体育的基础上，因地并且因校制宜，建立校体育运动队，开展多种不同形式的体育运动训练，提高学生的运动技术水平。有条件的学校，可以根据教育部有关规定去开展培养高水平运动员的专项训练。

运动训练必须要科学合理，严格要求，加强医务监督和运动保护，防止运动损伤。学校应积极支持学生参加校内外的课余体育运动训练。

（四）运动竞赛

运动竞赛是高校体育的重要组织形式。运动竞赛应当体现出教育的特点，有助于检验学校的体育工作，推动群众性体育活动的开展，培养学生顽强进取的精神和良好的体育道德品格，提高学生运动技术水平，发现和培养体育运动的优秀人才。学校运动竞赛应当贯彻小型多样、单项分散和以基层为主的原则。学校在平时开展体育锻炼的基础上，应每年组织全校范围内以田径项目为主的运动会，提倡组织以本地区为主的校际体育竞赛活动。

第二章

高校学生体育锻炼与健康

第一节　健康概述

一、健康的概念

健康的定义是随着人类对客观世界认识的不断深化而变化的。随着物质生产的发展以及科学技术与医学的进步，人们对健康的认知也日益明确。由于受传统观念和世俗文化的影响，长期以来，人们多把“没有疾病”作为健康的标准，把健康单纯地理解为“无病、无残、无伤”，这些都是不确切、不全面的。世界卫生组织(WHO)在1978年国际初级卫生保健大会上所发表的《阿拉木图宣言》中重申：“健康不仅是没有疾病或不虚弱，且是身体的、精神的健康和社会适应良好的总称。”该宣言还指出：“健康是基本人权，达到尽可能的健康水平，是世界范围内一项重要的社会性目标。”由此可见，健康是人类的一项基本需求和权利，也是社会进步的重要标志和潜在动力。我们要求树立正确的健康观念，就是要把健康问题看作是全社会、全民的事业，看作是“人类生存和发展的基本要素”。社会各部门都要把自己的工作和人民的健康联系起来，努力维护和增强人民的健康，促进社会的发展。每个社会成员不仅要对自己的健康承担责任，还要对他人健康乃至社会健康承担责任。

“无病即健康”的健康观是单纯的生物学的健康观，它机械地将健康与疾病两者视为因果关系。其实人体可能潜伏着病理性缺陷或功能不全，但表面上看却是“健康”的，只有出现症状或体征时才会被认为是生病。事实上有些疾病一旦出现临床表现，已是病入膏肓，如肝癌、肺癌等。

由于人具有自然人和社会人的双重属性，在其生活经历中，会受到各种各样的社会因素(如政治的、经济的、教育的、战争的因素等)的影响和干扰，人体会受其影响产生紧张、悲哀、恐惧、忧虑、孤独等影响健康的不利心理因素，进而对人的身心健康造成不同程度的损害。20世纪末，全世界约有5 000万人患有各种严重的精神疾病，约有3亿人患轻度精神疾病。这些人不同程度地失去自控能力，影响了自己正常的生活，但他们却不承认自己有病，有的病甚至使用最先进的仪器也不易查清。大量的研究证明：人的许多不良的生活方式和行为(如吸烟、酗酒、吸毒、生活秩序紊乱、异常性行为、缺乏锻炼等)都有损于身心健康；人类的许多疾病都与心理因素的变化密切相关，如生活节奏过快、竞争性过强、持久冲动等都会造成自身的应激能力减弱，进而引发心脏疾病和脑血管疾病。

现代科学技术特别是医学的发展，证实了人体的整体性以及人体与自然环境、社会环境的统一性。人体与自然环境、社会环境的统一性，不是强调无条件地适应环境，绝对地顺从社会的主流文化，而是强调人要能动地适应与改造环境，主动地去认识健康，不断地去探索健康规律。这种认识必将使健康观从被动地治疗疾病转变为积极地预防、预测疾病，从单纯的生理健康标准扩展到心理、社会健康标准，从个体诊断延伸到群体乃至于整个社会的健康评价。每个人不仅要珍惜自身健康，不断促进自身健康，而且要对他人、群体乃至整个社会的健康承担义务。健康不仅表明个人身心状态的完好，同时还表明全社会的精神面貌和全民族文化素质的提高。这就是正确的健康观。

综上所述，所谓健康是指人体各个器官系统发育良好、功能正常、体质健壮、精力充沛并有良好的劳动效能状态，与生活环境之间保持和谐并对自然环境及社会环境有较强的适应能力。

世界卫生组织将现代人健康的标准概括为十个方面：①有充沛的精神，能从容不迫地应付日常的生活和工作的压力而不感到过分紧张；②处事乐观，态度积极向上，乐于承担责任，事无巨细不挑剔；③睡眠良好；④应变能力强，能够适应环境的各种变化；⑤能抵抗一般感冒和传染病；⑥体重得当，身材匀称，站立时头、肩、臀位协调；⑦眼睛明亮，反应敏锐，眼睑不易发炎；⑧牙齿清洁，无空洞，无痛感，齿龈颜色正常，无出血现象；⑨头发有光泽，无头屑；⑩肌肉、皮肤富有弹性，走路时感到轻松。

二、现代健康观的内涵

现代健康观应以具有权威性的世界卫生组织对健康的定义作为认识基础，不能单纯地从人的生物性方面来考察人的健康问题，而要更全面、客观地从生物、心理、社会三方面来探讨健康、争取健康和创造健康。以生物、心理和社会为基础的健康模式，应包括以下几个方面的重要内容。

（一）生物因素

人是一种生物，具有生物属性的人的健康首先必须是躯体结构与功能的正常。人的健康会受到多种生物性不利因素的影响。

一是自然因素，包括生物、化学、物理因素。其中：生物因素包括病原微生物、寄生虫等；化学因素包括有毒的化学物质、变态反应、因素原有机体所需的化学物质的过剩或缺乏等；物理因素则包括放射线、高温、噪声等。

二是体质因素，包括机体器官功能失调、内分泌失调、先天性异常等。

三是遗传因素，包括染色体异常、基因变异等。

人对这些影响健康的生物性不利因素的行为反应有两种：一是适应，二是改造。人类在进化过程中，不断增强与生物性健康环境平衡的能力和抵抗疾病的能力，这便是适应；人通过掌握自然科学的客观规律，充分发挥科学技术的力量，主动地避免、控制和消灭影响健康的不利因素，积极地预防与治疗或通过各种形式的身体活动增强体质，这便是改造。

（二）心理因素

心理活动是人脑的机能，是人脑对客观世界的反映。人的健康应当包括心理健康，即气质、性格、情绪、智力、心理年龄、心理活动等方面都处于一种正常状态。心理活动是在生命活动的基础上产生的，反过来又通过情绪的中介作用影响人体内脏器官的生物和生化变化。积极的情绪可以增进健康。心理因素可以致病，也可以治病。良好的心理状态有利于疾病的预防、治疗和身体的康复。

（三）社会因素

构成人的属性是人的自然性和社会性。人的健康的社会因素是指人有正常的社会活动与社会活动能力，包括政治、经济、文化、风格、习惯、职业、社交、婚恋、经历、地位、人际关系、生活方式等诸多方面。积极的社会因素（环境）可促进人的健康，而消极的社会因素（环境）可导致疾病。社会因素在更多的情况下是通过一些中介因素来导致疾病和影响健康的。例如，工业生产的迅猛发展，本是人类进步的表现，但如果人们片面地去追求经济发展，忽视环境保护，使工业废物过多地进入生态环境，这将给人类的健康带来极大的危害。

对社会因素导致的疾病，主要是靠改变社会条件来防治。人对于社会因素造成的对身体健康的危害，不能采取被动的行为——适应，而应采取主动的行为不断地改造社会环境，消除社会致病因素，积极争取健康。

三、树立“健康第一”的理念

人类已跨入21世纪，在这个充满竞争与挑战的新世纪里，拥有大批高素质的人才是一个国家可持续发展的优势。21世纪的国际竞争，是高素质的国民和专业人才的竞争。没有高素质的国民和专业人才，就很难去占领激烈竞争的制高点。而所谓的高素质人才，就是德、智、体全面发展的人才。早在20世纪70年代末期，联合国教科文组织就提出了新时代人才的三项基本标准，即“健康的体魄、高尚的道德品质和丰富的科学文化知识”。1999年6月全国第三次教育工作会议上通过的《中共中央国务院关于深化教育改革全面推进素质教育的决定》指出：“健康体魄是青少年为祖国和人民服务的基本前提，是中华民族旺盛生命力的体现。学校教育要树立健康第一的指导思想，切实加强体育工作，使学生掌握基本的运动技能，养成坚持锻炼身体的良好习惯。确保学生体育课程和课外体育活动时间，不准挤占体育活动时间和场所。举办多种多样的群众性体育活动，培养学生的竞争意识、合作精神和坚强毅力。”健康是思想道德素质和科学文化素质的物质基础，也是培养高素质人才的物质基础。“健康第一”是新世纪合格人才和提高人类生活质量的新理念。

我国改革开放以来，随着社会稳定、经济持续发展、人民生活水平逐步提高和教育改革不断深化，我国学生的身体健康水平有了明显的提高。但是，由于改革开放以后成长起来的青少年多为独生子女，家庭、学校放松了对学生意志品质和吃苦耐劳精神的培养；应试教育长期片面追求升学率，只重视智育，轻视德育、体育与健康教育；营养科学知识的滞后，饮食结构不合理等原因，我国学生体质健康方面仍然存在着一些不容忽视的问题，如耐力素质、柔韧素质呈停滞和下降趋势，肺活量有所下降，肥胖儿童及超体重比率增长较快，近视率居高不下，农村地区学生口腔保健水平亟待提高等。另外，学生的心理素质也存在明显的弱点，如意志比较薄弱，缺乏抗挫折能力、竞争意识和危机意识等。为此，教育要树立“健康第一”的指导思想，这既是改革教育现状的客观需要，也是我们所面临形势的必然要求。树立“健康第一”的理念，将对人类的发展、社会的进步，对我国在新世纪的改革与发展产生深远的影响。

第二节　体育锻炼的理论

一、体育锻炼的概念和意义

体育锻炼是指运用各种体育手段，结合自然力量（日光、空气、水）和卫生措施，以发展身体、增强体质、调节精神和丰富文化生活为目的的身体活动过程。

人类的进化历史表明，人体的发展与所有动物体一样，是遵循“用进废退”的规律而变化的。人与动物的区别就在于人能够认识自身的进化过程，并能运用有关的科学知识，针对具体时期的社会生产和生活需要，提出对人体发展的种种需求和可能提供的条件，从而促进人类的身体发展日趋完善。荟萃古今中外的进化之道，归结到一点，就是“生命在于运动”。

纵观身体发展的生命历程，影响人们身体健康的因素是多方面的。人人都向往健康长寿，但并非都能如愿以偿。人们从适度体力活动可导致劳动者延年益寿的经验中，逐渐认识到适当的体育锻炼是增进健康、增强体质最积极、最有效的方式。实践证明，体育锻炼必须讲究科学，按其本身固有的特点，去探明它的理论依据、锻炼原则和方法，选择有效的锻炼内容，安排可行的锻炼计划，才能获得最佳的锻炼效果。

二、体育锻炼的理论依据

体育锻炼的理论依据主要有锻炼过程的新陈代谢理论、运动负荷的价值阈理论和人体适应环境能力的动态平衡理论等。

（一）锻炼过程的新陈代谢理论

生命现象的新陈代谢是一个极其复杂的过程，人的机体是由细胞、系统、器官和组织组成的。细胞是机体结构与功能最小、最基本的单位。新陈代谢一般是指具有生命的物质与周围环境进行交换和自我更新的过程。人体在进行物质代谢的同时，也进行着能量的转换。

体育锻炼等身体活动是促进新陈代谢的一种刺激，能引起组织产生兴奋，加速物质的代谢和能量转换。身体活动必然会增加能量消耗，出现代谢的不平衡。科学家已经揭示：体育锻炼能增强体质是由于身体活动引起能量物质的消耗，随后便能引起同化作用的加强，加速恢复过程，可使体内活动细胞内部得到更多的补充，合成新的物质，使有机体获得更多的旺盛的活力，从而促使机体得以发展和发达。体育锻炼是经过科学的身体活动，使机体向着完善的方向转化，这就是体育锻炼可以增强体质的生理过程和理论依据。人体的发展代代相传，存在着遗传变异，但遗传是相对的，变异是绝对的。因此，人体存在着人种和种族体质的差异。遗传学家的研究表明，人体在正常体征和生理功能方面，如肤色、发色、眼型、鼻型、身高、体重、体型、血型等，都是遗传而来的，但又是渐变的，总的趋势是“用进废退”。因此，可以设想，提倡体育锻炼，是塑造未来、完善身体和增强民族体质的积极手段之一。

（二）运动负荷的价值阈理论

运动负荷价值阈，是指按一定的心率区间去确定运动负荷的计量标准。体育锻炼要针对个人的不同特点来安排运动负荷，不可能有一个最佳运动负荷价值阈的绝对标准，但正常人之间的差异均较为接近，所以，运动负荷价值阈对多数人来说，具有普遍的现实意义。

近年来，国内外的学者普遍重视对运动负荷价值阈理论的探讨和实际运用。有些国家采用电脑控制仪、心电图记录器和基础体力测定器等装置，为体育锻炼提供健康变化的各种数据。

在体育锻炼过程中，达到心搏量极限的程度，需要有一段的发动期。随后，心搏量急剧上升，再经过一段时间，心搏量达到极限。从心搏量急剧上升到心搏量极限，这段数据称为心搏量的极限区间。心搏量极限区间低值和高值之间，即为运动负荷的有效价值阈范围。体育锻炼在这个区间内波动，并达到一定的锻炼时间，可取得理想的锻炼效果。

从有利于增强体质的理念出发，一般人的体育锻炼，应以有氧代谢为主，中等强度为宜。学术界曾提出如下结论：心率在 110 次/分以下时，机体的血压、血液成分、尿蛋白和心电图等都没有明显的变化，健身的价值不大；心率在 130 次/分时，每搏输出量接近或达到一般人的最佳状态，健身效果明显；心率在 150 次/分时，每搏输出量开始出现缓慢下降；心率增加到 160～170 次/分时，虽无不良的异常反应，但亦未能呈现出更好的健身迹象。因此，通常把一般人的健身效果的最佳区间定在 120～140 次/分的心率之间。而每次锻炼心率保持在 120～140 次/分的时间，占每次锻炼总时间的 2/3 左右效果最佳。

生理学实验证明：心率在 140～180 次/分时，每搏输出量最大。因此，在体育锻炼中，安排强度较大、持续时间不长的无氧代谢，对提高负氧能力的锻炼也有着一定的意义。

对上述结论的分析，还必须要注意到由于年龄、体质的不同，所承受有氧代谢的运动负荷也应有所不同。国外运动负荷的计量标准有以下几条：①卡氏公式，即接近极限负荷的脉搏次数减去安静时的脉搏次数乘以 70%，再加上安静时的脉搏次数；②以脉搏频率 150 次/分以下（平均 130 次/分）的运动负荷为指标；③以 180 减去锻炼者的年龄数作为锻炼者每分钟的平均脉搏数。采用这三种方法所得出的数据与最佳价值阈相近，但不论采用何种计量方法，都必须考虑的是自我感觉要舒适，并以不影响正常的工作、学习和生活为准。

（三）人体适应环境能力的动态平衡理论

适应环境能力是指人体在适应外界环境中所表现出的机能能力，包括对客观环境的适应能力以及对疾病的抵御能力。

客观环境包括自然环境和社会环境。环境的变化常给人体发展带来多方面的影响。良好的环境，会促进人体朝着健康的方向发展；而恶劣的环境，则会妨碍人体的正常发展，甚至可能危及人们的生命安全。所以人体发展的首要条件是，不断地与客观环境取得动态平衡。人是万物之灵，不仅能消极地适应环境，而且更主要的是能积极地改造环境，并利用环境来为人类服务，从而为人体的完善发展创造条件。

日光、空气和水等自然因素是生命的源泉，人体的发展一刻也离不开它们。人体是恒温的有机整体，只有保持在 37 ℃的体温条件下，才能保证生理功能的正常运行，上下逾越 1 ℃以上，就意味着有病征，而光照、气温、风速、湿度、气压等气象条件，却总是变化的。所以为了适应自然环境的变化，人们除了采取积极的御寒防暑手段外，关键在于通过改善营养和进行体育锻炼等方式，使机体内部的产热和散热过程更加旺盛，体温调节机能更加灵敏。实践证明，广泛地利用自然因素，不仅能有效地改善机体的体温调节能力，而且具有多方面的健身价值。为此，体育锻炼最好的地点是在阳光和煦、空气新鲜的户外进行，并可根据需要与可能，采用日光浴、空气浴和冷水浴等锻炼形式。

人体的生存和发展离不开社会环境，并受物质条件的制约。不同的社会制度和历史阶段，不同的经济地位，都对人体发展产生综合的影响。这种影响不仅限于肉体，而且会波及精神，时时事事都起着或大或小的作用。在具体的社会环境中，不同的劳动方式、职业工种、生活习惯、体育锻炼、休息娱乐等，也都是构成环境条件的重要因素，都对人体的发展产生直接或间接的影响。

实践证明，在自然因素和社会环境基本接近的前提下，人们能否坚持体育锻炼，对人体与环境所表现的动态平衡能力存在着明显的差异。

第三节　体育锻炼与心理健康

一、心理健康的定义

人的心理活动是十分复杂的，心理活动的表现形式又是丰富多样的，因此，关于心理健康的界定，也是众说纷纭。国内外不少专家都曾做过深刻的探讨，波孟认为："心理健康是符合某一水准的社会行为，一方面它能为社会所接受，另一方面能为本身带来不定期快乐。"英格里士则指出："心理健康是指一种持续的心理情况，当事者在那种情况下，能做良好的适应，具有生命的活力，而能充分发挥其身心潜能，这是一种积极的、丰富的情况。"1946 年，第三届国际心理卫生大会曾为心理健康下过这样的定义："所谓心理健康，是指在身体、智能以及情感上与他人的心理健康不相矛盾的范围内，将个人心境发展成最佳的状态。"也就是说，心理健康是以系统健康为基础的，个体能够持续对环境做出良好的适应，并且能保持旺盛的生命力，充分地发挥身体潜能的心理状态和心理适应能力。简而言之，心理健康是个体在各种环境中能保持一种良好适应和效能的状态。

二、心理健康的标准

心理健康定义的界定，有助于了解心理健康的判断标准。心理健康与生理健康一样，都是个体健康中不可分割的部分，但是心理健康的标准并不像生理健康那样的具体、精确和绝对。在临床上对心理健康状况的描述，通常使用“常态”与“变态”或者“正常”与“异常”等术语。然而，心理健康与否是相对的，所谓心理的正常与异常也是一个连续体的两端，它们之间没有绝对的界线。因此，关于心理健康的标准尚无统一定论。

第三届国际心理卫生大会认为心理健康的标志是：①身体、智力、情绪十分调和；②适应环境，人际关系中彼此之间能谦让；③有幸福感；④在工作和职业中，能充分地发挥自己的能力，过有效率的生活。

美国心理学家马斯洛和米特尔曼曾提出了十条被认为是经典的心理健康标准：①有足够的自我安全感；②能充分了解自己并能对自己的能力做出适度的评价；③生活理想切合实际；④不脱离周围现实环境；⑤能保持人格的完整与和谐；⑥善于从经验中学习；⑦能保持良好的人际关系；⑧能适度地宣泄情绪和控制情绪；⑨在符合集体要求的前提下，能有限度地去发挥个性；⑩在不违背社会规范的前提下，能适当地满足个人的基本要求。

由王效道主编的《心理卫生》中提出判断心理健康的三项原则：①心理与环境的统一性；②心理与行为的整体性；③人格的稳定性。同时提出了心理健康水平的七条评估标准：适应能力、耐受力、控制力、意识水平、社会交往能力、康复力、道德愉快胜于道德痛苦等。

王登峰、张伯源主编的《大学生心理卫生与咨询》一书中，对各方面的研究结果进行了整理，提出了判断心理健康的八项指标：①了解自我，悦纳自我；②接受他人，善与人处；③正视现实，接受现实；④热爱生活，乐于工作；⑤能协调与控制情绪；⑥人格完整和谐；⑦智力正常，智商在 80 分以上；⑧心理行为符合年龄特征。

综合以上研究，关于心理健康的标准可归纳为如下几点。

（一）智力正常

智力是指一个人的认识能力与活动能力所达到的水平，是人的观察力、注意力、记忆力、想象力、思维力、创造力和实践活动能力的综合。智力正常是一个人学习、生活、工作最基本的心理条件，是能否适应周围环境变化需要的心理保证，因此，它是衡量心理健康的首要标准。一般来说，人群中大多数人的智力都是正常的，智障者或智力异常的只是一小部分。

（二）情绪健康

情绪稳定和心理愉快是情绪健康的主要标志，也是心理健康的重要指标。因为情绪在心理活动中起着核心的作用，情绪的异常往往是心理疾病的先兆。情绪健康包括：①愉快情绪多于不愉快情绪，具体表现为乐观开朗，充满热情，富有朝气，满怀自信，善于自得其乐，对生活充满希望；②情绪稳定性良好，善于控制和调节自己的情绪，既能克制约束自己，又能适度宣泄，不过分压抑，使情绪的表达既符合社会的要求，也符合自身的需求，在不同的时间和场合有恰如其分的情绪表达；③情绪反应是由适当的原因引起的，反应的强度与引起这种情绪的情境相符合。相反地，如果在生活中遇到挫折，或因相貌不美、身体不好、生活上受打击等而埋怨命运、嫉恨他人、苦闷彷徨、悲观失望，则是心理不健康的表现。

（三）意志健全

意志是人在完成有目标的活动时所做出的选择、决定以及行动的心理过程。意志健全者在行动上的自觉性、果断性、顽强性和自制力等方面都会表现出较高的水平。他们在各种活动中都有自觉的目的性，能适时地做出决定并能运用切实有效的方法去解决所遇到的各种问题；在困难和挫折面前，能采取合理的反应方式，能在行动中控制自己的情绪和言行，而不是行动盲目、优柔寡断、轻率鲁莽、害怕困难、意志薄弱、顽固执拗、言行冲动。

（四）人格健全统一

人格在心理上是指个体相对稳定的心理特征的总和。心理健康的人，其人格也是健全统一的，具有相对稳定性，即个人的所想、所说、所做都是协调一致的。具体表现为：①人格结构的各要素完整统一；②具有正确的自我意识，不产生自我同一性混乱；③以积极进取的人生观作为人格的核心，并以此为中心把自己的需要、愿望、目标和行为统一起来。当然在实际生活中，人的人生观、信念、需要、动机、思想、目标、行为和其他人格特征也会发生变化，但是，这种变化具有统一性和协调性，而不是杂乱无章的。假如有的人不能够用自己的人生观和信念把自己的人格特征统一起来，那么他所想的、所说的和所做的就会互相矛盾和对立，他的各种人格特征会互相抵触和混乱，那么，他的心理就是不健康的。

（五）接纳自我

接纳自我是心理健康的重要条件。一个人是在与现实环境、与他人的相互关系中以及在自己的实践活动中认识自己的。心理健康的人对自己的认识，应比较接近现实，有“自知之明”。对自己的优点感到欣慰，但又不至于狂妄自大；对自己的弱点既不回避，也不自暴自弃，而是善于正确地“自我接纳”。相反地，有的人自视甚高、妄自尊大、渴望去做那些永远无法实现的事，做不到就怨天尤人；或者自轻自贱，甚至对自己的命运也漠不关心；或者夸大自我的弱点，自惭形秽，不肯接纳自己，精神负担沉重。这些都是心理不健康的表现。

（六）和谐的人际关系

人总是处在一定的社会关系中，始终离不开与别人打交道，和谐的人际关系是心理健康不可或缺的条件。其表现为：①乐于与人交往，既有稳定而广泛的人际关系，又有知心朋友；②在交往中保持独立而完整的人格，有自知之明，不卑不亢；③能客观地评价别人和自己，善于取人之长补己之短；④宽以待人，乐于助人；⑤积极的交往态度多于消极态度；⑥交往动机端正。另外，和谐的人际关系还表现为对其所归属的正当集体总是关心和爱护，有一种休戚与共的感情，必要时能够放弃个人的某些愿望去谋获集体的幸福。相反，如果人际关系恶劣，或者与集体格格不入，则无法在集体中生活；或者厌倦与人交往，没有友情喜欢孤独；或者不能容忍别人的过失与短处；或者无端地猜疑、憎恨和欺侮别人，这些都属于不健康的心理。在人群中有的人没有友谊和朋友，厌烦集体，长期不与同事交往，不能以诚恳、友爱、宽厚的态度对待别人，甚至怨恨和敌视他人，这就应该考虑他的心理健康问题，并给予及时的指导和帮助。

（七）适应能力强

较强的适应能力是心理健康的重要特征。心理健康的人，能有效地处理与周围现实环境的关系，表现为能够与社会保持良好的接触，对社会现状有较为清晰正确的认识；思想和行为都能跟上时代发展的步伐，与社会的要求相符合；当发现自己的需要、愿望与社会需要、大多数人的利益产生矛盾时，能迅速地进行自我调节，以求与社会协调一致。心理不健康的人，回避现实，妄自尊大，与社会和大多数人格格不入；为了私利而不顾社会公德，目无法纪，一意孤行，与社会需要背道而驰；与一般社会行为规范相互抵触，甚至敌视社会，采取反社会的态度，这些行为都是心理不健康的表现，严重的可能走上违法犯罪的道路。在人群中，确有与社会环境不协调的人，他们以自我为中心，视社会行为规范和法纪为束缚，我行我素，经常违反纪律和道德，实际上是使自己处于社会环境的对立面，这是心理不健康的重要表现。

(八) 心理行为符合年龄特征

人的一生，从出生到死亡，其心理行为是随着年龄的增长而发展变化的。一个人的认识、情感、言行举止基本符合他(她)的年龄特征，这就属于心理健康；反之，则属于心理不健康或心理异常。例如，大学生的年龄一般在 20 岁左右，其心理行为应当是精力充沛、活泼好动、勤学好问、追求新知、勇于创新。如果有的大学生暮气沉沉、老气横秋；或者像个儿童那样，经常喜怒无常；或者处处依赖家庭，凡事毫无主见，离开父母便无法生活，这样的人自然是属于心理不健康的人。

上述的心理健康标准仅仅反映个体良好地适应社会生活所应有的心理状态的一般要求，而不是最高境界。每个人都应追求心理健康和心理发展的更高层次，充分发挥自己的潜能，促进自己的全面发展。

三、心理健康的意义

随着社会发展，心理健康也越来越受到人们的重视，其意义表现为如下几个方面。

(一) 心理健康是适应社会的基本条件

每个人都是社会的一个成员，一个人只有适应社会，才能生存、发展，并对社会有利。心理健康的人，具有良好的社会适应能力，才能够根据周围环境的变化随时调节自己的心理活动，减少心理机能紊乱，以充沛的精力从事社会实践活动；相反，心理不健康的人，社会适应能力则被削弱甚至遭到破坏，无法调节内心世界的矛盾冲突和人际关系，甚至无法去适应正常的家庭和社会生活，给本人和他人造成痛苦，也给社会带来危害。因此，必须保持心理健康。

(二) 心理健康对生理健康产生直接影响

心理健康与生理健康有着密切的联系。生理健康是心理健康的基础，而心理健康又对生理健康产生直接影响。大量的研究表明，在众多疾病发生、发展和演变过程中，心理因素扮演着重要的角色。心理长期处于不健康的状态，必然会导致人体生理上的异常或病变。现在把这类疾病称为身心疾病，如心血管病、胃肠病、癌病以及哮喘病、糖尿病等，均与心理因素有关。

(三) 心理健康关系一个人事业的成败

美国教育家戴尔·卡耐基在调查了各界许多名人之后认为，一个人在事业上的成功仅有 15%是由于他的学识和专业技术上具有的优势，而另外 85%是靠良好的心理素质和善于处理人际关系。詹纳是1976年奥运会男子十项全能金牌的获得者，他从体育比赛的角度也做了类似的表述。他说："奥林匹克水平的比赛，对运动员来说，20%是身体方面的竞技，80%则是心理上的挑战。"可见，心理健康对一个人的事业成败有着多么重要的作用。

四、体育活动对身心健康的影响

身体锻炼是个体积极参加体育活动的过程，它可以有效地塑造人的行为方式，因而也能够促进个体的心理健康。可以认为，体育活动本身就是增进心理健康的积极的心理卫生措施。通过身体锻炼能给个体带来如下心理效应。

（一）体育活动能获得良好的情绪体验

运动能带来流畅的情绪体验，这是一种理想的内部情绪体验状态。在这种状态下，人们能够忘我地、全身心地投入运动中，并产生来自活动过程本身的直接兴趣和享受。这是一种在学习、工作、交际中所无法产生的情绪状态。

例如，跑步者在跑步过程中会出现一种情绪高潮，有人称其为"体育锻炼快感"，即在跑步中出现良好的身心状态，自身与情境统为一体，动作轻松，忘却自我，充满活力，超越时空障碍；在跑完步后有全身放松的舒适感觉。这些愉快的体验是跑步运动风行世界，令诸多参加者着迷的原因之一。

一项关于运动锻炼与人的心理关系较为全面的调查表明，体育活动能给人带来心境、焦虑、紧张、自信心、抑郁等变化，有60%～90%的参与者能获得良好的心理效应和感觉。

（二）体育活动能治疗疾病

据国外报道，许多国家已经将体育活动作为治疗心理疾病的一种方法。据基恩调查表明，在1 750名心理医生中，有60%的医生认为应将体育活动作为一种治疗手段（即宣泄疗法）来消除焦虑症，80%的医生认为体育活动是治疗抑郁症的有效手段之一。尽管目前对于一些心理疾病的病因以及体育活动为什么会有助于心理疾病消除的基本机制尚不完全清楚，但体育活动作为一种心理治疗手段在国外已经被广泛运用。临床研究表明，慢跑、散步等中低强度的有氧活动，对治疗抑郁症和抗抑郁的效能十分明显，能减轻症状，增强自尊心、自信心。因为抑郁是以压抑为主导的消极情绪状态，而运动是以兴奋和充满活力为特点的积极情绪状态。因此，抑郁者参与运动显然能产生积极的效应。

由于体育锻炼与抑郁、焦虑的降低有关，一个自然的推论就是，长期参与体育锻炼对控制艾滋病病毒的发展有着积极作用。因为艾滋病患者往往在被告之患病后，首先是精神上的打击，丧失信心，情绪消沉，产生抑郁、焦虑等，而参与体育锻炼能间接地起到控制和缓解病毒发展的作用。

体育活动还可以为郁积的各种消极情绪提供一个发泄的机会，使遭受挫折后产生的冲动通过运动得以转移和升华，避免心理障碍的产生。

（三）体育活动能消除疲劳

疲劳是一种综合性病征，与人的生理和心理因素相关。当一个人情绪消极时，或当任务的要求超出其个人的能力时，生理、心理都会很快变得疲劳。然而，如果在从事体育活动时保持良好的情绪状态和信心，就能延缓和减少疲劳。有研究表明，体育活动能提高诸如最大吸氧量和最大肌肉力量等生理功能，能够减少疲劳的产生。

（四）体育活动能增加社会联系

随着社会的发展以及生活节奏的加快，许多生活在大城市的人愈来愈缺乏适当的社会联系，学生们整天“埋”在书堆里，中年人则忙于事业上的拼搏，而老年人常常与孤独相伴，社会联系甚少。体育活动是一种很好的增加人与人之间接触的形式。在活动中共同锻炼，相互竞争，团结合作，相互交流，可以使个体忘却烦恼和疲劳，消除自身的孤独感，使身心得到舒适的体验，产生良好的情绪状态。国内外的一系列调查研究表明，通过锻炼增加与社会的联系，给个体带来心理上的舒适。国外学者谢非德研究认为，女性比男性在心理上能从社会联系中获得更多的受益。马塞等学者的调查发现，外向性格者比内向性格者的社交需要更强烈，这种社交需要可通过跳舞、做操等集体性的身体练习活动得到满足。

五、学校体育培养学生心理素质的途径和方式

学校体育是促进学生德、智、体全面发展的重要手段。随着教育的重点由“应试教育”向“素质教育”转移，加强学生的心理素质教育、促进心理健康教育的形成，已成为一个新的课题，有人对此做了探索性研究，即在体育课中对学生进行成功体育、快乐体育、情绪感染、表象练习等教学，培养学生的自信心，锻炼意志力，激发好奇心，进行心理诱导等项目和内容的实验，并利用业余时间及风雨天的室内课进行心理健康教育。实验结果表明，这些项目和内容对学生的心理健康有着良好的促进作用。体育教学可以兼顾学生的身心发展，但不能自发地促进学生的身心健康。体育教师应树立全面的健康观，摆正健身与健心的关系，并在体育课的设计、组织教学及教法等方面有意识地体现心理健康教育，这样才能促进学生的身心发展，全面完成各项教学任务。

第四节　体育锻炼的基本原则

体育锻炼以增进健康、增强体质、丰富文化生活为目的，使身体朝着更完善的方向发展。所以体育锻炼必须与掌握的体育知识、技能相结合，以科学理论为依据，遵循人体发展规律，否则就会适得其反。体育锻炼应遵循如下基本原则。

一、自觉性原则

人体的发展、身体素质的提高是一个长期的积累过程，只靠一朝一夕的努力是达不到的，因此体育锻炼需要自觉性。例如有的学校要求学生每天早锻炼，这是在学生们尚未养成自觉锻炼习惯的情况下规定的，其目的是为了培养同学们的锻炼习惯。学生们开始也有一定的积极性，但当天气转冷、临近考试及学习任务加重时，就会退缩，自觉性不强。只有提高学生对体育的认识，明确锻炼目的，把自己的个人需要与社会承担的责任紧密结合起来，才

会自觉地塑造成为德、智、体全面发展的人。经过锻炼并从中受益，如娱乐身心、增进健康水平等，才会把锻炼逐渐作为个人需要并自觉参加。

二、全面性原则

人体系统上的有机体，各个组织、器官、系统之间相互联系、相互制约。体育锻炼的主要目的是促进人体体质的全面发展。虽然体育锻炼的形式、内容、手段是多种多样的，但在选择和使用上都不能脱离全面性原则，否则，将会导致身体发展不协调。比如目前很多年轻人注重塑造自己的体型，喜欢健美运动，运用各种力量练习，发展身体各部分肌肉，使肌肉结实、比例匀称，但他们往往会忽视心肺功能、耐力的练习，造成心肺功能的发展落后于体型的发展。这种锻炼是不科学的，也是不全面的。

《国家体育锻炼标准》在贯彻体育锻炼全面性原则方面有着一定的要求。每个参加者，必须在速度、耐久力、弹跳、投掷、力量等方面均达到最低标准，如果有一项没有达到最低标准，其他方面分数再高也不能评定达标等级。其指导思想就是要求参加者进行全面的身体锻炼，得到自身的全面发展。全面锻炼不是要求每个人从事所有项目的锻炼，而是通过某些项目的锻炼，使身体得到全面均衡的发展，尤其应当注意加强身体薄弱环节的锻炼。

三、渐进性原则

人体为适应体育锻炼的需要，在其组织和功能上会发生一系列变化，这是一个逐步适应并且逐步提高的过程。人体这一生理特点要求人们在进行身体锻炼时要遵守循序渐进的原则，如果违背了这一原则，不仅收不到预期的锻炼效果，反而会有损身体健康，甚至会发生伤害事故。人体由静止状态进入运动时，不可能一开始就能发挥出机体的最高工作能力，需要一个逐步提高的适应过程，这是人体的基本活动规律。在体育锻炼时，运动负荷要由小到大，动作要由易到难、由简到繁。不仅在一次锻炼中要如此，在长期锻炼时也要体现循序渐进的原则，既不能急于求成、拼命蛮干，也不能长期保持、停滞不前。

四、经常性原则

“用进废退”同样适用于人类。锻炼要“持之以恒”“贵在坚持”，是人们总结出来的宝贵经验。人体结构和功能的变化是逐渐积累、提高并完善的，只有坚持经常性的体育锻炼，才能使这些变化巩固和扩大。骨骼的坚实、韧带的牢固、肌肉的粗壮、肺活量的增大等状态都是通过肌肉活动进行反复多次的强化而实现的，只靠一两次锻炼是不可能实现的。如果是断断续续地锻炼，而不是持之以恒的话，那么之前的作用痕迹已经消失，后一次的积累性影响就小了。研究证明，肌肉组织 72～96 小时不进行适当的负荷训练，肌肉就会逐渐变弱变小；每周一次力量训练只能使其保持原有力量，每周两次训练才可以增加力量。只有持之以恒才能取得良好的锻炼效果。学生每周坚持两课、两操和两活动，即每人每天有 1 小时的体育活动，这都是有科学根据的，并符合经常性原则；相反，突击性的锻炼和比赛对身体不仅无益，而且还容易产生运动损伤和过度疲劳。

五、差异性原则

人体生理结构虽然基本相同，但由于年龄、性别、身体功能、基本活动能力等方面存在个体差异，所以进行体育锻炼时，在选择锻炼的内容、方法、运动负荷等方面也应有所区别，要因人而异，区别对待。比如，采取男女生分班上课，就是因为男女之间存在差异而采取的区别对待；为体质较差的同学开设素质班，采取选项课等都是按照差异性原则进行区别对待的具体体现。个人进行体育锻炼时，也应注意这一点，特别是体质较弱和锻炼基础较差的同学更应如此。

体育锻炼的五项原则是相互联系、相互制约的，不能片面地强调某一原则，而应把五项原则紧密联系起来，只有这样，体育锻炼才能收到显著的效果。

第五节　体育锻炼的内容及其选择

体育锻炼所选择的项目不同、内容不同、方法不同，对人体产生的影响自然也就不同。不同的运动项目、方法具有各自的特征，有的可以提高身体素质、增进健康；有的可以强身自卫、调节精神、丰富文化生活；有的可以防病、治病、消除生理功能障碍。每个参加锻炼的人应根据个人的年龄、性别、身体条件、兴趣爱好、专业需要和时间、场地、器材等情况，选择锻炼项目、时间和方法。

一、体育锻炼的时间选择

什么时间进行体育锻炼效果最好，是由人体一天中的生理变化规律和每天工作、学习、生活时间的安排和锻炼目的等决定的。

有人认为早锻炼最好，其实不然。人体刚从睡眠中醒来，机体没有达到最佳的工作状态，特别是从晚饭到清晨有十余个小时，人体能量贮备较低，因此晨练运动量不宜过大。如果要进行时间较长、运动量较大的活动，如登山、越野跑等，应当补充一些富含热量的食物。早晨的空气质量也不好，早锻炼应选择开阔地带，要远离污染源。对于有心血管系统疾病的人和年纪较大的人来说还要格外小心，清晨是心血管疾病的高发时间，尤其是在寒冷的冬季，血管变细变脆更要注意。早晨适宜做些慢跑、散步、早操等活动。

体育锻炼选择什么时间为好呢？

一是上午学习或工作两个小时以后，即大家常说的课间操、工间操时间。这时大脑会出现疲劳，尤其是在多人听课的大教室中上课，经过两节课后，教室的空气质量变差，到室外做做广播操、韵律操，打打拳，跳跳绳，这对松弛高度兴奋的神经、产生愉快的情绪大有好处。此时进行锻炼可以使学生头脑清晰，思维灵活，记忆增强，为下一段时间的学习提供良好的条件。

二是下午课外活动时间，这是大学生进行体育锻炼的最佳时间。这时的空气质量较好，人体运动系统也进入最佳状态，适合进行负荷较大的体育锻炼，每天进行的 1 小时锻炼最好安排在这时。

此外，由于双休日和节假日的调整，给了人们更多的自由支配时间，可以开展丰富多彩的体育活动，如郊游、爬山、滑雪、攀岩及各种各样的比赛活动。

有的同学还喜欢晚上进行锻炼，这种情况要自己去体验，锻炼后睡眠质量如何，第二天醒来是否有精神。如果锻炼后很难入睡，大脑兴奋，就应该考虑重新调整锻炼的时间。

二、体育锻炼项目的选择

（一）一般锻炼方法

第一，跑步。除了场地选择之外，时间应选择在早晨或课外活动时间，每周应进行 3～4 次，短时间、快速跑可发展速度，长时间、长距离慢跑可发展耐力。具体说明如下：①定时跑：如 5 分钟、10 分钟、12 分钟等，一般健康人应将其心率控制在 140～170 次/分为宜。锻炼初期和体质较弱者锻炼时间和跑的距离不宜太长，可根据身体状况逐渐增加次数、时间，加长距离，加大强度，也可走与跑交替进行。②间歇跑：一种由跑的距离、速度、次数和间歇时间组合而成。例如，距离 400 米，要求 90 秒完成，次数 3 或 4 组，间歇时间为 4～5 分钟。间歇时间可视心率的恢复情况而定，就是当心率恢复到 120 次/分左右时进行下一组练习。这种练习对学生提高 800 米、1 000 米、1 500 米跑等达标测验项目的成绩很有帮助。③间距跑：由各种不同距离的跑组合而成，以达到发展速度和耐力的效果。例如，6×60 米、4×100 米、2×200 米、4×60 米×2 组跑。每组之间的间歇时间可根据自己的实际水平去确定。④变速跑：快跑与慢跑放松交替进行，水平差的可采取快跑距离稍短、慢跑距离稍长的方法。当达到一定水平后，可适当加长快跑距离、缩短慢跑距离。这种跑可发展耐力，提高心血管系统、呼吸系统功能。⑤越野跑：在公路、田野、公园进行的自由跑，可随意变换跑速，距离也可视个人自身体力而定，但跑的距离要逐渐加长，循序渐进。要穿合适的、有弹性的鞋，并注意交通安全。

第二，广播操、健美操、韵律操。广播操可在早操或课间进行，如伴有音乐会使学生感到更轻松和愉快，做操时要注意动作的幅度和质量。健美操越来越向节奏快、力度大的方向发展，受到许多充满活力的青年人的青睐。韵律操融健身、健心、健美为一体，对增强体质、塑造体型美有明显的效果。

第三，太极拳。太极拳是我国传统的项目，它动作柔和，体态舒松，呼吸自然并且运动量不大，尤其适合体质较弱的人锻炼，终身锻炼终身受益。锻炼时应注意基本功练习和动作的质量。

第四，球类、器械运动。这些运动对发展灵巧性、速度、力量、耐力等有明显作用。应注意掌握基本技术、规则，器械练习应注意安全保护。

此外，游泳、爬山、自行车远行等也都是一些很好的运动项目。

（二）提高身体素质的锻炼方法

身体素质包括速度、力量、耐力、灵敏和柔韧性等几个方面，其中速度、力量是最基本的身体素质。身体素质发展越充分，机体就能够发挥出更大的活动能力，表现出更好的运动技能。

1. 速度素质

速度素质是指人体进行快速运动的一种能力。它的表现形式有反应速度、动作速度和位移速度等方面。反应速度是指人体对各种刺激发生反应的快慢,如短跑时从发令到启动的时间,它以神经过程中反应时为基础,反应时短,则反应速度快;反应时长,则反应速度慢。动作速度是指完成单个动作或成套动作的时间长短,如投掷运动员器械出手的速度,武术运动员冲拳、踢腿的速度等。位移速度是指在周期运动中,人体通过一定距离所耗费的时间,如跑步、游泳、速度滑冰等。

提高速度素质的方法有很多种,如听信号启动可发展反应速度,减轻器械重量加快动作速度的练习,下坡跑可以发展位移速度。在提高速度质量的同时,要注意力量、灵敏和柔韧素质的发展,还要注意提高肌肉的放松能力。在校大学生(17～22 岁)处在速度素质的发展和稳定增长时期,要抓住这一有利时机,加强发展速度素质的练习。

2. 力量素质

力量是指肌肉紧张或收缩时表现出来的能力。这种能力按肌肉收缩的形式可分为静力性力量和动力性力量。

静力性力量,是肌肉作等长收缩所产生的力量,即人体维持或固定在一定的位置或姿势,不产生明显位移的动作,如单杠悬垂,体操中的支撑、倒立等。

动力性力量,是肌肉在等张收缩时产生的力量,人体产生明显的位移,使人体或器械产生加速运动,如跑、跳、投、游泳等。动力性力量又分为重量性力量和速度性力量。重量性力量是动作的速度基本不变,由肌肉工作时所推动的器械重量来衡量力量的大小,如举重。速度性力量是由人体或器械运动的加速度来评定的一种力量,靠肌肉的快速收缩,使重量衡定的人或器械获得加速度来衡量速度性力量的大小,如投掷、跳跃、踢跳等。

(三) 利用自然条件进行锻炼

利用大自然的日光、空气、水进行锻炼是非常有益的,尤其对长期在室内从事脑力工作的人来说更有必要。现代社会产生的“文明病”是由于人们长期远离大自然,导致神经系统与内脏器官功能紊乱所引起的。充分地利用自然条件进行锻炼,不仅经济简便,还可收到意想不到的效果。

1. 日光浴

紫外线可杀菌,促进人体对钙、磷的吸收,促进新陈代谢和血液循环。日光浴应注意以下几点:①选择适宜的时间。夏季最好在上午 10 点以前和下午 4 点以后,时间不宜过长。过量的紫外线照射对皮肤有害。②尽量让皮肤暴露在阳光下。③避免阳光直射眼睛与头部,可戴墨镜或草帽。

2. 空气浴

新鲜空气中氧气含量丰富,负离子含量多,对人体神经系统、循环系统、呼吸系统有良好的作用,加以低温刺激能改善体温调节功能。进行空气浴必须注意从温暖季节开始逐渐过渡到冷空气浴,服装应宽松单薄,尽量增加皮肤与空气直接接触的机会,并选择空气新鲜的场所。

3. 水浴

水浴可分为热水浴、冷水浴和温水浴三种。热水浴和温水浴能够扩充血管，减弱肌肉张力，加速血液循环，消除疲劳。冷水浴能提高神经兴奋性，调节皮肤毛细血管的收缩与舒张，提高人体适应外界温度变化的能力，增强意志，提高自身抵抗疾病的能力，并能有效地增强心血管系统的功能，使血管的弹性增加，减少血管壁胆固醇的沉积。冷水浴还有助于防止动脉硬化，对促进健康和增强体质都大有益处。

冷水浴时应注意以下几点：①根据个人身体条件区别对待；②循序渐进，从夏季开始一直坚持到冬季；③剧烈运动后、饭前饭后、发烧感冒时均不宜进行；④进行自我医务监督。

第六节　体育锻炼计划的制订

体育锻炼应根据个人的具体情况、总的目标（如在多长时间内加强某项身体素质或掌握某项运动基本技能）而制订长远计划，再根据长远计划确定具体的月与周计划。在锻炼计划中应包括以下几个部分：

第一，要根据作息时间合理安排锻炼时间，如早操、课间操等。内容可以相对固定，如早操、慢跑 1 500 米等。

第二，课余锻炼。课余是在校大学生的主要锻炼时间，可以根据课程安排确定学生锻炼的时间、次数，再安排内容。例如，每周三次的课外活动，分别定在周一、周三、周五下午 4:00，内容分别是：周一，长跑，距离 3 000 米；周三，篮球活动；周五，器械练习，包括卧推 6 组、腹肌力量练习 6 组、蹲跳 6 组等活动。

第三，参加竞赛或班级体育活动，如班级篮、排球赛或院系的单项竞赛、校运动会等。为参加比赛而进行集体或个人的赛前练习，也应有相应的锻炼计划。尤其是集体项目，如球类比赛、接力赛，更应有计划。计划一旦制订，就应克服困难去完成。而完成计划的过程也是对自己意志品质、集体主义观念的培养过程。

第七节　运动性疲劳的产生与消除

长期以来，人们曾从多种不同的角度去研究疲劳，探讨疲劳产生的机制，并提出了几种假说，如巴甫洛夫学派的“保护性抑制”学说、兰克等人的“堵塞”“窒息”“衰竭”学说以及“内环境稳定性失调”学说等。因此，人们对疲劳的认识在不断地深化。

一、运动性疲劳的生理本质

运动性疲劳是指人体运动到一定的时候，运动能力及身体功能出现暂时下降的现象。

运动性疲劳分为两个阶段：一是代偿性疲劳。这个阶段的运动能力靠增强中枢神经系统的兴奋性和机体其他系统更加紧张的活动得以维持，这时每一工作单位的能量消耗多，动作的结构也发生变化。例如,在步幅缩小的情况下,通过增加动作速率来维持跑速。二是非代偿性疲劳。这个阶段的特点是运动能力下降,尽管运动员越来越用力,但仍无法克服这种疲劳状态。

运动性疲劳是人体运动过程中发生的正常生理现象,对人的身体并无损害。它是一种警报信号,或者说是一种健康的保险阈。生理学家通过研究认识到,运动性疲劳是一种综合性的生理过程,它是以中枢神经系统的作用为主导,在中枢神经系统和周围的组织相互影响下,神经与感觉系统、运动系统、内分泌系统相互联系的变化。

(一) 运动能力与身体素质的变化是导致运动性疲劳的因素

人体的运动能力与身体素质、身体各器官系统功能有着紧密联系。

身体素质就是人体各器官功能在肌肉工作中的综合反映。各器官功能的下降,必然影响运动能力与身体素质。譬如:长时间的肌肉活动会导致肌肉功能下降,力量、速度等当然也随之下降,于是在完成练习时,往往会由于力不从心而觉得疲劳;在耐力性运动中,如果心肺功能下降,承受耐力负荷的能力就会随之下降,机体就会疲劳而降低工作能力。

(二) 体内能源贮备的减少和身体各器官功能的降低

当人体从事运动导致疲劳时,往往伴随体内能源物质的大量消耗,如极量运动 2～3 分钟至非常疲劳时,肌肉内的磷酸肌酸(能源物质)接近最低点;在长时间的持续运动中,由于体内糖的大量消耗,肌糖原及血糖均下降。能源贮备的消耗与减少,会导致各器官功能的降低,加之肌肉活动时代谢产物(如乳酸等)的堆积及水盐代谢变化等的影响,机体工作能力就会下降而出现疲劳。

(三) 精神意志因素与疲劳密切相关

在运动中,人体各器官系统的活动都是在神经系统指挥下完成的,神经系统功能的降低会使得疲劳加深。例如,在一定强度和一定持续时间的体育活动过程中,会出现胸闷、呼吸困难、心率急增、肌肉酸软无力、动作迟缓而不协调、情绪低落甚至想停止运动等主客观上的变化,这种状态称为“极点”。此时,如果依靠意志力继续运动下去,不久这种难受的感觉会减轻或消失,动作会变得轻松有力,呼吸也会变得均匀自如,这种现象称为“第二次呼吸”。这样就可以推迟疲劳的出现或减轻疲劳的程度。

二、运动性疲劳的判断

科学地判断运动性疲劳的出现及其程度,对合理安排体育教学和运动训练具有重大的实际意义。有关的评定方法有很多,归纳起来可分为三个方面。

(一) 观察法

观察运动员的表现,如出现脸色苍白、眼神散乱、表情淡漠、连打哈欠、反应迟钝、精神不易集中、情绪改变(易激动或沉默寡言)、运动成绩下降等现象,可初步判断为疲劳。

(二) 生理指标测定法

1. 闪烁值法

疲劳时,闪烁值下降。

2. 膝跳反射阈法

疲劳时，叩诊四头肌腱，力量加大才会引起反射，即反射阈上升。

3. 呼吸耐力测定

连续测 5 次肺活量，每次间隔 30 秒。疲劳时，测定肺活量会一次比一次下降。

（三）疲劳的主观感觉法

疲劳的主观感觉是：疲乏、腿疼、心悸，甚至头疼、胸闷、恶心等。

由于运动性疲劳时表现出运动能力下降、疲劳感和某些客观生理指标发生改变等几个方面的变化，这些变化会随着所观察对象的年龄、性别、训练水平、思想、情绪和运动条件等方面的差异而各有不同，所以不能单独只用一种方法去评定疲劳，只有综合观察才比较可靠。

三、运动中推迟疲劳出现的因素

在体育锻炼中，如果运动性疲劳出现得迟一些，对提高锻炼效果大有裨益，解决这个问题一般可从下列几个因素中考虑：

第一，坚持长期不懈地锻炼，努力提高自己的身体素质。

第二，合理安排训练的内容，避免因局部负担过重而产生局部疲劳。

第三，注意发展与运动项目相适应的供能能力。

第四，加强意志品质与心理训练，提高自身心理素质，有利于疲劳时精神意志因素的改善，从而推迟疲劳的出现。

第五，饮食营养的合理安排和科学的饮食方法对体内能源的贮备有着积极意义。

四、加速消除疲劳的方法

加速疲劳的消除，对提高机体工作能力以及提高运动成绩具有重要意义，同时也是预防由于疲劳的累积而导致过度疲劳的积极措施。一般可采用以下几种方法。

（一）睡眠

如果没有充分平静的睡眠，就不可能有充分的休息。锻炼导致身体疲劳之后，保证良好而充分的睡眠是使身体得到恢复的重要措施。成年人每日一般要有 7～9 小时的睡眠，儿童需要的时间较成年人长，而老年人则较短。为了保证正常的睡眠，必须遵守一定的作息制度。

（二）活动性休息

所谓活动性休息就是指人们在休息时进行的其他活动，也叫积极性休息。当局部肌肉疲劳后，可利用未疲劳的另一些肌肉进行一些适当的活动，借以促进全身的代谢过程，加速疲劳的消除；当全身疲劳时，也可通过一些轻松的和兴趣高的体力活动，来达到加速消除肌肉代谢产物的目的。因此，在体育课中应多采用转换活动内容的方法作为休息的手段。应当注意，作为活动性休息而安排的练习，应是习惯的练习，同时强度不应过大，时间不宜过长，否则将影响活动性休息的效果。

（三）物理性恢复手段

按摩、光疗、电疗等，对促进疲劳肌肉的代谢过程、加速疲劳的消除具有良好的作用。此外，吸氧、空气负离子吸入、沐浴（温水浴、蒸气浴、旋涡浴、海水浴等）、局部负压法、针灸、气功等方法，也有益于消除疲劳。

（四）合理补充营养

为了补充因活动而消耗的物质、修复失常的体内机构和消除疲劳，补充适当的营养是非常重要的。通常需及时补充的物质有维生素（C、B_1、B_2、A、E）、糖、蛋白质以及矿物质（如钙、铁）等。

（五）心理调节

快乐的情绪可加速疲劳的恢复，如欣赏优美的音乐、进行自我心理调控与放松调节等，对体力恢复有很大益处。

五、健身运动处方

运动处方是指以增强体质、增进健康、发展体能为目的而制订的一系列符合个人身体状态、针对性强而又行之有效的科学运动方法，基本内容包括运动目的、运动内容的确定，运动负荷的安排以及运动过程的要求等。运动处方以人体生理学为基础，主要采用中等强度有氧代谢为主的耐力性运动手段，重视运动实践过程的效果，是科学的体育锻炼方法。根据制订运动处方的目的，可分为健身性、预防性、治疗性、竞技性等四种处方。制定运动处方的程序：①通过体检和临床医学检查，了解锻炼者的一些情况（如性别、年龄、职业、病史、锻炼情况、食欲、睡眠、常用药等）及其身体健康状况（通过医学手段检测得到的生理、生化指标和各项身体素质水平）；②根据检测结果和锻炼者需求确定锻炼的目的，选择锻炼的方式；③按照科学锻炼的原则和方法制订运动处方；④实际锻炼；⑤锻炼一段时间后，再次检测健康状况，根据其承受运动负荷能力和体力状况所反馈的信息，评价运动处方效果；⑥修订原运动处方和制订新的运动处方。

下面介绍几种常用的运动处方。

（一）步行

1. 步行的特点与作用

步行是一种简单易行的有氧锻炼方法。从形式上看，可以在平路、平路结合坡路或沙地上进行。步行的速度、幅度、时间决定着运动负荷的大小，通常安排在清晨、睡前或饭后（半小时）进行，地点可以选在湖边、公园、林荫道等环境优美、供氧充足的地方。步行是增强心脏功能的有效手段之一，并且减肥效果好。轻快的步行可以缓解神经肌肉的紧张度，对于整天伏案学习、以脑力思维为主的大学生来说，可使处于紧张状态的大脑皮层细胞得到放松。因此，步行是一种非常好的积极性休息方式。

2. 健身步行方法

当步行以健身为目的时，要求步幅增大，上体正直，注意力集中，速度逐渐加快，两臂前后摆动，并加大摆幅，呼吸保持自然。

3. 步行运动处方

将不同年龄段所适宜的步行时间、距离等指标汇总，制成大学生步行预备性运动处方。

（二）慢跑

1. 慢跑的特点和作用

慢跑也叫健身跑，它不同于中长跑，慢跑是一种轻松、自如、随意的跑步，强度略大于步行。从运动医学角度看，慢跑比较安全并节省时间，健身效果好并且见效快，运动负荷容易控制，不会发生较大的运动损伤。因此，慢跑被列为有益健康、抗病延年的手段之一，并被国内外称为“有氧运动之一”。

2. 慢跑的锻炼方法

（1）走跑交替锻炼法。适合于缺乏锻炼者，一般可先走 1 分钟，再跑 1 分钟，交替 1～2 周后增加运动量。

（2）间歇健身跑锻炼法。这是慢跑与行走相交替的一种过渡性练习，适合于体弱者。一般从跑 30 秒、行走 30～60 秒开始，逐渐增加跑的时间，以提高心脏负荷。这样反复进行 10～20 次，总时间为 10～30 分钟，以后可根据情况逐渐加量。

（3）短程健身跑。可从 50 米开始，渐增至 100 米、150 米、200 米、400 米。

（三）骑自行车

1. 骑自行车的运动特点和作用

自行车是一种经济实惠、普及性高的交通工具。中国是自行车王国，骑自行车健身具有广泛的群众基础。骑自行车可以说是融娱乐与健身为一体的高效的健身方法，它能提高心肺功能，锻炼下肢肌力和增强耐力；缺点是受天气影响较大。

2. 骑自行车运动锻炼方法及注意的问题

刚开始骑自行车时，锻炼者蹬速应达到 60 次/分，同散步节奏。对于消遣骑车者来说，蹬速在 75～100 次/分最为合适。计算蹬速，只需记下 15 秒内一条腿所蹬的圈数，再乘以 4，就是每分钟的蹬速。

骑车锻炼时，注意不要溜坡滑行，要掌握正确的骑车姿势，蹬出节奏（指每分钟一条腿蹬车的次数），并且要时刻注意安全。

3. 自行车运动处方

自行车人人会骑，但若要获得理想的健身效果，则应遵循科学的指导。

第八节　柔韧素质

一、概述

柔韧素质是指人体大幅度动作完成的能力，即指跨过关节的肌肉、肌腱、韧带等软组织的能力。

柔韧素质一般分为动力(主动)柔韧性和静力(被动)柔韧性两类。动力柔韧性是练习者依靠相应关节及肌肉群的积极工作所完成大幅度动作的能力;静力柔韧性则是借助外力使关节活动范围和韧带肌肉伸展幅度可以达到的最大程度。

影响柔韧素质的主要因素包括:

一是肌肉等组织的弹性。肌肉、韧带等软组织的弹性不仅取决于性别、年龄,也取决于中枢神经系统的兴奋性,情绪高涨时,柔韧性会得到提高。

二是神经过程转换的灵活性。神经过程的灵活性直接影响到中枢神经系统调节对抗肌之间的协调能力,对人体肌肉的随意放松能力起重要作用。

三是心理的紧张程度。心理紧张过程过长会使神经由兴奋转化为抑制,严重影响协调能力,从而影响柔韧性。

四是外部环境的温度。气温在 18 ℃以上是表现柔韧性的有利条件;一天内,中午是最利于发展柔韧性的时间。

五是疲劳程度。人在疲劳情况下,主动柔韧性下降,而被动柔韧性提高。

二、发展柔韧素质的基本要求

(一) 控制好柔韧性的发展水平

控制好柔韧性是为了满足专项运动的基本需要。柔韧素质如果过分地发展,会导致关节韧带的变形,影响关节结构的牢固性。

(二) 兼顾各个相互联系的部位

通常柔韧性不仅仅是反映在某一关节或身体某一部位上,而是涉及两个或多个关节或身体部位,如若发现其中某一关节柔韧性稍差,就应立即采取措施使其得到改善。

(三) 练习应持之以恒

柔韧性提高快,但消退也快,因此练习必须持之以恒。

(四) 与力量练习相结合

柔韧性练习若安排不当,不仅会影响力量素质的提高;反之,也会影响柔韧性的发展。要使柔韧性与力量同步发展,一是要十分注意柔韧性练习之后的放松,二是要选择把柔韧性练习与力量练习结合起来的练习手段。此时,要注意练习时的外界温度和练习时间。

(五) 柔韧性练习要从小开始

少年儿童的关节面角度大,软骨厚,关节韧带较松弛。这些解剖特点,决定少年儿童时期是发展柔韧性的大好时机,7～12 岁则是柔韧素质的突增期。

三、发展柔韧素质的方法

(一) 柔韧素质练习综述

柔韧素质的基本练习方法是拉伸法。拉伸法又分动力性拉伸和静力性拉伸两种。这两种拉伸法又都可分为采用主动性和被动性两种练习形式。在运用拉伸时,应掌握好拉伸强度、重复次数、组数、间歇时间及动作要求。

强度主要反映在用力大小和负重程度两方面。无论是主动拉伸还是被动拉伸,其用力程度都应该逐渐加大,并且加大的程度要以人体自我感觉为依据,感觉疼痛即止。采用负重练习时,重量应控制在5千克以内。

练习重复的次数和组数,应当根据练习的不同阶段和不同部位而有所不同。发展阶段的练习次数和组数要高于保持阶段。练习时间可根据练习者的主观感觉去确定,当其感到基本恢复即可进行下一组练习。

柔韧性练习的动作幅度要逐渐加大,以尽量拉长肌肉和韧带。动作速度应快慢结合,以快为主。

(二) 发展柔韧素质的主要方法

(1) 发展肩、臂、腿、脚等部位的主要方法:压、搬、劈、摆、踢、绷、绕环等练习。

(2) 发展腰部的主要方法:体前屈、俯卧背伸、转体、甩腰、绕环等练习。

第九节 身体素质的转移及其运用

力量、耐力、速度、灵敏和柔韧等身体素质不是孤立存在和发展的,它们之间是相互影响、相互促进并且相互制约。在各种素质的发展过程中存在着大量的相互迁移现象。这种由于某一素质的发展影响到另一素质的发展的现象,就是身体素质的转移。

一、身体素质转移的类型

(一) 直接转移与间接转移

从身体素质在练习过程中转移的方式看,身体素质的转移可分为直接转移和间接转移两种方式。直接转移是指一种身体素质的变化直接引起另一种素质的改变,或在同一素质中产生直接的变化。例如,腿部伸肌动力性力量水平的提高,会直接导致跑步速度或跳跃动作速度的提高。间接转移是指一种素质的改变不能直接导致其他素质的改变,而只能创造发生变化的条件。例如,腿部静力性力量的提高,不能直接导致跑速的提高,但它能促使腿部的绝对力量的提高,逐步地迁移为动力性力量,最终有利于跑速的提高。

(二) 良好转移与不良转移

从身体素质转移产生的效果看,身体素质的转移可分为良好转移和不良转移两种。良好转移是指某一素质的发展促进了另一素质的发展,如快速力量的发展,对于提高速度素质的作用是不言而喻的;不良转移是指某个素质的发展对另一素质的发展产生了抑制作用,如过度地发展耐力将使速度的发展停滞或者下降。

(三) 同类转移与异类转移

从身体素质之间的关系来看,身体素质的转移可分为同类转移和异类转移。同类转移是指同一种身体素质在各种不同运动形式中的转移。例如,举重能发展力量,进而也会提高田径投掷的成绩;游泳能提高耐力素质,进而也会促使田径长跑成绩的提高等。异类转移是指不同素质之间的转移，如力量与速度之间的迁移，协调与力量、速度之间的迁移等。

（四）可逆转移与不可逆转移

可逆转移是指两种或两种以上素质之间可以相互转移，比如速度与力量之间。不可逆转移是指一种素质单向地向另一种素质转移，而不能双向相互转移。例如，速度素质在某些情况下可促进耐力素质的发展，而在高水平练习者身上耐力素质的发展却难以促进速度素质的发展。

二、运用身体素质转移方法应注意的问题

（一）转移的效果与练习的负荷

“量的积累引起质的变化”这一规律同样适用于身体素质的转移过程。要使素质的积极转移得以发生，并可以获得良好的效果，必须要求有一定量的练习，使某一素质得到较稳定的发展之后，才有可能转移。其转移效果的巩固，又需要有一定量的练习才能实现。转移的效果，在一定限度内与练习量是呈正比关系的。

（二）预测可能的转移效果

在发展某一身体素质时，必须要预测可能的转移效果，这是避免不良转移的最好方法。在安排上，可以选择一些可产生良好转移的练习。

（三）练习者的水平

对于初级练习者而言，力量的发展会有效地促进速度的提高，但是高水平练习者进行一般力量练习，就很难促进速度的提高。因此，不同水平练习者的练习手段也是不同的。

（四）重视间接转移

身体素质的转移效果有些会很快地表现出来，有些则需要较长时间才能表现出来，即所谓的“延缓转化”。间接转移就是如此。在练习过程中，延缓转化与即时转化同样重要，因为这是一种“素质储备”。

第三章

体育卫生保健

第一节　生活卫生制度

一、生活制度

生活制度是指在一天中，睡眠、饮食、学习、工作、休息和体育锻炼等各项活动的时间安排。

时间对于人体生命活动的效率具有重大的意义。如果每天都在同时间里进食，就会产生固定的条件反射，消化器官会分泌大量消化液，以保证消化过程更有效地进行；如果每天有节律地在同一时间里进行脑力劳动（学习）或体力活动，那么就会提高脑力劳动能力和身体的工作能力。因此，保持生命活动有节律的作息制度，是有机体具有高度效能的重要条件之一。良好的生活作息制度要求做到以下几点：在严格规定的时间内完成各种活动内容；正确地交替劳动、体育活动和休息；定时进食；睡眠充足。在学校里，如果保持良好的生活规律，不仅有助于增进身体健康，还能促使学生把学习同体育活动很好地结合起来，从而可以得到全面的发展；相反，在学习和工作岗位上，如果生活没有规律，不遵守作息制度，起居无常或劳作无度，不仅会影响工作能力，还会危害机体的健康，久而久之，势必积劳成疾。

“开夜车”也是一种不良的生活习惯。学生经常“开夜车”，不仅会增加脑力劳动的强度，而且体力消耗也很大，并导致睡眠不足，影响大脑功能，容易引发失眠和神经衰弱等病症，因而不宜提倡。

二、睡眠与健康

睡眠，是人们消除疲劳、保持身体健康的生理功能之一，是一种重要的生理现象，是人脑和各器官的一种最基本的存在方式。著名生理学家巴甫洛夫认为：脑组织中存在着一种抑制灶，当抑制灶处于优质状态时抑制就会向周围弥散，引起大脑皮层的普遍抑制，从而产生睡眠。当人处于睡眠状态时，一切的感觉功能和生理功能都下降到最低水平，人体似乎与周围环境暂时失去了联系。睡眠时，人的心脏活动减慢、变弱，血压降低，呼吸减慢，尿量减少，体温略有下降，代谢率偏低，整个机体处于调整和恢复状态。

一个人每天必须要有充足的睡眠。睡眠时间的长短，要根据不同的年龄而定。一般来说，学龄儿童每天需要10小时的睡眠，青少年每天需要9小时的睡眠，成年人每天需要8小时的睡眠。

睡眠时间长并不等同于休息好。衡量睡眠的标准主要是"质"，睡眠的深度，像"春眠不觉晓"那样，深沉而恬静，一觉到天亮，才能有效地消除疲劳。在这种情况下，可适当地缩短睡眠的时间。

要想提高睡眠的质量，首先，要养成良好的生活习惯，每天按时睡觉，按时起床；其次，要为睡眠创造良好的条件，卧室要安静，空气要流通，光线宜暗，被子要轻、软、暖且清洁卫生。注意睡前不要喝浓茶、咖啡，也不要吸烟，因为这些对大脑都有刺激作用，容易引起兴奋。

失眠使人感到痛苦。引起失眠的原因是多方面的，有些大学生的失眠，往往是由于学习、看小说、打牌、下棋、跳舞等行为过度而引起的。由于这些活动打破了正常的生活规律，影响睡眠的节奏，致使精神长期处于紧张状态，导致大脑皮层的兴奋与抑制发生紊乱，造成失眠。

失眠往往不是一种孤立的症状，还可能与高血压、心脏病、神经衰弱等疾病有关。因此，失眠患者应及时去医院接受检查诊治，只要原发病治愈，失眠症状也会随之消失。

要想睡得好，睡得甜，最重要的就是要安心。只有心"安"了，才能眠"静"。宋代蔡季通在《睡诀》中说的"睡侧而屈，觉正而伸，早晚以时，先睡心，后睡眠"是很有科学道理的。所谓"先睡心"就是说睡前情绪要安静，不可过于激动，这样有助于快速入睡。

三、戒除不良嗜好

（一）吸烟

多年来，世界卫生组织和各国的科学家做了大量的社会调查和科学实验，证明吸烟对健康有着很大的危害。吸烟能诱发和加重多种疾病，降低人体的健康水平，甚至还会缩短人的寿命。

烟焦油中有多种致癌物质，还有一些放射性物质。国内外医学家认为，吸烟与肺癌关系紧密。另外，吸烟与喉癌、口腔癌、食道癌、胃癌等也有一定的关系。

烟中含有大量的烟碱。烟碱，也叫"尼古丁"，其毒性很大，特别是对人体的神经系统和血液循环系统有危害。

吸烟时还会吸入其他多种毒素，如一氧化碳等。烟中有大量的微尘，一支香烟中大约有几亿粒微尘，人们吸入大量的微尘，不断地刺激气管的黏膜，会引发咽喉炎、嗓子变哑、咳嗽和支气管炎等症状。

吸烟不仅害己，还会损人。一些不吸烟的人，如果经常处于烟雾弥漫的场所，就会吸入烟雾，这称之为被动吸烟，而且被动吸烟危害更大。

（二）饮酒过量

酒的主要成分是酒精，也称乙醇。乙醇是一种有毒物质，如果大量摄入，会毒害人体的组织细胞，对身体产生破坏作用。

人体的神经系统对酒精极为敏感，有些人饮了少量的酒之后，就会变得“健谈”起来，这是中枢神经系统功能失调的初期表现。

酒精对心脏的危害较大，长期饮酒会致使心脏变形，失去正常的弹力而增大。长期饮啤酒的人心脏扩大明显，医学上称之为“啤酒心”。酒精还会使血液中的脂肪物质沉淀在血管壁上，使血管变窄，血压升高，增加心脏的负担。由于饮入体内的酒精有一部分是从肺以挥发的形式排出体外，故对呼吸道会产生一定的刺激作用，从而降低呼吸道的防御功能。

人们在紧张的学习、工作之余，适量饮酒，不仅对解除学习和工作的疲劳有益，而且能促进消化液的分泌，有助于增进食欲，但切忌过量。

第二节　体育锻炼和卫生保健

体育锻炼和卫生保健是研究体育锻炼过程中影响人体健康的各种外界因素，以及人体与体育锻炼之间的相互关系。根据实际情况，落实在体育锻炼中的各种卫生要求、保健要求和措施，用以帮助和指导青少年科学地进行体育锻炼，其目的在于增强体质、提高健康水平。

一个人的健康，包括身体、精神、环境适应三方面的良好状态。因此，人体是不断地和自然环境、社会环境相互作用的精神和身体的复合体。

（一）良好的个人卫生习惯

1. 生活制度

合理的生活制度，对人的健康、学习和工作都有着很大作用。每个人应当有自己的生活制度，医学上确认人体的各个器官、系统的机能变化，均按生活制度而有规律、有节奏地发生相应的变化，如心率、呼吸、血压、血糖、血红蛋白、尿量、内分泌等，都是随人体机能的变化而增加或减少。但如果生活制度紊乱，人体各器官、系统的生理功能就会失去平衡，抵抗疾病的能力下降，甚至会直接影响人体的健康。但是，人的生活制度也并非一成不变，随着人们学习和工作任务的改变，生活制度也会相继改变。当然人的生活制度应当相对稳定，养成每天按时起床、早锻炼、学习、工作、休息、就餐、体育活动、睡眠的习惯，并使其制度化。只有这样，才能拥有强健的体魄和充沛的精力。因为人的生活制度一旦稳定，并形成巩固的动力定型，体内的一切活动会随生活制度产生相应的条件反射性变化，此时会出现机能的节省化。

2. 早锻炼

早锻炼即早操，是为了消除人的抑制状态。早晨起床后应到户外进行早锻炼，通过早锻炼可提高人体器官、系统的机能，为一天的学习、工作做好准备。早锻炼应根据个人的实际情况选择适合的项目和负荷量。

3. 饮食

人类为了维持生命活动和健康，并需要保证生长发育和从事各种活动，每天必须从外界摄取一定数量的食物，且数量与质量应当适应人体在特定的生活、学习、工作和体育锻炼等条件下的需要，这种满足人体在不同条件下需要的膳食称为合理膳食；否则，人体的需要和供给就会失去平衡，久而久之，就会导致人体消瘦或肥胖，直接影响人体的健康。因此，合理的膳食是维持正常生理功能、促进生长发育、增进健康、提高抵抗疾病能力的基本条件。

4. 睡眠

睡眠是生命活动中的自然休息，是一种保护性抑制，约占每个人生命活动的 1/3 时间。它可使大脑皮层的细胞免于衰竭，而且只有通过睡眠才能恢复大脑的功能。尤其是青少年，每天一定要保证 8～9 小时的睡眠时间，否则会引起过度疲劳，影响其生长发育。研究结果表明，人的生长素是在睡眠中分泌的。为了保证良好的睡眠，晚餐不宜过饱，睡前不宜饮刺激性饮料，睡前 1～1.5 小时应停止体育锻炼。

5. 清洁

人体皮肤中有皮脂腺和汗腺，皮脂腺分泌的皮脂对皮肤具有润滑和保护作用；汗腺分泌汗液，可调节体温和排出代谢产物。当皮脂腺和汗腺分泌受阻时，可引起毛囊炎、疖肿等疾病。因此，体育锻炼后为了清除代谢产物，确保皮脂腺的正常分泌，应当用温水和肥皂擦洗皮肤，但要避免用水温过高的水洗澡，以防皮肤过分脱脂而干燥。

（二）心理卫生

心理卫生也称为精神卫生。人类对感知到的环境刺激，不但要做出相应的生理反应，同时还要做出相应的心理反应。人的心理活动会影响人的生理活动，进而影响人的健康，因此，医学上非常重视“喜、愁、忧、思、悲、恐、惊”等七种情绪的致病作用。“笑一笑十年少，愁一愁白了头”，其实质也在于此。当人因为喜悦而欢笑的时候，对肺功能、肠胃功能、心脏功能、新陈代谢、免疫能力等均有良好的影响，所以人们把高血压、消化性溃疡、支气管哮喘等与心理因素有关的疾病叫作“身心疾症”。良好的心理状态有助于身体健康。健身先健心，就是要培养良好的心理状态，克服生活、学习、工作、体育锻炼中的不良心理状态，这对提高学习、工作效率，增进健康极为有益。

（三）环境卫生

一切生物都生活在地球的表层。有生物生存的地球表层叫作生物圈。这个生物圈就是人类的生存环境，包括空气、水、土壤、食物等。人与环境是不可分割的统一体。环境能为人类造福，同时也能为人类带来不幸，由此可见，保护环境的意义重大。环境的异常变化，也会不同程度地影响到人体的正常生理活动，而人类具有调节自己生理功能以适应环境变化的能力。当环境的改变超过一定范围时，则可能会引起人体某些功能和结构发生异常的甚至病理改变。这种能引起人体发生病理变化的环境因素叫作环境致病因素，如空气、水、土壤的污染引起的公害以及职业病、食物中毒等疾病。

由此可见，环境污染对人类健康的影响是多方面的。维护和改变人类的生存环境，防止环境污染，向公害做斗争已成为保证人类健康生存的一项迫切任务。学校的校舍和校园卫生应经常保持清洁。清洁舒适的环境不仅有益于人体健康，而且可以创造良好的学习环境。

（四）营养卫生

生命的存在，人的生长发育、体育锻炼和从事一切活动都需要营养物质，而营养物质是构成体质、供给热能和调节生理功能必不可少的原料。体育锻炼必须建立在营养的基础上。营养必须合理，若营养过剩，热能呈“正平衡”，多余的热能将转化为脂肪，久而久之就会使人肥胖，这是引起肥胖症的主要原因之一；若营养不足，热能呈“负平衡”，此时要消耗构成体质的营养物质，久而久之，使人消瘦，对人体健康也不利。

1. 人体需要的营养物质

（1）蛋白质。蛋白质是生命存在的形式，也可以说，没有蛋白质就没有生命。蛋白质是由多种氨基酸组成的，氨基酸是人体中必不可少的，且多数在人体内可以合成，但有 8 种氨基酸不能在人体内合成，必须从食物中摄取。这 8 种氨基酸叫作必需氨基酸，它们分别是：赖氨酸、色氨酸、苏氨酸、甲硫氨酸、亮氨酸、异亮氨酸、苯丙氨酸、缬氨酸。蛋白质的结构形式很复杂，其功能主要是：①构成体质和修补组织。人体各组织的细胞均由蛋白质组成，如细胞原生质的 80%是蛋白质。②调节生理功能。人体内的氮平衡、渗透压的平衡和酸碱的平衡均离不开蛋白质。蛋白质缺少时，以上平衡均会失调。③供给热能。蛋白质虽不是供给热能的主要物质，但是人体总热量的 10%～14%是由蛋白质供给的。

蛋白质的供给因年龄、工种、运动强度、生理状况而有别。青少年蛋白质的供给量要相对多一些，一般 1 千克体重日需供给 1.5～2 克。鸡蛋、牛奶、大豆、瘦肉中含蛋白质较多，缺少蛋白质会导致青少年生长发育迟缓、体重下降、智力发育障碍、记忆力减退或者免疫力下降，严重时还会引起水肿。

（2）脂肪。脂肪是人体中的重要组成部分，由甘油和脂肪酸组成，其主要功能是：①构成体质。脂肪是构成组织细胞的主要成分之一，如磷脂、糖脂、胆固醇等。②保温与调温。皮下脂肪对人体具有隔热保温的作用，随气候的变化，冬季可增多，夏季可减少。③促进脂溶性维生素的吸收和利用。凡是脂溶性维生素必须要有脂肪参与才能溶解吸取，如 VA、VK、VE 等，缺少脂肪则不能被吸收。④供给热能。脂肪是一种高热能物质，1 克的脂肪能产生 9 卡热能，是糖和蛋白质热能的 2 倍多，但脂肪耗氧量多。

脂肪供给不宜过多，一般 1 千克体重日需供给 1～2 克，冬季可以适当增加，摄入脂肪过多，易导致肥胖，极易诱发高血压病、冠心病、高血脂等疾病。

（3）糖。糖是葡萄糖、果糖、蔗糖、乳糖、淀粉、纤维素和果胶的总称，也叫作碳水化合物，由 C、H、O 三种元素组成。糖是人体中最主要的能源物质，人体总热能的 60%～70%来自糖。糖具有放热快、耗氧少、经济性好等优点。糖的来源最广泛，五谷杂粮、薯类、根茎类、瓜果类中均含有大量的糖。

糖虽是供给热能的物质，但它也是细胞膜、神经组织、结缔组织、抗体、酶、激素的组成部分，并参加与脂肪、蛋白质在体内的代谢过程。青少年消耗的热能较多，若缺糖会影响正常的生长发育，但食糖太多也会导致肥胖。一般 1 千克体重日需供给 4～6 克糖，参加体育锻炼可适当增加。

（4）维生素。维生素常用 V 表示，是一种生物催化剂，在人体内它既不构成物质也不供给热能，只有调节生理功能的作用。维生素是一种有机化合物，其种类很多，按其性质可以分为两大类：一类是脂溶性维生素，如 VA、VD、VE、VK 等；另一类是水溶性维生素，如 VB、VC、VPP 等。维生素大部分在体内不能合成，必须从食物中摄取。维生素的需要量并不多，但人体缺少维生素会引起各种疾病。若缺少 VA 会患夜盲症，缺少 VC 会得维生素 C 缺乏病，缺少 VB 会引起贫血等。维生素的分布很广，五谷杂粮、动物内脏、水果、青菜等食物中均含有大量的维生素。人只要不偏食的话一般不会缺少维生素。

（5）无机盐。人体内的元素除了碳、氢、氮以有机化合物形式存在外，其余的元素大多以无机盐形式存在，如钙、磷、钾、钠、镁、硫、氯等 7 种元素。含量极少的元素叫作微量元素，如铁、锌、碘、氟等 14 种元素。无机盐约占体重的 5%，它是构成体质、调节生理功能的物质，其中钙、磷的含量最多，约占 70%。钙、磷不但是构成骨骼和牙齿的主要成分，而且还能调节体内体液的渗透压和酸碱度 pH。铁的含量虽然少，但参与血红蛋白的生成。60%～70%的铁存在于血红蛋白中。人体缺钙、缺磷就会发生软骨病，缺铁则会发生贫血病。

为了保证人体内有足够的钙、磷、铁、锌等，可多吃一些奶类、瘦肉、海产类、动物肝脏、水果和绿色蔬菜等。

（6）水。水是构成体质的主要成分，占体重的 60%～70%；水也是一种化学媒介，是许多无机盐的溶剂；水还有运送体内物质、保证腺体分泌、调节体温和润滑等作用。缺少水则会影响人体的正常生理功能，但饮水过多又会加重心脏负担，所以一天饮水量在 1 000～1 500 毫升即可，排汗多时可适当增加。

体育运动中或运动后不宜大量饮水，以免增加心脏负担，尤其不能饮冷水，否则会引起胃痉挛。运动后经过一段时间休息再饮水最佳。

2. 青少年的营养卫生

青少年学生正处于生长发育阶段，是长身体、长知识的时期，所以营养对青少年有特殊的意义。

（1）各种营养物质的调配要合理。一般人体中糖、脂肪、蛋白质的比为 4∶1∶1，因为青少年消耗的热能较多，因此糖的比重可适当加大。为了保证足够的蛋白质、钙、铁、锌、VA、VB_1、VB_2、VC，青少年每天应吃谷类食物 500 克、新鲜蔬菜 500 克、食油 10 克、黄豆或动物肉类约 75 克、薯类 100 克，有条件者可吃鸡蛋 1 个、牛奶 250 克、动物肝脏 25 克和适量的水果等。

（2）食物应多样化。为了发挥不同食物所含营养在体内的互补作用，绝不可以偏食，应多种食物混合食用，否则会引起营养缺乏症，影响青少年的生长发育。目前，青少年偏食现象较为严重，应予以纠正。

（3）养成合理的饮食习惯。青少年的饮食一定要定时定量，不应暴饮暴食。饮食过饱会超过胃的正常容量，使胃突然扩张，影响肠胃蠕动和胃液分泌从而引起消化不良；但也不应节食，目前有些女性青少年为减肥，控制进食量，这样不仅有害于身体健康，而且对学习、体育锻炼也不利。一日三餐应当做到早晨吃好，中午吃饱，晚上吃少。

营养卫生十分重要，人们常说“病从口入”，在现代人的生活中，对人体健康有害的物质往往是通过食物进入人体的。食物本身虽不含有害物质，但由于空气、水、土壤的污染，使食物从种植到收获、捕捞、生产加工、贮存、销售、烹调、食用等，都会受到不同程度的污染，人食用后可能会发生食物中毒。经检查发现，生吃的蔬菜、水果等大肠杆菌的检出率高达90%。因此，青少年应当养成良好的卫生习惯，饭前、便后要洗手，不喝不清洁的生水，不生吃蔬菜，吃水果削皮等，这样可减少疾病的传染。

第三节　青春发育期卫生

一、性知识教育

为了青少年的健康成长，性教育已成为当代教育学的重要内容之一，同时也是家庭、学校、社会教育的一个组成部分。青少年从青春期进入青年期，生殖器官及其功能都已发育成熟。若缺乏有关的性知识，可能会陷入迷惑、恐惧、焦虑之中。此时，因对异性产生了神秘感，这种生理上的冲击力与青少年相对薄弱的道德观念、意识之间的矛盾比较突出，可能出现越轨行为，极少数的人还可能犯罪。其原因就是缺乏性知识、性道德和性法制教育，这是当前家庭、学校、社会亟待解决的问题。其实性教育应当在青春期到来之前进行，要让他们知道性行为是人的一种“本能”，但是，由于心理、社会、遗传、疾病等因素，都会影响和破坏这种“本能”，所以必须要正确对待。性问题与恋爱、婚姻、家庭、人格、尊严、道德都有着密切的关系，因此，应将性教育与道德品质教育同步进行。

二、青春发育期

青春发育期是性发育成熟的一个阶段，此时的性器官发育成熟、完善。青春发育期前，男女的体型无显著差异；而青春发育期时，由于性激素刺激，全身各个器官迅速发育，尤其是性器官的发育，促使性腺（睾丸、卵巢）产生生殖细胞（精子、卵子），并分泌性激素（雄性激素、雌性激素）。在性激素的作用下出现了男女继发性特征——第二性征：男生会长出胡须和体毛，甲状软骨突起，声调低沉，阴毛与腋毛浓黑，肌肉发达，生殖器官增大，睾丸成熟产生精子，并出现遗精；女生声调高而尖，皮肤嫩滑，皮下脂肪增多，乳腺发育，乳房膨大，乳头突出，骨盆增宽，阴毛、腋毛浓黑，并会出现月经。

（一）月经和月经期卫生

女生的内生殖器官包括卵巢、输卵管和子宫，位于盆腔内。子宫呈梨形囊状，在直肠与膀胱之间。女生在12～14岁开始出现月经，第一次来月经称为月经初潮。月经是女性进入青春发育期的标志，是一种正常的生理现象。一个月经周期一般为28天，有时也会缩短或延长，但只要在21～40天内均属于正常。月经可持续35年，约占女性一生中的1/2时间。女生的运动能力一般随月经周期的变化而变化。月经周期分为以下三个阶段。

1. 月经期

月经期是指子宫内膜破裂形成阴道出血，排血量约 50～100 毫升，历时 3～5 天，月经期运动能力最低。

2. 增生期

增生期是指月经停止后的 10 天左右，此期间破裂的子宫内膜逐渐增生修复，卵泡逐渐形成，卵细胞逐渐成熟。

3. 分泌期

月经周期 14 天左右，成熟的卵子开始通过输卵管向外运送，称为排卵。此期间若遇精子则可受精，子宫内膜不再破裂；若未受精，卵子则排出体外，子宫内膜增生的组织破裂，形成月经。

女生从事体育锻炼，常因身体的不适而引起月经周期紊乱，表现为排血量过多或过少，月经周期延长或缩短，甚至闭经，若无病变均属于功能失常。另外有的女生在月经前会出现腹胀、腰酸、乳房胀、腹泻、便秘等反应，加之大脑皮层兴奋性降低，因而会出现疲倦、嗜睡、情绪急躁等现象。有的女生会出现痛经，即月经期或经前、经后出现腹痛：若月经初潮就痛，多属于原发性痛经，常因过度紧张或宫颈狭窄引起；若是后来发生痛经，多因生殖器官有炎症或其他疾病所致，需要进行专科检查治疗。

为确保女生的经期卫生，经期应该注意：①避免精神和体力过度疲劳，禁止剧烈运动。可做一般的身体活动，以促进盆腔血液循环，促使经血畅流。②注意防寒保暖。寒冷刺激易引起子宫、盆腔内血管过度收缩，导致痛经和月经紊乱。③节制食量，少吃或不吃刺激性的食物，心情舒畅，精神愉快，勿急躁发脾气。④注意个人阴部卫生，每日清洗一次外阴部，切勿游泳，内裤及卫生用品应勤换勤洗。

(二) 遗精

遗精即指男性在非性交活动状态下的射精。遗精是男性的生殖腺开始成熟并进入青春发育期的标志，是男性未婚前的正常生理现象，凡因遗精造成的恐惧和紧张心理都是不必要的。男性的精液聚积到一定数量后，就会通过遗精而排出体外，这就叫作“精满自溢”。引起遗精的原因很多，外界刺激、社会影响、局部刺激、俯卧睡眠、包皮过长或做梦等情况均会引起遗精。如果一个月遗精 1～2 次，对身体的健康不会有影响；若遗精过频，1～2 天一次，或一有性冲动就排精，即属于不正常现象。

第四节 女生的体育卫生

一、女生的生理特点

(一) 体型特征

女生的脊柱较长而四肢骨较短，故上身长、下身短。青春期后形成上体长而窄、下肢短而粗、肩窄盆宽的体型。该体型的特点是重心低，稳定性高，且有利于做平衡动作，但对运动速度、跳高、跳远等动作则稍有不利。

（二）体脂特征

女生的体脂约占体重的25%，而男生只有15%；女生的皮下脂肪的沉积约为男生的2倍，尤其是在胸、臀及腿部这几处位置。而女生较厚的脂肪层可保温，又有很好的缓冲保护作用。

（三）肌肉力量

女生的肌肉力量一般都低于同龄男生，特别是在速度力量（爆发力）上更为明显。女生在完成同样负荷练习时比男生的速度要慢，而以同样的速度练习，女生表现出的力量也比男生小。

（四）氧运输系统

女生呼吸肌的力量相对于男生来说较差，加之气道阻力大，因此女生的肺通气量及肺活量等均小于男生；同时，女生的血红细胞、血红蛋白总量以及心脏的重量、容积、每搏输出量、每分输出量等方面的数值均比男生低，故女生的氧运输能力差，尤其在运动时差别较为明显。女生体内的碱储备和保持酸碱度 pH 相对恒定的能力较低，故耐酸能力差。

二、女生平时的体育卫生

女生进行体育锻炼不但可以增进健康，而且还有其特殊的意义。体育锻炼对保持女生子宫的正常位置有较大的作用，对下一代的健康有直接的影响，但女生在体育锻炼时需要注意：

第一，女生进入青春发育期后，由于身体形态、机能、素质、心理、生殖系统等方面发生很大变化，因此，体育锻炼项目的选择和运动负荷量的安排应当区别于男生，并要符合女生的特点。

第二，女生心血管系统、呼吸系统、运动器官系统的机能均不及男生，所以绝不能与男生等同对待，体育锻炼时必须注意男女有别。

第三，女生肩带窄，肌肉力量差，有氧与无氧代谢能力较差，因此，不宜做单一支撑、悬垂摆动。

第四，女生肌肉的薄弱环节是肩带肌、腰背肌、骨盆后肌和骨盆底肌，所以在体育锻炼时要加强这些肌肉力量的发展，这样有利于维持子宫正常的位置。

三、女生月经期的体育卫生

月经期的体育锻炼适当与否，会影响到女生的健康。月经期既不能什么运动都不参加，也不能蛮干。身体健康，平时有锻炼习惯，月经正常，经期无不舒服的感觉，在这些条件下月经期也可适当参加体育运动，但运动负荷量要小；若平时无体育锻炼习惯，月经期进行体育锻炼应特别注意，以免引起不良反应。月经初潮后1～2年的女生，由于其腺性分泌周期还未稳定，经期往往不准，故在体育锻炼时只可做一些缓和而轻松的活动。为此，月经期应当做到：

第一，不做剧烈震动的跑、跳动作和静力性的憋气动作，如中长跑、快速跑、跳高、跳远、举重、负重蹲起、排球的扣球、篮球的跳投等运动。

第二，在月经期若出现痛经、腰背酸痛、下腹痛、经血过多或过少、经期延长或缩短、盆腔炎症等情况，均应停止一切体育活动。

第三，女生月经期间一般应当停止游泳，以免引起子宫颈挛缩，影响行经或细菌侵入发生炎症。

第四，一般女生月经期不宜参加体育竞赛活动。若平时有参加训练和竞赛习惯者，也可以参加，但需要特别注意。

第四章

运动中的损伤及预防

第一节 运动损伤防治概论

运动损伤学是运动医学的重要组成部分，它主要研究运动损伤的预防、发生规律、诊断、治疗和康复，通过总结损伤发生原因、治疗的效果，评估重新恢复训练的时间及能力，为保证运动训练的正常进行，提高运动成绩提供了科学依据和指导。

运动损伤是指在体育运动的过程中或因体育运动因素而发生的各种损伤。它不同于一般的创伤，它的发生与运动训练安排、运动项目与技术动作、运动训练水平、运动环境与条件等因素相关。由于运动训练而引起的微细损伤以及慢性劳损往往与运动项目的特殊技术要求有关，当专业运动员从事专项运动时，往往会出现一定的体征、损伤并有可能逐渐发展严重，而当停训或结束专业运动员生涯时，他们的伤情就会减轻或逐渐得以改善，因此可以将这类慢性损伤称为运动员的职业病。在各类运动专项中，各类急性损伤的发生也各有特点，如在运动中，以各种形式的擦伤、挫伤最为常见，这种与专项技术要求密切相关的急性损伤，有人将其称之为专项运动技术损伤。

当发生运动损伤以后，运动员就不能参加正常的训练和比赛，从而妨碍运动成绩的提高，缩短运动寿命或过早地结束运动生涯；严重的损伤，有可能会引起运动员身心残障，甚至会造成死亡事故。因此，无论是教练员或是运动员，都有必要去学习和掌握运动损伤学的知识和技能，充分地认识运动损伤预防的重要性和意义，掌握运动损伤的发生规律、特征、预防、诊断、康复和急救原则等，最大限度地减少或避免运动损伤的发生，一旦发生损伤，能采取一定措施使运动员得到及时的治疗与康复。

一、运动损伤的分类

(一) 按受伤的组织结构分类

可分为皮肤损伤、肌肉肌腱损伤、关节损伤、滑囊损伤、骨损伤、骨骺损伤、软骨损伤、神经损伤、血管损伤、内脏器官损伤。

(二) 按伤后皮肤、黏膜是否完整分类

(1) 开放性损。伤后皮肤、黏膜的完整性会被破坏，有伤口与外界相通。例如，擦伤、刺

伤、切伤、裂伤、开放性骨折等，这类损伤有伤口和出血，应注意抗感染和止血。

(2) 闭合性损。伤后皮肤、黏膜仍保持完整，无伤口与外界相通。例如，挫伤、肌肉拉伤、关节扭伤、腱鞘炎、闭合性关节脱位与骨折等，这类损伤无法直接看到，一般都有出血，应注意尽早做出正确诊断并止血。

(三) 按伤情轻重分类

(1) 轻伤。伤后基本能按原计划进行训练。

(2) 中等伤。伤后不能按原计划进行训练，需暂停或减少患部训练。

(3) 重伤。伤后完全不能训练。

(四) 按损伤程度分类

(1) 急性损伤。指一瞬间或一次性遭受直接或间接暴力引起的损伤。

(2) 慢性损伤。指因多次微细损伤、局部过度负荷而逐渐积累的劳损，或急性损伤处理不当或损伤未愈再伤逐渐转变所致的陈旧性损伤。

二、运动损伤的发生规律及预防

(一) 运动损伤的发生规律

运动损伤发生率比较高，特别是专业运动员的损伤发生率会相对较高。从损伤发生部位特点来看，运动中的损伤几乎是遍及全身。其中以头面部的鼻黏膜的损伤出血为最多，其次是身体各部位的擦伤尤其是小腿部位的擦伤。在上肢损伤中，以肩关节脱位、肩袖损伤、肘内侧软组织拉伤、指间关节损伤最为多见；躯干以胸肋部挫伤、腰背肌肉筋膜损伤最多；下肢最常见的就是小腿部擦伤、膝关节内外侧副韧带损伤、踝关节扭伤、足背挫伤及足舟骨和足跖骨骨折。

(1) 从损伤发生的场合特点来看，运动损伤大多数发生在训练中，约占 72%，在比赛中造成的损伤约占 28%。训练中发生的损伤，急、慢性伤都有，慢性伤和劳损较多；比赛中发生的损伤，则以急性损伤为多，少部分是旧伤复发或加重。

(2) 从损伤性质特点来看，根据调查结果，绝大部分为软组织损伤，包括肌肉、韧带、肌腱、筋膜、关节囊、腱鞘、皮下组织，也有骨组织的损伤和内脏器官包括大脑的损伤，软骨损伤也不少见，由此可见，运动员的损伤种类比较多。

(3) 从损伤发生的原因来看，根据调查结果，由于预防知识的不足，对损伤发生的可能性和损伤发生后应采取的临时急救处理、伤后训练安排和康复训练不够重视，致使伤害事故不断发生；准备活动存在问题、训练或比赛组织安排不当、训练水平包括心理素质存在问题、身体机能状况不佳、不合理或未使用护具、场地有问题等也是造成损伤的原因。

(二) 运动损伤的预防

(1) 积极、认真地对运动员开展预防运动损伤的宣传和教育工作，并采取各种行之有效的预防措施。

(2) 重视准备活动。准备活动要足够充分，但活动量又不宜过大。准备活动应与专项运动的基本内容相互结合，控制好准备活动与正式运动的时间间隔。准备活动一般控制在

15～20 分钟，也可视运动员的个人情况稍延长。准备活动与正式运动之间的间隔时间为1～4 分钟。

（3）提高训练水平，加强易伤部位以及相对薄弱部位的训练，提高机能和承担运动负荷的能力，是预防运动损伤的一种积极手段。

（4）合理安排训练和比赛。训练计划的安排要遵守科学训练的原则，参加比赛时应遵守比赛的规程和规则，比赛后应注意调整休息。

（5）正确使用护具，加强场地、器械的安全措施，强调即使是在训练时也应佩戴护具。

（6）在生病、身体机能状况差时，不宜进行剧烈活动与比赛，这也是为预防损伤发生所采取的措施。

（7）认真填写损伤登记卡，定期进行统计分析与研究，及时做好预防工作。

三、急、慢性软组织损伤的处理

（一）急性软组织损伤的处理

急性软组织损伤的病理过程可分为组织损伤出血、炎症反应及肿胀、肉芽组织形成和疤痕形成这四个阶段。急性损伤起病急，病程短，局部病变常以变质和渗出为主，临床症状与体征较为明显。

按急性损伤的病理过程大致可以分为早、中、后三个时期，处理这类软组织损伤的基本原则和治疗方案如下：

（1）早期是指伤后的 24 小时或 48 小时内，组织出血和局部急性炎症期。这一时期的处理原则主要就是适当制动、止血、防肿、镇痛和减轻炎症。

治疗方案是伤后即刻冷敷，加压包扎，抬高伤肢并适当制动。一般都是先冷敷，再加包扎，也可同时进行冷敷和加压包扎。加压包扎 24 小时后即可拆除，之后再根据伤情做进一步处理，如外敷新伤药，疼痛重者服止痛片，淤血较重者内服跌打丸、七厘散等。

（2）中期是指伤后的 24 小时或 48 小时后，出血已停止，急性炎症逐渐消退，但在伤部仍有淤血和肿胀，肉芽组织正在形成，组织正在修复。处理原则主要是改善伤部血液和淋巴循环，促进组织代谢，促进淤血与渗出的吸收，加速再生修复。

治疗方案可以采用热疗、按摩、拔罐、药物治疗（如外敷活血生新剂）。同时，应当根据伤情进行适当的康复功能锻炼，以保持机体神经及肌肉的紧张度，维持已建立起来的条件反射及各器官、系统的反射性联系。

（3）后期是指损伤基本修复，肿胀、压痛等局部征象已基本消失，但是功能尚未完全修复，锻炼时仍觉疼痛和酸软无力。有些严重的损伤可能会因粘连或疤痕收缩，出现伤部僵硬、活动受限等情况。处理原则是增强和恢复肌肉、关节的功能，如有疤痕硬结和粘连，应设法使之软化、松懈。

治疗方案以按摩、理疗、功能锻炼为主，适当配以药物治疗，如用旧伤药外敷或海桐熏洗药熏洗。

（二）慢性软组织损伤的处理

慢性软组织损伤的病理变化主要是变性和增生。由于伤部长期具有代谢障碍，而引起组织形态和功能上的改变，伤员自感伤部酸胀、疼痛、活动不便、局部发凉等状况。

慢性软组织损伤的处理原则主要就是改善伤部血液循环，促进组织的新陈代谢，合理安排局部负担量。治疗方案与急性损伤的中、后期大致相同，但应注意康复功能锻炼，治疗时按摩、针灸、理疗、局部注射肾上腺糖皮质激素等方法效果较好。

四、闭合性软组织损伤的治疗方法

（一）冷疗法

冷疗法是运用比人体温度低的物理因子（冷水、冰、蒸发冷冻剂）刺激来进行治疗的一种物理疗法。

冷因子刺激躯体可以使组织温度下降，周围血管收缩，明显地减少局部血流量及充血现象，还可使周围神经传导速度减慢，因此有止血、退热、镇痛、防肿的作用。它可使肌肉的收缩期、松弛期及潜伏期延长，降低肌张力及肌肉的兴奋性，因而还有解痉作用。

1. 冷敷法

将冷毛巾或冰袋在损伤处局部外敷，每次敷20～30分钟，也可用冰块按摩法或将伤肢直接浸泡在冷水中，但应缩短时间。

2. 蒸发冷冻法

利用一些易蒸发的物质去接触体表，吸收热能而使局部温度降低。常用的是烷类喷射法，喷射时喷出的细流应与皮肤垂直，距离皮肤30～40厘米，喷射5～10秒，至皮肤出现一层白霜为止。有时为加强治疗作用，间隙20～30秒后可再喷射一次。喷射次数不宜过多，以免冻伤。

（二）热疗法

热疗法是运用比人体温度高的物理因子（传导热、辐射热）刺激来进行治疗的一种物理疗法。

热疗能使局部血管扩张，促进血液和淋巴循环，提高组织新陈代谢，缓解肌肉痉挛，促进淤血和渗出液的吸收，因而会有消肿、散瘀、解痉、镇痛、减少粘连和促进损伤愈合的作用。

1. 热敷法

将毛巾浸透热水或热醋后放于伤部，无热感时应立即更换，每次敷30分钟左右，每天1～2次，也可用热水袋热敷。

2. 蒸熏法

用配好的药物加入水后煮沸，将需治疗部位直接用蒸气熏。每次治疗20～40分钟，每天1次。此法能使药物通过温热作用渗入局部从而起到治疗作用。也可以用稀释的温热药直接浸泡伤处。

（三）红外线疗法

红外线由热光源产生。治疗时把红外线灯移至治疗部位的上方或侧方，灯距一般为30～50 cm。治疗时可调整灯距，一般以皮肤有舒适温热、皮肤出现桃红色均匀红斑为宜，若过热或热感较差都应当调整距离。每天1～2次，每次15～30分钟，15～20次为一疗程。

（四）拔罐疗法

拔罐疗法俗称“拔火罐”，是利用火的燃烧造成罐内负压，使罐吸附在皮肤上来治疗疾病的一种物理疗法。

拔罐时罐内形成的负压吸力较大，使局部毛细血管充血甚至破裂从而产生淤血，淤血消退过程中的溶血作用有利于机体功能的恢复。在穴位上拔罐时，对穴位是一个刺激，并有通经活络的作用。拔罐时局部皮肤有温热感，有热疗作用。

拔罐方法：先在伤部取阿是穴及附近穴位，然后根据拔罐的部位选择火罐的大小及留罐时间，面积大、肌肉厚的地方，选用大罐，留罐 3～5 分钟；面积小、肌肉薄的部位，宜用小罐，留罐 10～20 分钟。气候炎热时留罐时间应缩短，寒冷时可稍延长。一般隔日拔一次，5～7 次为一疗程。

点火一般采用“闪火法”。用一铁丝棒，一头缠上棉球，蘸上酒精后点燃，然后伸入罐内旋转燃烧片刻，迅速抽出并立即将火罐扣在皮肤上。起罐时，一只手按压罐口边皮肤，另一只手将罐扳斜，使空气进入罐内，罐便会自然脱落。切记不可强力硬拔，以免损伤皮肤。罐子拔上以后如病人感觉局部紧而痛，或有烧灼感，应把罐子起下，检查是否有烫伤或皮肤过敏等情况。如果为烫伤，应另换其他部位；如果为皮肤过敏反应，不宜再拔。病人如果出现头晕、恶心、面色苍白，则应立即起罐，让病人平卧休息片刻，喝点开水，即可恢复。起罐后皮肤出现发红、青紫，属正常反应；如出现水泡，可用消毒针刺破，涂以紫药水。

五、保护支持带

运动中的保护支持带包括护具、粘膏、弹力绷带、纱布绷带等。

（一）保护支持带的作用

（1）使用保护支持带后可避免受伤韧带和其他组织的松弛，从而保持关节的稳定性。

（2）限制肌肉、肌腱超常范围的活动，以免已伤的组织再伤，并使已伤组织适当休息，以利修复。

（二）使用方法

保护支持带的使用要正确，否则就会产生相反的结果。总的原则是关节能固定于相对适宜的位置，受伤组织不再受到牵扯，活动时不使疼痛加重。

在运动中常用的保护支持带的用法如下：

手腕部使用保护支持带的目的是为了保护掌指关节和腕骨、指骨。手腕部的保护支持带有多种，可采用弹性绷带或棉布绷带。其中最常用的一种是：先以环形包扎法由腕部开始，以“8”字形包扎法分别包扎第一、第二、第三、第四、第五掌指关节，最后在腕部做环形包扎并打结。在第一掌指关节做“8”字形包扎后，再分别包扎第二、第三、第四、第五掌指关节。

膝侧副韧带损伤粘膏支持带先用两条宽约 4 厘米的粘膏交叉地贴于膝关节的伤侧，再用三条粘膏分别横贴在髌骨、大腿和小腿中部，将前两条固定，然后戴上护膝或缠上弹力绷带。距腓前韧带损伤粘膏支持带用宽约 2～3 厘米的粘膏数条，将踝关节固定于外翻位，再用弹力绷带包扎。

“足球踝”保护支持带使踝关节保持直角，用普通的布带或弹力绷带从小腿内侧向外侧横扎后绕至足底，再从足内侧绕足一圈后，经足跟内侧绕向小腿，又经足背绕到足底，再经足跟外侧绕到小腿后面，环绕小腿以环形包扎法结束。

足弓劳损粘膏支持带用宽大约 4 厘米的粘膏绕足弓部 3～4 圈。

其他大腿肌肉拉伤用护腿或弹力绷带包扎，腰部损伤用宽带围腰或皮围腰支持保护，腕部损伤用护腕等。

（三）注意事项

使用粘膏支持带前应把局部汗毛剃去。选用的粘膏宽窄应与损伤部位相符，粘贴时要平整、粘牢。一般情况下，避免连续缠绕肢体，以免妨碍血液循环。受伤部位的支持带不应保留 5 天以上，需要时可重新粘贴。比赛时使用的，赛后应立即拆除。

第二节　常见的运动损伤

一、开放性软组织损伤

（一）擦伤

擦伤是运动中最轻并且也是最常见的一种开放性损伤。运动员脚趾、脚跟擦伤，或摔倒时擦伤最为多见。

（1）小面积、浅表、无异物污染的皮肤擦伤，训练和比赛时可直接喷“利多卡因氧定气雾剂”等药物后继续训练比赛，待比赛、训练结束后，先用生理盐水冲洗消毒，然后局部涂抹 2%的红汞药水或 1%～2%的龙胆紫溶液，不必包扎，但面部的擦伤最好不用龙胆紫等染色剂涂抹。

（2）关节附近的擦伤，不宜采用干燥暴露法治疗，干裂后既影响运动又易感染，还有可能波及关节，所以可采用 5%～10%的磺胺软膏或青霉素软膏涂敷。

（3）如果是大面积擦伤或伤处有异物，可先用生理盐水彻底冲洗伤口，并以绷带加压包扎。对于污染较严重的伤口，先将异物彻底清除。再用凡士林纱布覆敷伤口，由医生清创后，还要施用抗菌药物和注射破伤风抗毒血清。

（二）撕裂伤

运动中最为常见的是眉弓部的撕裂伤，还有额部、唇部的撕裂伤。当发生面部撕裂伤以后，为了继续比赛，可先用生理盐水冲洗，再用肾上腺素液棉球压迫止血，然后用粘胶封合。待比赛结束后到医院做清创缝合、抗感染及预防破伤风治疗。

二、挫伤

（一）原因

当被对方踢中、击中时都有可能会发生挫伤，运动中较易发生挫伤的部位有胸部、头部、睾丸、大腿、小腿等。

(二)征象

单纯性挫伤一般都有疼痛(先轻后重、一般持续24小时)、压痛、肿胀、出血、功能障碍。挫伤后的出血可为瘀点、瘀斑及皮下组织中局限性积血(血肿),挫伤重者疼痛和功能障碍较为明显。

复杂性挫伤较为严重,如头部挫伤后轻者可发生脑震荡,严重者可能会造成颅骨骨折而合并脑挫伤以至于危及生命,大、小腿挫伤严重时可引起股四头肌及腓肠肌肌肉或肌腱的断裂,胸部挫伤可合并肋骨骨折甚至肺脏损伤形成气胸或血胸,睾丸挫伤可因剧烈疼痛而引起休克,腰部挫伤可合并肾挫伤等。

少数病例挫伤部可继发感染性化脓;肌肉挫伤后可出现继发钙质沉着化骨,形成化骨性肌炎;严重的挫伤形成的血肿有时会妨碍血液循环,引起局部肌肉的缺血性挛缩。

(三)处理

对于单纯性挫伤,可施行局部冷敷、加压包扎、抬高伤肢、外敷新伤药等处理方法。对于复杂性挫伤,如有休克症状时,应首先进行抗休克处理,采用止痛、止血等抗休克措施,同时急送医院治疗;睾丸挫伤,则用三角带吊起,卧床局部冷敷;肌肉、肌腱断裂者,将肢体固定包扎后,送往医院进行治疗。

(四)预防

在训练和比赛时,除戴上规定的护具外,还应加强运动员的自我保护能力的训练,并严格裁判执法,对禁踢部位要禁止粗野动作。

三、肌肉拉伤

当肌肉主动收缩超过了其负担能力或被动拉长超过了伸展性时,就会造成肌肉微细损伤、肌肉部分撕裂或完全断裂,称为肌肉拉伤。

(一)原因

运动中较常见的肌肉拉伤是大腿后群屈肌的肌肉拉伤,当腿法动作过猛而又踢空时,较易发生腘绳肌起点或肌腹部的拉伤;又如运动员做横踢动作时,力度过大有可能造成腰肌拉伤;长时间训练和连续比赛,肌肉则会有僵硬、酸痛感,如果不注意也易造成肌肉拉伤;当比赛或训练前准备活动不充分时,也会造成肌肉拉伤。

(二)征象

有受伤史,受伤后局部疼痛、压痛、肿胀、肌肉紧张、发硬、痉挛、功能障碍。严重的肌肉拉伤往往有明显的肿胀及皮下淤血。肌肉断裂者可摸到凹陷或出现一端异常膨大。肌肉拉伤时受伤肌肉主动收缩或被动拉长时疼痛加重,肌肉收缩抗阻力试验呈阳性。

(三)处理

伤后应马上给予冷敷、局部加压包扎、适当制动、抬高伤肢,并把患肢放在使受伤肌肉松弛的位置以减轻疼痛。肌纤维部分断裂者,48小时后可开始按摩,手法要轻缓。对怀疑有肌肉、肌腱完全断裂者,应在局部加压包扎固定患肢后,立即送医院就诊,必要时应接受手术治疗。

在伤后康复期，肌纤维轻度拉伤时，伤部停训 2～3 天，而肢体运动不一定要完全停止，可做些静力性收缩练习，但避免那些重复受伤的动作。一周后可逐渐增加肌肉的力量和柔韧性练习。10～15 天后，症状基本消失，可投入正式训练，但训练时应使用保护支持带或戴上护腿。部分肌纤维断裂者应立即停训，最好能在肌肉松弛状态下休息 2～3 天，第 4 天后可在无疼范围内做伸展性练习，约 3～4 周后再进行正常的专项训练。肌肉断裂经手术缝合的患者，手术后固定期可做些不负重的收缩练习，拆线及去除固定后，应进行有效的伸展与提高肌力的练习，约 2 个月后再投入正常训练。

(四) 预防

加强易伤部位的力量和柔韧性练习，并加强屈肌与伸肌的力量平衡。训练和比赛前要做好充分的准备活动，合理安排运动量，改进技术动作，以防肌肉拉伤。

四、急性腰部损伤

急性腰部损伤包括肌肉、韧带、筋膜及小关节扭伤。

(一) 原因

当运动员弯腰屈髋、伸膝突然向上爆发用力时，或做侧面横踢腿动作时下肢动作快于躯干动作，或运动员自身腰、骶部肌力不足时，或脊柱过度前屈又突然转体，脊柱超常范围运动时，均可造成腰部的急性损伤。

(二) 征象

(1) 肌肉轻度扭伤：患处隐痛，随意运动受限，不能弯曲，扭伤严重时因肌痉挛可引起脊柱生理曲线改变。腰扭伤时疼痛可牵涉到下肢，但仅局限在臀部、大腿后部和小腿感觉异常。

(2) 棘上韧带与棘间韧带扭伤：扭伤后局部压痛，过度前弯腰时疼痛加重，而腰伸展时疼痛较轻，棘突上或棘突之间有局限而表浅的明显压痛点。如疼痛剧烈，压痛处韧带松弛而有凹陷，腰前屈时棘突间距离增大，提示可能为韧带完全断裂。

(3) 筋膜破裂：腰部扭伤可能会造成腰背筋膜破裂，多发生在骶棘肌鞘部和髂嵴上、下缘。患处有明显压痛，弯腰和腰扭转时疼痛较重，腰伸展时疼痛较轻。其余征象与肌肉扭伤相似。

(4) 小关节交锁：往往发生于肌肉无活动准备的仓促弯腰扭转动作，受伤时即有腰部剧烈疼痛，呈保护性强迫体位，不敢做任何活动，亦惧怕任何搬动，尤其不能做腰后伸展活动，几乎整个腰部肌肉都处于紧张僵直的状态，走路时以手扶腰，步态迟缓，惧怕触动。疼痛位置较深，不易触到压痛点，但叩击伤处可引起震动性剧烈疼痛。

(5) 膝关节交锁：膝关节扭伤一般都没有交锁的现象。关节交锁通常见于半月板部分撕裂、十字韧带断裂、内侧副韧带断裂，内侧副韧带断端嵌顿在关节间隙间而引起。关节交锁的表现为偶然一次膝关节屈伸活动中，突然“卡住”于半屈伸状态，一些患者在主动活动膝关节时，伴随着“咔嗒”一声而再伸直，称为“解锁”。

（三）检查方法

（1）膝关节侧向运动试验：用于检查侧副韧带的损伤。方法是令病人仰卧，膝关节伸直或屈曲30度位，检查者一手握住并且固定踝部，另一手放在膝关节的外侧，被动外翻关节，如膝关节外翻活动异常与膝内侧痛，提示膝内侧副韧带断裂；若将另一手放在膝关节的内侧，被动内翻膝关节，如膝内翻活动异常膝外侧痛，则提示膝外侧副韧带断裂。如检查时膝关节无明显异常的活动而仅有轻微疼痛，则多为韧带扭伤。这项试验需要两侧对照检查，最好能在受伤时立即检查，以免出现假阳性。

（2）抽屉试验：检查前后十字韧带有无松弛的方法。患者取仰卧位，双膝屈曲，检查者用大腿抵住病人的足背，双手握住患肢胫骨上端用力前、后推拉。如果胫骨上端有向前移动的现象，则证明前十字韧带松弛；反之，如向后过多地移动，则证明有后十字韧带断裂。

（3）麦氏试验：检查膝关节半月板的方法。患者取仰卧位，充分的屈膝屈髋，检查者一手握住患肢足部，另一手扶在膝上，使小腿外展、外旋，将膝关节由极度屈曲而缓慢地伸直，如关节隙处有响音（听到或手感到），同时出现疼痛，即表明内侧半月板损伤；反之，则为外侧半月板的损伤。

（四）处理

（1）轻微侧副韧带扭伤：疼痛较轻，肿胀不明显，侧向运动试验无异常，无关节屈伸功能障碍的患者，将患膝置于微屈曲位，停止活动2～3天，外敷活血止痛中药。3天后，开始步行锻炼，用舒活酒按摩治疗。膝关节患处由远心端向近心端做轻推摩，大小腿肌肉用揉捏的方法。每日练习直膝抬腿及负重直抬腿、抗阻伸膝抬腿2～3次，总时间大约为40～50分钟。如参加比赛，应用粘膏支持带及弹力绷带保护。

（2）较重的侧副韧带扭伤：患处肿胀明显，患膝呈半屈曲位，伸屈功能受限，侧向运动试验无明显异常膝外翻或膝内翻活动。如果患膝疼痛明显加剧，早期处理时特别注意止痛、止血和保护损伤韧带不至于进一步加重损伤，可以采用棉垫或橡皮海绵加弹力绷带加压包扎，再用托板将患膝固定于微屈位后抬高患肢休息。2～3天后去除压迫材料，开始进行按摩，手法与轻微扭伤相同，隔日一次，最好配合外敷和内服活血散瘀、消肿止痛中药或理疗，继续托板固定，并同时开始每日做2～3次股四头肌静力收缩（绷紧）。伤后10天左右可加大按摩的力量，增加按摩的手法，增加直膝抬腿练习并逐渐过渡到负重直膝抬腿练习，同时配合外用和内服舒筋活络中药。2～3周以后解除托板固定，开始练习走路，继续按摩治疗并增加弹筋手法，开始练习膝关节屈伸运动并且逐渐过渡到屈曲位抗阻力伸膝练习。刚恢复下地走路时，伤处可贴活络膏或橡皮膏，患肢鞋跟用楔形垫垫高0.5～1厘米，以防止反复扭伤，此法可持续至局部无压痛和肌力恢复正常为止。为膝关节功能的良好恢复，可同时采用按摩、理疗、中药熏洗。

（3）十字韧带不完全断裂：先用长腿托板固定患肢于30度（伸直为0度）位6周。固定期间与解除固定后的按摩治疗和功能练习原则上与较重的扭伤相同。

（4）十字韧带和侧副韧带完全断裂：尽量在伤后一周内进行手术缝合。半月板损伤由于急性期难以做出明确诊断，可按重度扭伤处理，如有“交锁”感，必须“解锁”后才能固定。如是半月板边缘破裂，还有自愈的可能。

(5) 陈旧性损伤：坚持有计划的膝关节屈肌功能锻炼和按摩治疗。如果股四头肌的代偿功能良好，关节稳定性无明显受累，症状不明显，无关节交锁征，对膝关节要求不大的项目且不妨碍训练者，一般不予手术治疗，但应注意训练量和强度并且要加强医务监督。如症状严重，疼痛明显，关节不稳，关节交锁，妨碍训练者，可以考虑手术治疗。

(五) 伤后康复训练

当膝屈曲位抗阻力伸膝运动局部尚有疼痛时，应加强全身各健康部位的练习，以保存肌肉的紧张力和已获得的各种条件反射联系。同时，加强股四头肌与膝屈肌的静力性锻炼。当疼痛一消失，即可在粘膏支持带及弹力绷带固定下参加一般训练，如此进行 2～3 周无异常反应，伤处无深压痛，肌力亦基本恢复正常时，即可完全去除支持带，随即恢复正式训练和比赛。

(六) 预防

提高运动员的专项技术和动作水平，纠正动作或技术错误；避免训练中下肢的过度负荷与疲劳；加强股四头肌及小腿三头肌与腘绳肌的肌力训练，增强关节的稳定性而又保持其灵活；防止粗野动作致伤。

第三节　运动损伤的现场急救

一、出血与止血

(一) 出血分类

(1) 根据受伤血管种类不同，出血分为以下几种：

① 动脉出血：血色鲜红，血液像喷泉一样流出不止，出血速度快，出血量多且危险性大。

② 静脉出血：血色暗红，血液像流水样缓慢不断流出，危险性小于动脉。

③ 毛细血管出血：血色红，血液从伤口慢慢渗出，常能自行凝固止血，一般没有危险。

(2) 根据出血流向，出血分为以下几种：

① 外出血：身体外表有伤口，可以直接见到血液从伤口流向体外。

② 内出血：身体外表没有伤口，血液由破裂的血管流向组织间隙（皮下组织、肌肉组织），形成淤血或血肿；流向体腔（胸腔、腹腔、关节腔等）和管腔（胃肠道、呼吸道），形成积血。体腔、管腔等内出血，不易被发现，容易发展成大出血，故要特别注意。

(二) 止血法

成人体内的总血量约为 4 000～5 000 毫升，当骤然失血达总血量的 1/4～1/3 时，就有生命危险，所以必须尽快止血。在有内出血时，必须尽快做出诊断并送医院处理。下面介绍几种常用的外出血止血法。

(1) 抬高伤肢法:将肢体抬高,使出血部位高于心脏,从而使出血部位的血压降低并减少出血。此法仅适用于四肢毛细血管及小静脉出血。

(2) 加压包扎法:将伤口用消毒敷料盖上后,再用绷带进行加压包扎。此法用于小静脉和毛细血管出血。

(3) 加垫屈肢法:当前臂、手、小腿、足出血而没有发生骨折和关节脱位时,可将棉垫或绷带卷放在肘或膝关节窝上,屈曲小腿或前臂,再用绷带做"8"字形包扎。此法用于前臂、手、小腿、足出血。

(4) 间接指压法:用手指把身体浅部的动脉压在相应的骨面上,可暂时止住该动脉供血部位的出血。此法用于动脉出血:头部出血时(包括头部前面额、颞部出血),用拇指在同侧耳屏前方摸到颞动脉后,将该动脉压在颞骨上。面部出血时,在伤处同侧下颌角前面约 1.5 厘米处,用手指摸到面动脉后,应将该动脉压在下颌骨上。上肢出血(包括肩部和上臂出血)时,可以压迫锁骨下动脉。该动脉在锁骨上方,胸锁乳突肌外缘,用拇指将该动脉向后内正对第一肋骨压迫。前臂和手掌出血时,可使患肢外展,用四指压迫上臂内侧。手指出血时,可压迫指动脉。压迫点在第一指节根部两侧,用拇指两指相对夹压。大腿和小腿出血时,可压迫骨动脉。压迫点在腹股沟皱纹中点搏动处,用手掌或拳向下方的股骨面压迫。足部出血时,可压迫胫前胫后动脉,用两手的拇指分别按压于内踝与跟骨之间和足背皱纹的中点。

二、包扎法

在运动损伤中及时正确地包扎能够起到保护伤口,压迫止血、固定敷料和夹板、支持伤肢的作用。一般用的包扎材料为卷带和三角巾。

包扎过程中伤员取舒适体位并尽可能在包扎过程中不再改变伤肢位置。包扎时动作应当力求熟练、柔和,不碰到伤口,以免加重损伤。包扎的松紧要合适,过紧会妨碍血液循环,过松将失去包扎的作用。卷带包扎时一般从伤口的远处的远端开始,包扎结束时用粘膏固定,或将卷带末端留下一段,从纵行剪开,缚结固定,缚结注意不要在伤处。

(一) 卷带包扎法

(1) 环形包扎法:多用于包扎肢体粗细均匀的部位,如额部、手腕、小腿下部。包扎时应把带头斜放,用手压住,将卷带绕肢体包扎一圈后,再将带头的一个小角反折过来,然后继续绕圈包扎,后一圈盖住前一圈,包扎 3～4 圈即可。

(2) 螺旋形包扎法:用于包扎肢体粗细差不多的部位,如上臂、大腿下端、手指等处。包扎时以环形包扎法开始,然后将卷带向上斜形缠绕,后一圈盖住前一圈的 1/2 至 1/3。

(3) 转折形包扎法:又叫作反折螺旋形包扎法,用于包扎粗细相差大的部位,如前臂、大腿、小腿等处。

(4) "8"字形包扎法:用于关节部位的包扎,包扎法有两种:一种从关节部位开始,先做环形包扎法,然后将圈带斜形缠绕,一圈在关节上方缠绕,一圈在关节下方缠绕,两圈在关节凹面交叉,反复进行,逐渐离开关节,每圈压住前一圈的 1/2 至 1/3,最后在关节的上方或下方以环形包扎法结束。另一种是从关节下方开始,先做环形包扎法,然后由下而上、由上而下地来回做“8”字形缠绕关节，最后以环形包扎法作结束。

（二）三角巾包扎法

有大、小两种尺寸的三角巾，大三角巾用 1 米见方的白布对角剪开即可。小三角巾是大三角巾的一半。现介绍两种常用的三角巾包扎法。

（1）大悬臂带：适用于上肢损伤，但锁骨和肱骨骨折不能使用。将大三角巾顶角放在伤肢肘后，一底角置于健侧肩上，伤肘屈曲成 90°放在三角巾中央，下方底角上折包住前臂，在颈后与上方底角处打结。最后把肘后的顶角折在前面并用别针固定。

（2）小悬臂带：适用于锁骨和肱骨骨折。将大三角巾折成四横指宽的宽带，中央放在伤侧前臂的下三分之一处，两端在颈后打结。

三、骨折的临时固定

所谓骨折，就是骨的完整性遭到了破坏。在运动中，由于对抗性强，骨折是时有发生的。一旦发生骨折或疑似有骨折，应马上按医学要求进行现场急救。

（一）骨折的种类和征象

骨折可以分为闭合性骨折、开放性骨折、复杂性骨折。闭合性骨折是指骨折处皮肤完整，骨折端不与外界相通。开放性骨折是指骨折端穿破皮肤，直接与外界相通，这种骨折会容易感染骨髓炎与败血症。复杂性骨折是指骨折后，骨的断端刺伤了重要的组织、器官，可发生严重的并发症。

骨折发生后，除了有疼痛、压痛、肿胀及皮下淤血外，还有其特有征象，如镇痛、骨擦音、畸形或假关节活动、功能丧失，甚至还可能发生休克。

（二）骨折的急救处理原则

对有出血和伤口者，应先止血和保护伤口；对伴有休克者，应先抗休克，再行固定。固定前不得随意移动伤肢，为暴露伤口可以剪开衣服、鞋袜，不能脱。对大腿、小腿和脊柱骨折，应就地固定。露出伤口的骨片，不应放回伤口或去除。

临时固定时，应采用有一定牢固性的夹板，夹板的长度必须要超过骨折部的上、下两个关节；夹板与肢体接触处最好有垫衬物，空隙处要填紧，以免产生压迫性损伤；固定时用绷带或布条包缠，固定松紧应合适、牢靠，过紧会压迫神经、血管，致使肢体血运不畅；固定后伤肢要保暖。

（三）各部位骨折的临时固定法

（1）锁骨骨折固定法：先在两腋下各放置一块棉垫，将 3 条三角巾折成宽带，用 2 条分别绕过伤员肩前面，在前后做结并形成肩环，另一条在背部将两环拉紧打结。

（2）肱骨骨折固定法：取一块合适的夹板，放于伤肢外侧，再用两条绷带固定骨折的上、下两端，然后用小悬臂带将前臂吊起，最后用三角巾把伤肢绑在躯干上加以固定。

（3）前臂骨折固定法：在伤员前臂的掌背侧各放一块夹板，用三角巾宽带绑扎固定后以大悬臂带悬挂于胸前。

（4）手部骨折固定法：让伤员手握纱布棉团或者绷带卷，然后用夹板和绷带固定手及前臂，最后用悬臂带将其吊起。

（5）股骨骨折固定法：用三角巾 5～8 条，折叠成宽带，分段放好。取长夹板两块，分别置于伤肢的外侧和内侧。外侧夹板自腋下至足底，内侧夹板自腹股沟至足底。放好后用上述宽条固定夹板，在外侧做结。

（6）小腿骨折固定法：用夹板两块，一块在外侧，自大腿中部至足部；另一块在内侧，自腹股沟至足部，然后用宽带 4～5 条分段固定。

（7）髌骨骨折固定法：伤员半卧位，一助手用双手托住伤肢大腿。使急救者先缓缓将小腿伸直，在腿后放一夹板，夹板的长度自大腿至足跟，用 3 条三角巾宽带，分别于膝上、膝下和踝部固定。

（8）足骨骨折固定法：脱去鞋，在小腿后面放一直角形夹板，然后用宽带固定膝下、踝上和足部。

（9）对疑有胸腰椎骨折的固定与搬运：首先应注意尽量避免骨折处的移动。搬运时，必须要由 3～4 人同时托住头、肩、臀和下肢。抬时，由某一人叫口令，同时在同一侧抬起伤员，并由其他人将担架迅速放在伤员下面，然后再将伤员轻轻放下，使伤员俯卧在平板担架上，胸部稍垫高，并用宽布带固定在担架上，绝对不能对伤员包头、抬脚，以免脊柱极度弯曲，加重对脊髓的压迫和损伤。

（10）对疑似有颈椎骨折的固定与搬运：应由三人搬运，由其中一人专管伤员头部的牵拉固定，保持头部与身体的直线位置不动摇不转动。同时头部左右摇动，躯干用宽布带固定。

四、关节脱位的现场急救

关节脱位也称脱臼，是指关节面失去了正常的联系。运动中最常见的是肩关节脱位。在发生关节脱位时，由于暴力作用还可伴有关节囊撕裂，关节周围软组织损伤，严重时还可伤及神经或伴有骨折。关节脱位一般是由间接暴力所导致的。

（一）征象

关节脱位发生后受伤关节疼痛、压痛、肿胀，关节功能丧失，还会出现关节畸形的特有征象，表现为肢体的轴线发生变化，整个肢体呈一种特殊的姿势并与健侧不对称。通过 X 线，并可判检查可确定脱位的情况及无骨折发生。

（二）现场急救

应当强调的是，在没有医生或没有整复技术时，不可随意去做整复手术，以免加重关节周围的损伤。此时要立即用夹板和绷带在脱位所形成的姿势下固定伤肢，保持伤员安静并尽快送医院处理。

1. 颈椎，肩、肘关节脱位时的固定方法

（1）颈椎脱位的现场急救、固定与颈椎骨折相同。

（2）肩关节脱位时，取三角巾两条，分别折成宽带，一条悬挂前臂，另一条绕过伤肢上臂，于健侧腋下缚结。

(3) 肘关节脱位时,用铁丝夹板弯成合适的角度,置于肘后,然后用绷带缠稳,再用小悬臂带挂起前臂。如无铁丝夹板,可直接用大悬臂带包扎固定。

2. 肩关节脱位的复位法

在肩关节急性脱位半小时内,由于患处反射性的神经传导阻滞处于麻木状态,不需要麻醉就可复位。下面介绍一种简单易行的足蹬复位法:在肩关节脱位时,绝大多数为前脱位。当检查发现为肩关节脱位时,让伤员仰卧,术者半坐于患侧床边,将一足跟置于伤员腋窝紧贴胸壁并向外推挤上臂上端,双手握患肢腕部,以足跟顶住腋窝做牵引。左肩脱位时术者用左足,右肩脱位时用右足。用力持续牵引患肢,并逐渐内收、内旋,即可复位。

五、休克与抗休克

休克是指人体在遭受体内、体外各种强烈刺激后所发生的严重全身性综合征,以急性周围循环衰竭为主要特征。由于有效循环血量绝对或相对地明显减少,使组织器官缺氧,发生一系列的代谢紊乱,造成恶性循环,如不及时处理,就会导致死亡。

(一) 与运动损伤有关的休克

(1) 出血性的休克:急剧大量的出血是造成休克的常见原因。当失血量低于人体总血量的 1/4 时,血压还可以维持正常或稍有变化,而当失血量达到总血量的 1/3 时,血压就会随之下降。

(2) 创伤性的休克:骨和软组织损伤,剧烈的疼痛并常伴有一定量的失血,如多发性、出血多的骨折(骨折或股骨干骨折)和骨折合并内脏损伤(肝、脾、肾破裂或肠系膜血管损伤),出血量都十分大,病人多病发休克。软组织损伤时,如股四头肌挫伤伴撕裂、睾丸及腹部挫伤等,出血伴强烈的神经刺激可引起反射性的中枢抑制,使血管扩张,血液分布范围增大而导致的血容量相对不足。脊髓损伤可以阻断血管运动中枢与周围血管间的联系,使血管扩张,随之引起休克。

(二) 症状

当运动员因损伤出现休克以后,其主要的症状为,面色苍白、四肢发凉、冒冷汗、脉搏细数,早期可表现为兴奋不安,随后会出现精神萎靡、表情淡漠、四肢厥冷、血压下降、尿量减少、呼吸浅速。严重者可发生昏迷。

(三) 创伤性的休克的急救

让患者安静平卧休息并给以精神安慰,最好不要采用所谓的"休克位"(即头低脚高位)休息,因为这样会使颅内压增高、静脉回流受阻,也会使横膈上升造成呼吸困难加重缺氧。冬天要注意保暖,夏天要注意防暑。神志清醒又无消化道损伤者可酌情饮用热茶、糖水,保护呼吸道畅通。昏迷者应将头侧偏,用重手法点掐人中、合谷、内关等穴位或嗅氨水催醒。有损伤疼痛重者,应止痛和镇静,并进行必要的包扎、固定、止血。急救的同时要迅速送医院治疗。

六、人工呼吸和胸外心脏按压(复苏术)

运动中,较严重的外伤性休克,有可能会出现呼吸、心搏骤停,如不及时抢救,就有可能导致生命危险。所以教练员、运动员有必要掌握一些复苏术。在进行复苏术时，关键是要快，抢救及时，操作正确，好为进一步治疗打下基础。

（一）口对口人工呼吸

呼吸停止后，应当立即施行有效的口对口人工呼吸。方法是：让伤员仰卧，头部尽量后仰，托起下颌，捏住鼻子，掌根轻压环状软骨，使软骨压迫食管，防止气入胃，对准伤员口部吹气。吹完后松开捏鼻孔的手，让气体从伤员的肺部排出。如此反复，每分钟需吹气16～18次。

施行人工呼吸时必须先清除口腔内异物、黏液及呕吐物，以保持呼吸畅通。吹气的压力和气量开始时宜大，10～20次后可稍减，但不能间断，直至恢复自主呼吸或确定死亡为止。若同时心搏停止，则人工呼吸和胸外心脏按压应同时进行，两人操作时吹气与按压的频率之比为1∶4，一人操作时为1∶7。

（二）胸外心脏按压

心搏停止后，立即用拳叩击心前区，击力中等，连续3～5次。此法适用于心脏刚刚停搏应激性增强时，若心跳、脉搏恢复即为复苏成功。若无效则应马上施用胸外心脏按压：伤员仰卧，急救者以一手掌根部按住伤员胸骨中下1/3交界处，另一手交叉重叠于手背上，肘关节伸直，充分利用上半身的重量和肩、臂部肌肉的力量，有节奏地带有冲击性地垂直按压胸骨，使之下陷5～6厘米，间接压迫心脏，将手很快放松，让胸骨恢复原位，每分钟按压100～120次。操作时，如果能摸到颈动脉跳动，上肢收缩压达60毫米汞柱以上，口唇、甲床颜色较前红润，或呼吸逐渐恢复，瞳孔缩小，就说明胸外心脏按压有效，应坚持操作至自主心跳出现为止。

第四节　运动损伤与按摩

一、运动损伤与按摩的关系

运动的专业性损伤的发生与其动作的技术要求、局部解剖结构、运动负荷有关。运动性病症的发生是运动训练负荷与身体机能间不相适应而造成体内紊乱所出现的一类疾病和机能异常。减少运动性伤病发生的原则主要是强调以预防为主。运动损伤应及时彻底治疗，合理安排伤后训练及康复训练。运动性病症要早期发现，及时处理，并必须排除其他病例因素。按摩是一种良好的物理刺激，对神经系统可起兴奋和抑制作用，通过神经反射影响各器官的功能。按摩是体育运动中提高身体运动能力和防治伤病的重要手段，正确有效的按摩对运动员全身各个系统的功能调节都有一定的作用。

不同的按摩手法，对神经系统起着不同的作用，如叩打、重揉起兴奋作用，而轻推、轻揉起抑制作用。同一手法，由于运用的方式不同，作用也不相同。按摩时的手法性质、作用强度、持续时间等这些因素对神经系统的影响，通过神经体液的调节机制和经络的传感，起到调整身体机能状况、增强人体免疫功能和抗病能力的作用。

按摩有利于汗腺和皮脂腺的分泌和排泄，会使皮肤毛细血管扩张和开放，改善皮肤的营养。同时，按摩对皮肤的机械刺激又通过神经末梢传到中枢，从而影响整个机体。

按摩使肌肉中毛细血管扩张和开放数量增加，使被按摩的机群的营养得到改善，利于加速肌肉中的乳酸清除，因而可产生消除疲劳、防止肌肉萎缩、提高肌肉工作能力的效果。按摩还可增强肌腱和韧带的弹性和活动幅度，从而使关节活动范围增大，有利于关节活动障碍的早日康复。

按摩可以引起周围血管扩张，降低大循环中的阻力，加速静脉回流，从而可以减轻心脏负担，有利于心脏工作。按摩能使静脉血和淋巴液回流加速，使被按摩部位组织的毛细血管通透性增强，血流加快，流量加大，给组织营养创造良好的条件，可以促进浮肿和损伤部位的水肿吸收。

直接按摩胸壁，可加深呼吸，增加摄氧量，提高二氧化碳的排出量。按摩腹部能提高消化液分泌和加强胃肠蠕动，有助于消化。

此外，按摩还有疏通经络、调和气血、活血散瘀、疏通狭窄、削离粘连、顺筋正骨的作用。

二、按摩的注意事项

(1) 按摩者得手要清洁、温暖，并且指甲要剪短。

(2) 为了要保证按摩的顺利进行，被按摩者的肌肉必须放松，使按摩者能用上劲，便于操作。按摩时，用力要由轻到重，再逐渐减轻直到结束。但要适度用力，严禁使用暴力。要随时观察被按摩者的表情，询问其自我感觉，以便及时调整按摩强度。

(3) 按摩时一般应按淋巴回流方向进行。淋巴结所在的部位不宜按摩。对于局部有炎症、皮肤病、伤口出血、急性随时血肿、新鲜脱位以及患有良性、恶性肿瘤的部位禁忌进行按摩；有出血性向的患者，要慎用按摩；妇女月经期和妊娠期不能按摩腹部。

三、基本按摩手法

(一) 推摩

用手掌、掌跟或拇指指腹在身体的一定部位上，沿淋巴流动的方向推动。根据按摩时用力大小和作用不同，可分为轻推摩和重推摩。

1. 轻推摩

操作方法：肘关节微屈，四指并拢，全手接触皮肤，沿淋巴流动的方向轻轻地向前推动，动作要柔和均匀，力量只达皮肤。

作用：消除疲劳，对神经系统起到镇静作用。

应用：多用于按摩开始和结束时，以及按摩中转换手法时。

2. 重推摩

操作方法：手法与轻推摩基本相同，但用力较重，可达皮下组织。推摩时虎口应稍抬起，用掌跟和大小鱼际用力。

作用：加速静脉血和淋巴液的回流。可消肿、散瘀和提高局部皮肤温度。

应用:常在运动前用重推摩手法来提高局部组织温度,以预防运动损伤和增强运动能力。也常用在按摩中间,多与揉捏、按压等手法交替的使用。

(二)擦摩

操作方法:用拇指或四指指腹、鱼际、手掌、掌跟紧贴于皮肤上,做来回直线形的摩动。往返多次,并且力量要均匀、柔和,速度稍快。作用力在皮肤及皮下组织。

作用:升高局部皮肤温度,加强局部血液循环,增强关节韧带的柔韧性。

应用:拇指指腹和大鱼际擦摩法多用于四肢和关节部位,钳形擦摩法(指腹擦摩法)多用于小关节及肌腱部位,手掌和掌跟擦摩法多用于四肢、胸、腰、背、腹等肌肉宽阔部位。

(三)揉法

操作方法:用拇指指腹、手掌、掌跟和鱼际紧贴皮肤,做轻柔缓和的回旋揉动(沿顺时针或逆时针方向回旋揉动均可),揉动皮下组织。轻揉时,力达皮下和浅层肌肉;重揉时,力达深层肌肉和深部组织。揉动频率应为120～160次/分。

作用:轻揉有缓和强手法刺激和起镇静止痛作用;重揉可促进血液循环,加速新陈代谢,还能疏通经络,活血化瘀,松懈粘连,软化疤痕组织。

应用:适用于身体各部位。

(四)揉捏

操作方法:拇指分开,四指并拢,手成钳形,掌心和各指贴于皮肤。在操作时,腕关节放松,边揉边捏,有节律地提放肌肉,沿向心方向做旋转式移动,有揉、捏的动作,边揉捏边向前螺旋形地推动。移动的过程中,掌指不能离开被按摩的皮肤,指间关节不能弯曲,用力要均匀、连贯而柔和,避免仅以指尖用力。根据需要,可以选择用单手揉捏或双手揉捏。

作用:促进组织的血液循环和新陈代谢,增加局部营养,消除肌肉疲劳性酸痛,防治肌肉萎缩,并有活血化瘀、剥离粘连、消肿止痛的作用,还有消除局部多余脂肪的作用,强健肌肤。

应用:用于肌肉较丰厚的部位。

(五)搓

操作方法:两掌相对,放在肢体上,用力方向相反,来回搓动。动作应轻快协调,力量均匀,频率较快,力达皮下组织。

作用:消除肌肉疲劳,提高肌肉工作能力。

应用:适用于四肢的肌肉及肩、髋关节等处。常在按摩的后阶段用。

(六)按压

操作方法:可单手也可以双手重叠并列或相对,手掌或手跟置于被按摩部位,肘关节伸直,腕关节背伸,用较大的力量向下或相对按压。用力要均匀,速度较慢,力量由轻到重再由重到轻。按压的节奏,一般要求每按压一次就要稍停留片刻,即与被按摩者呼吸同步。

作用:调节气血,镇静止痛,消除疲劳,放松关节和肌肉,可使轻微错位关节复位。

应用:用于肩、背、腰、臀和四肢肌肉丰厚的部位,以及肘、腕、指、膝、踝、足、趾等关节处。

(七)叩打

叩打可分为叩击、轻拍和切击三种手法。

1. 叩击

两手半握拳，用拳的尺侧面交替的叩打被按摩的部位。叩击时力量要均匀，手指和手腕尽量放松，发力在肘。

2. 轻拍

两手掌心微凹，两手手指稍屈，掌心向下，交替进行拍打。拍打时力量要均匀，手指和手腕应放松，发力在腕。

3. 切击

两手手指自然伸直，用手的尺侧作切面。切击时力量要均匀，发力在肘，沿着肌纤维的方向交替进行。

作用：可以提高肌张力，增强神经、肌肉的兴奋性，改善深部组织的血液循环，消除疲劳，缓解肌肉的酸痛反应。

应用：常用于腰背肌、臀、四肢等肌肉丰厚的部位。

（八）抖动

抖动分为肌肉抖动和肢体抖动。

1. 肌肉抖动

被按摩者的肌肉应当放松，操作者自然伸掌，用掌指轻轻抓握肌肉，进行短时、快速的抖动。

2. 肢体抖动

双手握住被按摩者肢体的末端，进行上下快速的抖动。抖动速度应由慢而快，再由快到慢，力量要均匀，振幅不要过大。

作用：放松肌肉和关节，消除疲劳。

应用：多用于肌肉丰厚的部位和四肢关节。

（九）运拉

根据关节活动的可能性，在某一关节连续做屈伸、内收外展、内旋外旋、环转及牵拉活动，动作应缓和而连贯。

（1）颈部运拉法：一手扶住被按摩者的头颅，另一手拖住下颌，轻轻地做左右旋转和前俯后仰的屈伸活动，最后托住下颌两侧，向上牵引 2～3 次。

（2）肩关节运拉法：一手握住被按摩者的肘部，另一手按于其肩上以便于固定，做肩关节的屈、伸、内收、外展、内旋、外旋及环转等活动。

（3）肘关节运拉法：一手从后侧握住被按摩者的上臂下端，保持不动，另一手握住其同侧腕部，做肘关节的屈、伸和旋转活动。

（4）腕关节运拉法：一手握住被按摩者的腕关节上部，另一手握其四指，做屈、伸和环转动作。

（5）指关节运拉法：一手握住被按摩者的腕部，另一手捏住或用手指夹住其指端，做屈、伸、环转和牵引活动。

（6）髋关节运拉：一手握住被按摩者的足底，另一手扶住其膝关节并使膝关节保持锐角，做由内向外或由外向内的活动，并适当伸、屈髋关节。

(7) 膝关节运拉法：被按摩者取俯卧位，按摩者立于其体侧，一手固定其股部下端，另一手握住其同侧小腿，做膝关节屈、伸活动，并在膝关节处于90度位时做小腿旋内、旋外活动。

(8) 踝关节运拉法：一手握住被按摩者的跟腱部位，另一手握其足趾，做屈、伸、内翻、外翻和环转活动。

作用：增加关节的活动幅度，维持肌肉和韧带的柔韧性。

应用：常在各关节及肢体按摩结束时活动关节和肢体。

四、治疗按摩手法

(一) 滚

操作方法：手指轻度屈曲，略微分开，腕部稍屈，以手掌的尺侧接触被按摩的部位，用手背掌指关节的突出部着力，连续不断做旋后、旋前滚动。要均匀用力，有节律地逐渐向前移动，不能够跳动和摩擦。

作用：有活血散瘀、消肿止痛和松懈粘连的作用。

应用：常用于腰、背、大腿等肌肉丰厚的部位。

(二) 弹筋(提弹)

操作方法：用拇指与食、中指(或拇指与其余四指)将肌肉或肌腱速提速放，像木工墨线一样。每处每次可弹1～3次。弹筋后，应配合揉法，以去缓解肌肉的酸胀。

作用：刺激神经，促进血流畅通，缓解肌肉紧张。

应用：常用于治疗慢性肌肉损伤、肌肉酸胀和肌肉痉挛(如肱二头肌、大腿内收肌、肱三头肌、胸大肌、背阔肌、斜方肌、胸锁乳突肌等)。在运动训练或比赛前，常用弹筋来提高运动员的兴奋性。

(三) 分筋(拨筋)

操作方法：用拇指或单拇指的指端深压伤处左右拨动。拨动的方向应与肌纤维和韧带的方向垂直。

作用：分离粘连，缓解肌肉痉挛，促进局部血液循环。

应用：用于治疗肌肉、肌腱和韧带的慢性损伤。

(四) 理筋(顺筋)

操作方法：用一拇指指腹压于伤部的上端，另一拇指顺着韧带、肌纤维或神经的方向，自上而下，均衡持续用力，舒理其筋，反复数遍。

作用：调和气血，理筋归为，放松关节、韧带和肌肉。

应用：当颈、肩、四肢软组织扭错筋结时和腱鞘炎及肌肉和韧带拉伤时，均可以用理筋法治疗。

(五) 刮

操作方法：用单拇指或双拇指(拇指末节屈曲)的指甲或指端，在病变部位做匀速匀力的单向刮力。一个部位刮4～5次即可，避免损伤皮肤，刮后轻揉以缓解刺激。

作用:松懈和分离粘连,消除硬结,促进血液循环,增加营养,减轻疼痛。

应用:用于治疗髌骨张腱末端病及狭窄性腱鞘炎。韧带慢性损伤也常用此手法。

(六) 切

操作方法:使用拇指指端,以轻巧而密集的手法从肿胀部位的远心端向近心端切压皮肤。在压痛处切时,用力必须轻而缓慢,以避免增加疼痛。

作用:有较快的消肿作用。

应用:用于肿胀的部位,但急性闭合性软组织损伤在24小时或48小时之内,损伤局部禁用切法,以免加重损伤。

(七) 背法

操作方法:按摩者与被按摩者背对背站立,按摩者双肘屈曲,挽住被按摩者的双臂,将其背起,以臀部着力顶住他的腰骶部,先做左右方向的摆动,使其腰肌放松;再做上下方向的抖动,使其腰部有牵引感。

作用:牵伸腰部背筋膜,放松腰肌,消除运动后腰背肌肉酸痛,恢复腰椎生理弯曲,纠正腰椎小关节错位。

应用:运动后,可用以放松腰背肌,消除肌肉酸痛,消除疲劳。也用于急性腰扭伤和腰椎间盘突出症的治疗。

(八) 揪

操作方法:拇指指腹与食指中节侧面相对,或食指中节与中指中节侧面相对,揪住被按摩部位的皮肤、皮下组织或肌肉,做拧扭的同时揪起、放开,反复进行4～5次。用力要适中、匀速,以皮肤略出现红晕为度。

作用:调和气血,退热,醒脑除烦,消炎止痛。

应用:头、面、颈、肩、背、腋窝、肘窝等处。

五、穴位按摩

在人体穴位上施以可调节人体机能、消除疲劳和防治伤病的按摩手法,称之为穴位按摩。

(一) 手法

(1) 点法:用中指或拇指的指端点压穴位叫作点穴。拇指点穴时伸直或者微屈,其余四指半握拳,食指指间关节紧贴拇指以助其力。中指点穴时,拇指和食指紧夹中指远侧指间关节,以助发力。在肌肉丰厚的部位可用肘尖点穴,也可以用器械代替,如木制的“T”形点穴工具。点穴时用力不可过猛,但要均匀,可边点边揉,亦可变点边按压,反复多次。点穴时被按摩者有酸胀感或酸痛感即可。

(2) 掐法:用指端在身体某一部位或穴位处持续掐压的一种手法。掐穴位时,被按摩者有“得气”(即有酸、麻、胀、重等感觉出现)感后,再松开。应用掐法时要逐渐加力,使指端掐入,切勿突然用力,可重复2～3次,不要损伤皮肤。

掐法刺激作用较强,有急救、缓冲疼痛的作用。发生晕厥、中暑、低血糖等病症时,可掐有关穴位进行急救；发生运动外伤或运动中腹痛时，可掐有关穴位缓解疼痛。

(3) 取穴法：每个穴位都有一定的位置，常用的取穴法有指量法和中指同身寸法。

指量法：以被按摩者的手指宽度为标准，若按摩者的手法与被按摩者的手指大致一样，就可以用按摩者的手指直接去测量穴位。

中指同身寸法：让被按摩者中指弯曲，取其中指桡侧两横纹头的距离作为一寸。此法较指量法更精确些。

(二) 常用穴位

常用穴位包括：

(1) 头面部常用穴位。

(2) 颈部、背部、腰部常用穴位。

(3) 上肢部常用穴位。

(4) 下肢部常用穴位。

六、按摩在运动实践中的应用

在运动前、运动间隙和运动后进行按摩，主要目的是为了调整运动员的身体机能状态和消除疲劳，促进恢复。

(一) 运动前按摩

在训练和比赛前进行按摩，目的是为了改善运动员神经、肌肉、韧带、关节、内脏等的机能状态，提高运动能力，以适应即将参加活动的要求，预防运动损伤。一般运动前按摩应和准备活动相结合，在训练和比赛前 15～30 分钟进行为宜，一次按摩时间约 10～20 分钟，即按摩后间隔 3～5 分钟就投入训练或比赛。按摩部位通常以运动员负担量大的部位为重点。手法可以根据运动员的具体情况选择。

若运动员在赛前兴奋性过高或过度紧张，则应给予镇静性按摩。常用轻推拿、轻揉、缓慢揉掐等手法，如在腰背部轻推摩、轻揉；在头部用拇指等平推，或用拇指轻揉太阳穴、内关穴、三阴交穴等穴位，稍有“得气感”即可。要求手法缓和，用力较轻，时间稍长。

运动员在冬季训练和比赛时，局部发凉，活动不开，还可在准备活动后，对发凉的部位用较重而快速的推摩和擦摩，以提高皮肤温度，加强关节、韧带、肌肉的弹性和功能，预防运动损伤。

(二) 运动中按摩

训练和比赛过程中有一分钟的间隔时间，在间隔中进行按摩，其目的是对运动员的兴奋和抑制过程进行调整，消除疲劳，恢复运动能力，以便提高运动成绩。按摩应根据运动员的具体情况和间隔时间进行，一般采用短暂、轻快和柔和的手法，对运动负荷大的部位进行按摩，可配合掐点穴位。按摩时间通常为 30～50 秒。在克服运动员的紧张情绪时，按摩时间可稍长些；消除疲劳时，时间可短些。对四肢，可以向心脏方向进行轻缓地推摩、揉掐、叩打、抖动等按摩，以消除肌肉紧张，促进运动员能力的恢复。

(三) 运动后按摩

在比赛和大运动量训练后进行按摩，目的是在于放松肌肉、消除疲劳、减轻运动后肌肉和关节的酸胀感觉，以及治疗伤病。一般是在训练和比赛结束之后按摩，也可以在洗澡后或入睡前进行。当运动员十分疲劳时，则需要休息一定时间后再进行按摩。

按摩部位要根据运动项目的特点和疲劳情况而定。负荷量最大的部位是按摩的重点。按摩的方法，总的来说关节部位以揉和擦摩为主，穿插使用按压、运拉，按摩开始和结束时用轻推摩。肌肉部位以揉掐为主，揉掐时间占按摩总时间的60%～70%较为合理。交替使用按压、抖动、叩打等手法。

运动后的全身按摩，通常是以胸、腹、上肢、下肢的次序，做完一个部位，之后再做另一个部位；做完一侧，再做另一侧，各部位的按摩时间相当。按摩时除选用运动按摩手法之外，还可以根据各部位的疲劳情况，循经循穴，施行揉、推、掐等手法，以调和气血，更快地消除疲劳。全身按摩的时间约为30分钟。

第五章

体育营养与保健概述

第一节 营养物质功能概述

一、营养素分类

（一）营养素

营养素(Nutrient)是指食物中可给人体提供能量、机体构成成分和组织修复以及生理调节功能的化学成分。凡是能维持人体健康以及提供生长、发育和劳动所需要的各种物质称为营养素。人体所必需的营养素有蛋白质、脂类、碳水化合物类、矿物质、维生素、水等六类。其中，蛋白质、氨基酸、脂类、碳水化合物等组成的营养素称为宏量营养素。

（二）宏量营养素

1. 蛋白质

蛋白质是维持生命不可缺少的物质。人体组织、器官由细胞构成，细胞结构的主要成分为蛋白质。机体的生长、组织的修复、各种酶和激素对体内生化反应的调节、抵御疾病的抗体的组成、维持渗透压、传递遗传信息等，无一不是蛋白质在起作用。肉、蛋、奶、豆类含丰富优质蛋白质，是每日必须提供的。蛋白质的获取需注意以下几个方面：

(1) 搭配的原则。例如，动、植物食品的搭配，多品种食物的搭配。

(2) 不过量提供的原则。婴幼儿期蛋白质热量占总热量的12%～14%为宜，过多会影响蛋白质正常功能的发挥，造成蛋白质消耗，影响体内氮平衡。

(3) 不过少提供的原则。蛋白质提供过少明显影响人体生长发育的速度，生化反应下降，抗病能力下降，甚至导致营养不良。结果是不仅造成生长落后，还会影响脑细胞发育，造成智力落后。

蛋白质是细胞的主要组成成分。人体各组织细胞的蛋白质需要经常不断地更新，成年人也必须每日摄入足够量的蛋白质，才能维持其组织的更新。在组织受创伤时，则须供给更多的蛋白质作为修补的原料。大学生仍处在生长发育阶段，提供足够量优质的蛋白质尤为重要。

蛋白质是构成机体组织、器官的重要组成部分，人体各组织无一不含蛋白质，在人体的瘦组织(非脂肪组织)中,如肌肉组织和心脏、肝脏、肾脏等器官均含有大量蛋白质,骨骼、牙齿、指、趾也含有大量蛋白质;在细胞中,除水分外,蛋白质约占细胞内物质的80%,因此构成机体组织、器官的成分是蛋白质最重要的生理功能。身体的生长发育可视为蛋白质的不断积累过程。

人体内各种组织细胞的蛋白质始终在不断更新。例如,人体血浆蛋白质的半寿期约为10天,肝脏中大部分蛋白质的半寿期为1~8天,还有一些蛋白质的半寿期很短,只有数秒。只有摄入足够量的蛋白质方能维持组织的更新。成人体内每天约有3%的蛋白质需要更新,借此完成组织的修复。

体内重要的生理活动都是由蛋白质来完成的,如参与机体防御功能的抗体,催化代谢反应的酶;调节物质代谢和生理活动的某些激素和神经递质,有的是蛋白质或多肽类物质,有的是氨基酸转变的产物;此外,肌肉收缩、血液凝固、物质的运输等生理功能也是由蛋白质来实现的。因此,蛋白质是生命活动的重要物质基础。

机体生命活动之所以能够有条不紊地进行,有赖于多种生命活性物质的调节。而蛋白质在体内是构成多种重要生理活性物质的成分,参与调节生理功能。例如,核蛋白构成细胞核并影响细胞功能;酶蛋白具有促进食物消化、吸收和利用的作用;免疫蛋白具有维持机体免疫功能的作用;收缩蛋白(如肌球蛋白)具有调节肌肉收缩的功能;血液中的脂蛋白、运铁蛋白、视黄醇结合蛋白具有运送营养素的作用;血红蛋白具有携带、运送氧气的功能;白蛋白具有调节渗透压、维持体液平衡的作用。由蛋白质或蛋白质衍生物构成的某些激素,如垂体激素、甲状腺激素、胰岛素及肾上腺素等也都是机体的重要调节物质。

食物蛋白质也是能量的一种来源,每克蛋白质在体内氧化分解可产生17.9 kJ(4.3 kcal)的能量。一般成人每日约有18%的能量来自蛋白质。但糖与脂肪可以代替蛋白质提供能量,故氧化供能是蛋白质的次要生理功能。饥饿时,组织蛋白分解增加,每输入100克葡萄糖约节约50克蛋白质的消耗,因此,对不能进食的消耗性疾病患者应注意葡萄糖的补充,以减少组织蛋白的消耗。

运动前后都需及时补充蛋白质,这样可以有效地减少肌肉损伤,降低蛋白质流失,并促进运动后的恢复。

2. 氨基酸

氨基酸是同时含有一个或多个氨基和羧基的脂肪族有机酸。根据氨基和羧基的位置,有α氨基酸和β氨基酸等类型。参与蛋白质合成的常见的是20种L-α-氨基酸。

目前发现的天然氨基酸有300多种,其中人体所需的氨基酸约有21种,分为非必需氨基酸、半必需氨基酸和必需氨基酸(人体无法自身合成)。“非必需氨基酸”并不是指人体不需要这些氨基酸,而是人体可以通过自身合成或从其他氨基酸转化来得到它们,不一定非从食物中摄取不可。这类氨基酸包括谷氨酸、丙氨酸、甘氨酸、天冬氨酸、胱氨酸、脯氨酸、丝氨酸和酪氨酸等。另有8种氨基酸是人体不能合成的,必须由食物提供,叫作“必需氨基酸”。这8种必需氨基酸是:色氨酸、苏氨酸、蛋氨酸、缬氨酸、赖氨酸、亮氨酸、异亮氨酸和苯丙氨酸。组氨酸能在人体内合成,但其合成速度不能满足身体需要,有人也把它列为“必需氨基酸”。胱氨酸、酪氨酸、精氨酸、丝氨酸和甘氨酸长期缺乏可能引起生理功能障碍，而列为“半必需氨基酸”，因为它们在体内虽能合成，但其合成原料是必需氨基酸，而且胱氨酸可取代80%～90%的蛋氨酸，酪氨酸可替代70%～75%的苯丙氨酸，起到必需氨基酸的作用。上述把氨基酸分为“必需氨基酸”“半必需氨基酸”和“非必需氨基酸”三类，是按其营养功能来划分的；如按其在体内代谢途径可分为“成酮氨基酸”和“成糖氨基酸”；按其化学性质又可分为中性氨基酸、酸性氨基酸和碱性氨基酸，大多数氨基酸属于中性。

营养学上根据食物蛋白质所含氨基酸的种类和数量将食物蛋白质分为三类：

(1) 完全蛋白质。这是一类优质蛋白质，它们所含的必需氨基酸种类齐全，数量充足，彼此比例适当。这一类蛋白质不但可以维持人体健康，还可以促进生长发育。奶、蛋、鱼、肉中的蛋白质都属于完全蛋白质。

(2) 半完全蛋白质。这类蛋白质所含氨基酸虽然种类齐全，但其中某些氨基酸的数量不能满足人体的需要。它们可以维持生命，但不能促进生长发育。例如，小麦中的麦胶蛋白便是半完全蛋白质，含赖氨酸很少。食物中所含与人体所需相比有差距的某一种或某几种氨基酸叫作限制氨基酸。谷类蛋白质中赖氨酸含量多半较少，所以，它们的限制氨基酸是赖氨酸。

(3) 不完全蛋白质。这类蛋白质不能提供人体所需的全部必需氨基酸，单纯靠它们既不能促进生长发育，也不能维持生命。例如，肉皮中的胶原蛋白便是不完全蛋白质。

3. 脂类

脂类包括脂肪与类脂，是储存和供给能量的主要营养素。每克脂肪所提供的热能为同等重量碳水化合物或蛋白质的两倍。机体细胞膜、神经组织、激素的构成均离不开它。脂肪还起到保暖隔热，支持保护内脏、关节、各种组织，促进脂溶性维生素吸收的作用。婴儿每天每千克体重需要4克脂肪，动物和植物来源的脂肪均为人体所必需，应搭配提供。每日脂肪供热应占总热卡的20%～25%。

(1) 脂类的分类。

脂类分为两大类，即油脂和类脂。

① 油脂：即甘油三酯或脂酰甘油，是油和脂肪的统称。一般把常温下是液体的称作油，而把常温下是固体的称作脂。它是由1分子甘油与3分子脂肪酸通过酯键相结合而成。油脂分布十分广泛，各种植物的种子、动物的组织和器官中都存在一定数量的油脂，特别是油料作物的种子和动物皮下的脂肪组织，油脂含量丰富。人体中的脂肪约占体重的10%～20%。人体内脂肪酸种类很多，生成甘油三酯时可有不同的排列组合，因此，甘油三酯具有多种形式。贮存能量和供给能量是脂肪最重要的生理功能。1克脂肪在体内完全氧化时可释放出38 kJ(9.3 kcal)的能量，比1克糖原或蛋白质所放出的能量多两倍以上。脂肪是体内专门用于贮存脂肪的组织，当机体需要时，脂肪组织中贮存的脂肪可动员出来分解供给机体能量。此外，脂肪组织还可起到保持体温、保护内脏器官的作用。

② 类脂：包括磷脂、糖脂和胆固醇及其酯三大类。磷脂是含有磷酸的脂类，包括由甘油构成的甘油磷脂和由鞘氨醇构成的鞘磷脂。糖脂是含有糖基的脂类。这三大类类脂是生物

膜的主要组成成分，构成疏水性的"屏障"，分隔细胞水溶性成分和细胞器，维持细胞正常结构与功能。此外，胆固醇还是脂肪酸盐和维生素 D_3 以及类固醇激素合成的原料，对于调节机体脂类物质的吸收，尤其是脂溶性维生素(A，D，E，K)的吸收以及钙磷代谢等均起着重要作用。

(2) 生理作用。

① 供给人体热量作用。脂肪在人体内氧化后变成二氧化碳和水，放出热量。由脂肪所产生的热量约为等量的蛋白质或碳水化合物的2.2倍。由此可见脂肪是身体内热量的重要来源。脂肪是构成身体细胞的重要成分之一，尤其是脑神经、肝脏、肾脏等重要器官中含有很多脂肪。脂肪在体内还构成身体组织和生物活性物质，如细胞膜的主要成分，形成磷脂、糖脂等。

② 调节生理机能的作用。因为脂肪不是良好的导热体，所以皮下的脂肪组织构成是保护身体的隔离层，能防止体温的放散，所以脂肪有保持体温的作用。脂肪还可以为身体储存"燃料"作为备用，吃进脂肪以后，一时消耗不完的部分可以存在体内，等身体需要热量时再利用。此外，脂肪还有保护内脏器官、滋润皮肤、防震、溶解营养素的作用。有些不溶于水而只溶于脂类的维生素，只有在脂肪存在时才能被人体吸收利用。此外还有增加饱腹感等作用。

脂肪主要来源于动物油，如猪油、鱼肝油；植物油，如菜籽油、花生油、豆油、芝麻油；肉类、蛋、黄豆等也含有脂肪。

4. 碳水化合物

碳水化合物是由碳、氢和氧三种元素组成，由于它所含的氢氧比例为2∶1，和水一样，故称为碳水化合物，又称糖类。碳水化合物是为生命活动提供能源的主要营养素，广泛存在于米、面、薯类、豆类、各种杂粮中，是人类最重要、最经济的食物。这类食物每日提供的热卡应占总热卡的60%～65%。任何碳水化合物到体内经生化反应最终均分解为糖，因此亦称之为糖类。除供能外，它还促进其他营养素的代谢，与蛋白质、脂肪结合成糖蛋白、糖脂，组成抗体、酶、激素、细胞膜、神经组织、核糖核酸等具有重要功能的物质。营养学上一般将其分为单糖、双糖、寡糖和多糖等4类。

(1) 单糖。

单糖食物中的单糖主要为葡萄糖、果糖、半乳糖和其他单糖。

① 葡萄糖。

葡萄糖是构成食物中各种糖类的最基本单位。有些糖类完全由葡萄糖构成，如淀粉；有些则是由葡萄糖与其他单糖组成，如蔗糖。葡萄糖以单糖的形式存在于天然食品中是比较少的。葡萄糖有D型和L型，人体只能代谢D型葡萄糖而不能代谢L型。所以有人用L型葡萄糖作甜味剂，可达到增加食品的甜味而又不增加能量摄入的双重目的。葡萄糖的甜度约为蔗糖的56%～75%，其甜味有凉爽之感，适于食用。葡萄糖加热后逐渐变为褐色，温度在170℃以上时则生成焦糖。葡萄糖液能被多种微生物发酵，是发酵工业的重要原料。工业上生产的葡萄糖，都用淀粉为原料，经酸法或酶法水解而制得。

② 果糖。

果糖主要存在于水果和蜂蜜中。果糖易溶于水，在常温下难溶于酒精。果糖吸湿性较强，因而从水溶液中结晶较困难。但果糖从酒精溶液中析出的是无水结晶，熔点为 102 ℃～104 ℃，果糖为左旋糖。果糖比糖类中的其他糖都甜，尤其是 β 果糖的甜度最大，其甜度随温度而变，为蔗糖的 1.03(热时)～1.073(冷时)倍。果糖很容易消化，适于幼儿和糖尿病患者食用，它不需要胰岛素的作用，能直接被人体代谢利用。在食品工业上，用异构化酶在常温常压下，使葡萄糖转化为果糖。人工制作的玉米糖浆中果糖含量可达到 40%～90%，是饮料、冷冻食品、糖果蜜饯生产的重要原料，美国人因消费这类食品而使果糖占总能量摄入的 8%～10%。果糖被吸收后，经肝脏转变成葡萄糖被人体利用，也有一部分转变为糖原、乳酸和脂肪。近年来，人们纷纷用异构化酶将葡萄糖转化为果糖，制成不同规格的果葡糖浆予以应用。

③ 半乳糖。

半乳糖很少以单糖形式存在于食品之中，而是乳糖、棉籽糖和琼脂等的组成成分，可以被乳酸菌发酵。半乳糖在人体中也是先转变成葡萄糖后才被利用，母乳中的半乳糖是在体内重新合成的，而不是由食物中直接获得的。

④ 其他单糖。

除了上述三种重要的己糖外，食物中还有少量的戊糖，如核糖、脱氧核糖、阿拉伯糖和木糖。前两种糖可以在动物体内合成，后两种糖主要存在于水果和根、茎类蔬菜之中。

在天然的水果、蔬菜之中，还存在有少量的糖醇类物质。这些糖醇类物质因其在体内消化、吸收速度慢，且提供能量较葡萄糖少而被用于食品加工业，目前常使用的糖醇有山梨醇、甘露醇、木糖醇和麦芽糖醇等。天然食物(如谷胚)中有一种环状的肌醇，可与磷酸结合形成植酸，不利于营养素的吸收。

(2) 双糖。

双糖是由两分子单糖缩合而成。常见的天然存在于食品中的双糖有蔗糖、麦芽糖、乳糖和海藻糖等。

① 蔗糖。

蔗糖是由 1 分子葡萄糖和 1 分子果糖以 α 键连接而成。甘蔗、甜菜和蜂蜜中含量较多，日常食用的白砂糖即是蔗糖，是由甘蔗或甜菜中提取的。蔗糖易于发酵，并可以产生溶解牙齿珐琅质和矿物质的物质。它被在牙垢中发现的某些细菌和酵母作用，在牙齿上形成一层黏着力很强的不溶性葡聚糖，同时产生作用于牙齿的酸，引起龋齿。因此，黏附在牙齿上的食物和黏性甜食对牙齿甚为有害，必须保持良好的口腔卫生(不常吃含有蔗糖的甜食对防止龋齿有利)。

② 麦芽糖。

麦芽糖是由 2 分子葡萄糖以 α1,4 糖苷键连接而成。麦芽糖主要存在于发芽的大麦(麦芽)和谷粒、麦芽抽提物以及由淀粉分解而得到的糖浆中，很容易在酸或酶的作用下发生分解。动物体内除淀粉水解外不含麦芽糖。淀粉在酶的作用下可降解生成大量的麦芽糖，制糖制酒工业中大量使用麦芽中淀粉酶就是这一目的。麦芽糖的甜度约为蔗糖的 1/2，在营养上除供能外尚未见有特殊的意义。

③ 乳糖。

乳糖是由葡萄糖和半乳糖以 β-1,4 糖苷键连接而成，主要存在于乳及乳制品中。乳糖约占鲜奶的 5%，占乳类提供的总能量的 30%～50%。乳糖是婴儿主要食用的糖类物质。此后，肠道中将乳糖分解为葡萄糖和半乳糖的乳糖酶活性急剧下降，不易消化，食物中的乳糖含量高于 15%时可导致渗透性腹泻。自然界中构成乳糖的 D 半乳糖很少单独存在，仅在少数植物（如甜菜）中有所发现，无食用意义。但是，半乳糖除作为乳糖的构成成分外，还参与构成许多重要的糖脂（如脑苷脂、神经节苷脂）和糖蛋白，细胞膜亦有含半乳糖的多糖，故在营养上仍有一定的意义。

④ 海藻糖。

海藻糖是 2 分子葡萄糖以 α-1,1 糖苷键构成的。这种糖存在于许多真菌及细菌之中，如食用蘑菇中含量较多，有时称为蘑菇糖。人体中具有海藻糖酶，因此，在消化过程中，能够裂解海藻糖成为两分子葡萄糖。

(3) 寡糖。

寡糖是指由 3～10 个单糖构成的一类小分子多糖。与稀酸共煮寡糖可水解成各种单糖。比较重要的寡糖是存在于豆类食品中的棉籽糖和水苏糖。前者是由葡萄糖、果糖和半乳糖构成的三糖，后者是在前者的基础上再加上一个半乳糖的四糖。这两种糖都不能被肠道消化酶分解而消化吸收，但在大肠中可被肠道细菌代谢，产生气体和其他产物，造成胀气，因此必须进行适当加工以减小其不良影响。但也有些不被人体利用的寡糖可被肠道有益细菌（如双歧杆菌）所利用，促进这类菌群的增加可达到保健作用。

(4) 多糖。

多糖是糖单元连接在一起而形成的长链聚合物，超过 20 个单糖的聚合物称为多糖。在动物体内，过量的葡萄糖的多糖储存形式是糖原，大多数植物葡萄糖的多糖储存形式是淀粉，细菌和酵母葡萄糖的多糖储存形式是葡聚糖。营养学上具有重要作用的多糖有 3 种，即糖原、淀粉和纤维。

① 糖原也称动物淀粉，在肝脏和肌肉合成并储存，是一种含有许多葡萄糖分子和支链的动物多糖。肝脏中储存的糖原可维持正常的血糖浓度，肌肉中的糖原可提供肌体运动所需要的能量，尤其是满足高强度和持久运动时的能量需要。其较多的分支可提供较多的酶的作用位点，以便能快速地分解和提供较多的葡萄糖。糖原的储备和释放是由激素葡萄糖胝、胰岛素和肾上腺控制。食物中糖原含量很少，因此它不是有意义的碳水化合物的食物来源。

② 淀粉是由许多葡萄糖组成的、能被人体消化吸收的植物多糖，淀粉主要储存在植物细胞中，尤其是根、茎和种子细胞之中。薯类、豆类和谷类含有丰富的淀粉，是人类碳水化合物的主要食物来源，它为人类提供了 70%～80%的热量，也是最丰富、最廉价的能量营养素。淀粉和淀粉水解产品是膳食中可消化的碳水化合物。根据淀粉的结构可分为直链淀粉和支链淀粉。前者易使食物老化，后者易使食物糊化。其次级水解产物含葡萄糖数目相对

较少,称为糊精。它与淀粉不同,具有易溶于水、强烈保水及易于消化等特点,在食品工业中常被用来增稠、稳定和保水。

淀粉在肠道内逐渐水解,这需要一定的时间。因此,机体不会突然出现葡萄糖过量,血糖上升水平较慢,且不会达到极限高度。所以,人们通常食用淀粉后,不会发生饮食性糖尿症,并且在任何情况下均能较好地适应。煮熟的淀粉往往可全部消化,但生淀粉则不然,如有人不耐受土豆淀粉。

③ 纤维是指存在于植物体中不能被人体消化吸收的多糖。纤维是最为丰富的有机化合物和最为丰富的碳水化合物,它是高等植物细胞壁的主要组分。纤维中的葡萄糖分子是以β键连接,人体内的淀粉酶不能破坏这种化学键,因此人体不能消化吸收纤维。但由于其特有的生理作用,营养学上仍将它作为重要的营养素。存在于食物中的各类纤维统称为膳食纤维。根据其水溶性不同,一般分为可溶性纤维和不溶性纤维。

纤维是植物细胞壁的主要成分,其构成成分和淀粉一样,而葡萄糖分子间的连结不同,纤维一般不能被肠道微生物分解。半纤维是谷类纤维的主要成分,包括戊聚糖、木聚糖、阿拉伯木糖和半乳聚糖以及一类酸性半纤维,如半乳糖醛酸、葡萄糖醛酸等。半纤维是植物组织中与纤维素密切联系的多糖混合群,但两者的化学性质截然不同。半纤维在小肠中不被消化,但在结肠中被微生物所分解。纤维和半纤维在麸皮中含量较多。

碳水化合物的生理作用包括:

(1) 供给能量:碳水化合物是供给人体能量的最主要、最经济的来源。它在体内可迅速氧化及时提供能量。1克碳水化合物可产生16.7 kJ(4 kcal)能量。脑组织、心肌和骨骼肌的活动需要靠碳水化合物提供能量。

(2) 构成一些重要生理物质:碳水化合物是细胞膜的糖蛋白、神经组织的糖脂以及传递遗传信息的脱氧核糖核酸(DNA)的重要组成成分。

(3) 节约蛋白质:碳水化合物的摄入充足时,人体首先使用碳水化合物作为能量来源,从而避免将宝贵的蛋白质用来提供能量。

(4) 抗酮作用:脂肪代谢过程中必须有碳水化合物存在才能完全氧化而不产生酮体。酮体是酸性物质,血液中酮体浓度过高会发生酸中毒。

(5) 糖原有保肝解毒作用:肝内糖原储备充足时,肝细胞对某些有毒的化学物质和各种致病微生物产生的毒素有较强的解毒能力。

碳水化合物的来源包括:①谷类:米、面、玉米;②淀粉类:红薯、山芋、土豆、芋头、绿豆、豌豆;③糖类:葡萄糖、果糖、蔗糖、麦芽糖;④水果、蔬菜。

5. 维生素

维生素对维持人体生长发育和生理功能起重要作用,可促进酶的活力或为辅酶之一。维生素可分两类,一类为脂溶类维生素,包括维生素A、D、E、K,它们可在体内储存,不需每日提供,过量会引起中毒;另一类为水溶性维生素,包括维生素B族、维生素C等,这一类占大多数,它们不在体内储存,需每日从食物中提供,由于代谢快不易中毒。人和动物缺乏维生素则不能正常生长,并发生特异性病变,即所谓维生素缺乏症。维生素中毒症就是服用过量的维生素后所发生的中毒性病症或过快减少摄入量后造成的身体机能紊乱症候群。

(1) 维生素 A。

维生素 A 的化学名为视黄醇,是最早被发现的维生素。维生素 A 有两种:一种是维生素 A 醇,是最初的维生素 A 形态(只存在于动物性食物中);另一种是胡萝卜素,在体内转变为维生素 A 的预成物质,可从植物性及动物性食物中摄取。维生素 A 是脂溶性的醇类物质,有多种分子形式。其中,VA_1 主要存在于动物肝脏、血液和眼球的视网膜中,又叫视黄醇,熔点 64 ℃,分子式 $C_{20}H_{30}O$;VA_2 主要在淡水鱼中存在,熔点只有 17 ℃～19 ℃,分子式$C_{20}H_{28}O$。

维生素 A 是构成视觉细胞中感受弱光的视紫红质的组成成分,视紫红质是由视蛋白和视黄醛组成,与暗视觉有关。人体缺乏维生素 A,影响暗适应能力,如儿童发育不良、皮肤干燥、眼干燥症、夜盲症等。

正常成人每天的维生素 A 最低需要量约为 3 500 国际单位(0.3 微克维生素 A 或 0.332 微克乙酰维生素 A 相当于 1 个国际单位),儿童约为 2 000～2 500 国际单位。

维生素 A 的生理功能包括:

① 防止夜盲症和视力减退,有助于对多种眼疾的治疗(维生素 A 可促进眼内感光色素的形成)。

② 有抗呼吸系统感染作用。

③ 有助于免疫系统功能正常。

④ 生病时能早日康复。

⑤ 能保持组织或器官表层的健康。

⑥ 有助于祛除老年斑。

⑦ 促进发育,强壮骨骼,维护皮肤、头发、牙齿、牙床的健康。

⑧ 外用有助于对粉刺、脓包、疖疮,皮肤表面溃疡等症的治疗。

⑨ 有助于对肺气肿、甲状腺功能亢进症的治疗。

含丰富维生素 A 的食物包括鱼肝、牛奶、蛋黄、蔬菜(苜蓿、胡萝卜、西红柿、南瓜、山芋等)、水果(杏、李子、樱桃、山楂等)。蔬菜及水果中所含的胡萝卜素,即维生素 A 的前身。

(2) 维生素 D。

维生素 D 为固醇类衍生物,具抗佝偻病作用,又称抗佝偻病维生素。维生素 D 均为不同的维生素 D 原经紫外照射后的衍生物。植物不含维生素 D,但维生素 D 原在动、植物体内都存在。维生素 D 是一种脂溶性维生素,有五种化合物,对健康关系较密切的是维生素 D_2 和维生素 D_3。它们有以下特性:存在于部分天然食物中;人和动物皮下含的 7-脱氢胆固醇为维生素 D_3 原,在紫外线照射后转变成维生素 D_3,又名胆钙化醇,然后经过一系列化学反应转化为维生素 D。在钙和磷充足的条件下,儿童、青少年、孕妇、乳母及老人的 RNI (推荐摄入量)为 10 微克/天,16 岁以上的成人为 5 微克/天,维生素 D 的 UL(可耐受最高摄入量)为 20 微克/天。

维生素 D 主要有以下生理功能:

① 提高肌体对钙、磷的吸收，使血浆钙和血浆磷的水平达到饱和程度。

② 促进生长和骨骼钙化，促进牙齿健全。

③ 通过肠壁增加磷的吸收，并通过肾小管增加磷的再吸收。

④ 维持血液中柠檬酸盐的正常水平。

⑤ 防止氨基酸通过肾脏损失。

含维生素 D 较多的食物包括鱼肝油、蛋黄、牛奶及菌类、干菜。

(3) 维生素 E。

维生素 E 是一种脂溶性维生素，又称生育酚，是最主要的抗氧化剂之一。溶于脂肪和乙醇等有机溶剂中，不溶于水，对热、酸稳定，对碱不稳定，对氧敏感，对热不敏感，但油炸时维生素 E 活性明显降低。生育酚能促进性激素分泌，使男子精子活力和数量增加；使女子雌性激素浓度增高，提高生育能力，预防流产；还可用于防治男性不育症、烧伤、冻伤、毛细血管出血、更年期综合征、美容等方面。近来还发现维生素 E 可抑制眼睛晶状体内的过氧化脂反应，使末梢血管扩张，改善血液循环，预防近视发生和发展。成人的建议每日摄取量是 8～10 国际单位。

维生素 E 主要有以下生理功能：

① 促进垂体促性腺激素的分泌，促进精子的生成和活动，增加卵巢功能，卵泡增加，黄体细胞增大并增强黄体酮的作用。缺乏时生殖器官受损，不易受精或引起习惯性流产。

② 改善脂质代谢，缺乏时导致血浆胆固醇（TC）与甘油三酯（TG）的升高，形成动脉粥样硬化。

③ 对氧敏感，易被氧化，故可保护其他易被氧化的物质，如不饱和脂肪酸、维生素 A 和 ATP 等。减少过氧化脂质的生成，保护机体细胞免受自由基的毒害，充分发挥被保护物质的特定生理功能。

④ 稳定细胞膜和细胞内脂类部分，减低红细胞脆性，防止溶血。缺乏时出现溶血性贫血。

⑤ 大剂量可促进毛细血管及小血管的增生，改善周围循环。

富含维生素 E 的食物包括麦芽、大豆、植物油、坚果类、芽甘蓝、绿叶蔬菜、菠菜、有添加营养素的面粉、全麦、未精制的谷类制品、蛋。

(4) 维生素 B_1。

维生素 B_1 又称硫胺素或抗神经炎素，由嘧啶环和噻唑环结合而成的一种 B 族维生素，为白色结晶或结晶性粉末；有微弱的特臭，味苦；有引湿性，露置在空气中，易吸收水分。在碱性溶液中容易分解变质，酸碱度在 3.5 时可耐 100 ℃高温；酸碱大于 5 时易失效。遇光和热效价下降，故应置于遮光、凉处保存，不宜久贮。在酸性溶液中很稳定，在碱性溶液中不稳定，易被氧化和受热破坏。成人的建议每日摄取量是 1.0～1.5 毫克。妊娠、哺乳期每天摄取 1.5～1.6 毫克。

维生素 B_1 主要有以下生理功能：促进成长；帮助消化，特别是碳水化合物的消化；改善精神状况；维持神经组织、肌肉、心脏活动的正常；减轻晕机、晕船；可缓解有关牙科手术后的痛苦;有助于对带状疱疹的治疗。

维生素 B_1 缺乏主要是由于摄入不足、需要量增高和吸收利用障碍。肝损害、饮酒也可引起。长期透析的肾病者、完全胃肠外营养的病人以及长期慢性发热病人都可发生。初期症状有疲乏、淡漠、食欲差、恶心、忧郁、急躁、沮丧、腿麻木和心电图异常。

含维生素 B_1 较多的食物包括:谷类、麦麸、糠皮、豆类、肝类、肉类、蛋类、乳类、水果、蔬菜等。

(5) 维生素 B_2。

维生素 B_2,又称核黄素,维他命 B_2,分子式 $C_{17}H_{20}N_4O_6$。它是人体必需的13种维生素之一,作为维生素B族的成员之一,微溶于水,可溶于氯化钠溶液,易溶于稀的氢氧化钠溶液。维生素 B_2 是机体中许多酶系统的重要辅基的组成成分,参与物质和能量代谢。成人的建议每日摄取量是1.7毫克。

缺乏维生素 B_2 产生的症状包括:

① 导致口腔、唇、皮肤、生殖器的炎症和机能障碍,称为核黄素缺乏病。

② 导致脂溢性皮炎(眼、鼻及附近皮肤脂溢且有皮屑及硬痂)。

③ 引起嘴唇发红、口腔炎、口唇炎、口角炎、舌炎。

④ 会使眼睛充血、易流泪、易有倦怠感、头晕。

⑤ 还会引起阴道瘙痒。

⑥ 导致口腔溃疡。

⑦ 引起结膜炎。

维生素 B_2 主要有以下生理功能:

① 促进发育和细胞的再生。

② 促使皮肤、指甲、毛发的正常生长。

③ 帮助消除口腔内、唇、舌的炎症。

④ 增进视力,减轻眼睛的疲劳。

⑤ 和其他的物质相互作用来帮助碳水化合物、脂肪、蛋白质的代谢。

含维生素 B_2 较多的食物包括:蛋黄、酵母、牛奶、各种叶菜(菠菜、雪里蕻、芹菜等)。

(6) 维生素 B_3(烟酸)。

烟酸也称作维生素 B_3,或维生素PP,分子式:$C_6H_5NO_2$,耐热,能升华。它是人体必需的13种维生素之一,是一种水溶性维生素,属于维生素B族。烟酸在人体内转化为烟酰胺,烟酰胺是辅酶Ⅰ和辅酶Ⅱ的组成部分,参与体内脂质代谢,组织呼吸的氧化过程和糖类无氧分解的过程。烟酸是少数存在于食物中相对稳定的维生素,即使经烹调及储存亦不会大量流失而影响其效力。成人推荐摄入量为12毫克/天。

缺乏维生素 B_3 产生的症状包括:

烟酸缺乏可以起癞皮病。前驱症状:体重减轻,疲劳乏力,记忆力差、失眠等,如不及时治疗,则可出现皮炎、腹泻和痴呆。皮肤症状:典型症状常见在肢体暴露部位,如手背、腕、前臂、面部、颈部、足背、踝部出现对称性皮炎。消化系统症状:主要有口角炎、舌炎、腹泻等,腹泻是本病的典型症状，早期多患便秘，其后由于消化腺体的萎缩及肠炎的发生常有腹泻，次数不等。神经系统症状：初期很少出现，至皮肤和消化系统症状明显时出现。轻症患者可有全身乏力、烦躁、抑郁、健忘及失眠等；重症则有狂躁、幻听、神志不清、木僵、甚至痴呆。

维生素 B_3 主要有以下生理功能：

促进消化系统的健康，减轻胃肠障碍；使皮肤更健康；预防和缓解严重的偏头痛；促进血液循环，使血压下降；减轻腹泻现象；减轻美尼尔氏症的不适症状；使人体能充分地利用食物来增加能量；治疗口腔、嘴唇炎症，防止口臭；降低胆固醇及甘油三酯。

含维生素 B_3 较多的食物包括动物肝、肾、瘦肉、全谷、豆类等，乳类、绿叶蔬菜也有相当含量。烟酸除了直接从食物中摄取外，也可以在体内有色氨酸转化而来，平均约 60 毫克色氨酸转化 1 毫克烟酸。

(7) 维生素 C。

维生素 C 又叫 L-抗坏血酸，是一种水溶性维生素。食物中的维生素 C 被人体小肠上段吸收。一旦吸收，就分布到体内所有的水溶性结构中，正常成人体内的维生素 C 代谢活性池中约有 1 500 毫克维生素 C，最高储存峰值为 3 000 毫克维生素 C。正常情况下，维生素 C 绝大部分在体内经代谢分解成草酸或与硫酸结合生成抗坏血酸-2-硫酸由尿排出；另一部分可直接由尿排出体外。成人及孕早期妇女维生素 C 的推荐摄入量为 100 毫克/天。

主要有以下生理功能：

① 胶原蛋白的合成需要维生素 C 参加，所以 VC 缺乏，胶原蛋白不能正常合成，导致细胞连接障碍。人体由细胞组成，细胞靠细胞间质把它们联系起来，细胞间质的关键成分是胶原蛋白。胶原蛋白占身体蛋白质的 1/3，生成结缔组织，构成身体骨架，如骨骼、血管、韧带等，决定了皮肤的弹性，保护大脑，并且有助于人体创伤的愈合。

② 坏血病。血管壁的强度和 VC 有很大关系。微血管是所有血管中最细小的，管壁可能只有一个细胞的厚度，其强度、弹性是由负责连接细胞具有胶泥作用的胶原蛋白所决定。当体内 VC 不足，微血管容易破裂，血液流到邻近组织。这种情况在皮肤表面发生，则产生淤血、紫癜；在体内发生则引起疼痛和关节胀痛。严重情况在胃、肠道、鼻、肾脏及骨膜下面均可有出血现象，乃至死亡。

③ 牙龈萎缩、出血。健康的牙床紧紧包住每一颗牙齿。牙龈是软组织，当缺乏蛋白质、钙、VC 时易产生牙龈萎缩、出血。

④ 预防动脉硬化。可促进胆固醇的排泄，防止胆固醇在动脉内壁沉积，甚至可以使沉积的粥样斑块溶解。

⑤ 维生素 C 是一种水溶性的强有力的抗氧化剂。可以保护其他抗氧化剂，如维生素 A、维生素 E、不饱和脂肪酸，防止自由基对人体的伤害。

⑥ 治疗贫血。使难以吸收利用的三价铁还原成二价铁，促进肠道对铁的吸收，提高肝脏对铁的利用率，有助于治疗缺铁性贫血。

⑦ 防癌。丰富的胶原蛋白有助于防止癌细胞的扩散；VC 的抗氧化作用可以抵御自由基对细胞的伤害防止细胞的变异；阻断亚硝酸盐和仲胺形成强致癌物亚硝胺。曾有人对因

癌症死亡病人解剖发现病人体内的 VC 含量几乎为零。

⑧ 保护细胞、解毒，保护肝脏。在人的生命活动中，保证细胞的完整性和代谢的正常进行至关重要。

⑨ 提高人体的免疫力。

⑩ 提高机体的应急能力。

含维生素 C 较多的食物包括新鲜蔬菜、水果和豆芽等。

6. 矿物质

矿物质又称无机盐，是人体主要组成物质，碳、氢、氧、氮约占人体体重的 96%，钙、磷、钾、钠、氯、镁、硫占 3.95%，以上含量大于体重 0.01%的称为常量元素，其他含量小于体重 0.01%则为 14 种微量元素，即铁、锌、铜、硒、碘等。每种元素均有其重要的、独特的、不可替代的作用，各元素间又有密切相关的联系。

矿物质虽不供能，但有重要的生理功能，包括：

① 构成骨骼的主要成分。

② 维持神经、肌肉正常生理功能。

③ 组成酶的成分。

④ 维持渗透压，保持酸碱平衡。

矿物质缺乏与疾病相关，比如说缺钙与佝偻病；缺铁与贫血；缺锌与生长发育落后；缺碘与生长迟缓、智力落后等，均应引起足够的重视。

(1) 钙。

人体中的钙元素主要以晶体的形式存在于骨骼和牙齿中，约占体重的 2%。身体的钙大多分布在骨骼和牙齿中，约占总量的 99%，其余 1%分布在血液、细胞间液及软组织中。

钙主要有以下生理功能：

① 20 岁之前是骨骼的生长阶段，长个子的时候。人有两个生长高峰期：1 岁以前(儿童缺钙将导致发育迟缓，发育不良，诸如出牙晚、学步晚、鸡胸)和 12～14 岁(缺钙将导致身材矮小、生长痛)。20 岁以后骨质依然在增加。35～40 岁，骨密度达到峰值。40 岁以后骨钙逐渐流失(老年人将加快骨钙的流失，导致身材变短、骨质疏松和骨质增生)。

② 1%的钙分布在血液、细胞间液及软组织中。保持血钙的浓度对维持人体正常的生命活动有着至关重要的作用。人体有一套机制来维持血钙的浓度。血钙的来源有两个：通过消化道吸收的钙以及骨骼中的钙。骨骼是人体钙的大仓库，当摄入钙不足时，则动用仓库应急，这一切通过甲状旁腺分泌升血钙素和降血钙素来加以调节。

③ 缺钙会降低软组织的弹性和韧性。皮肤缺弹性显得松垮，衰老；眼睛晶状体缺乏弹性，易近视、老视；血管缺弹性易硬化。

④ 降低神经细胞的兴奋性，所以说钙是一种天然的镇静剂。缺钙会导致神经性偏头痛(占女性的 10%～20%)、烦躁不安、失眠。对婴儿会引起夜惊、夜啼、盗汗。缺钙还会诱发儿童多动症。

⑤ 强化神经系统的传导功能。比如说你的手碰到一杯水，特别热，很快就放下，这中间

就有一个神经系统的运作过程：感受器（皮肤）—传入神经—中枢神经—传出神经—效应器（肌肉）。其中感受怎样传递给神经细胞，神经细胞又怎样传出去？这中间有一种物质叫作神经递质。钙有助于神经递质的产生和释放。

⑥ 维持肌肉神经的正常兴奋。血钙增高可抑制肌肉、神经的兴奋性；当血钙低于 70 mg/L 时，神经肌肉的兴奋性降低，出现抽搐。肠激综合征、女孩子痛经，缺钙是一个重要原因。

⑦ 降低（调节）细胞和毛细血管的通透性。缺钙易导致过敏、水肿等。

⑧ 促进体内多种酶的活动。缺钙时，腺细胞的分泌作用减弱。

⑨ 维持酸碱平衡。

⑩ 参与血液的凝固过程。血液的凝固是一个复杂的过程，其中一个步骤是：凝血酶原——具有活性的凝血酶，其中需要钙来激活。

含钙较多的食物包括豆类、奶类、蛋黄、骨头、深绿色蔬菜、米糠、麦麸、花生、海带、紫菜、小虾皮等。

（2）磷。

人类食物中含有丰富的磷，故人类营养性的磷缺乏很少见，目前人体中的磷过量，已经开始干扰钙的吸收。

含磷较多的食物包括粗粮、黄豆、蚕豆、花生、土豆、硬果类、肉、蛋、鱼、虾、奶类、肝脏等。

（3）铁。

铁是人体含量的必需微量元素，人体内铁的总量约 4～5 克，是血红蛋白的重要部分，人全身都需要它，这种矿物质存在于向肌肉供给氧气的红细胞中，还是许多酶和免疫系统化合物的成分。每天铁的摄入量：男子约为 12 克，女子约为 18 克。

铁主要有以下生理功能：

① 铁是血红蛋白的重要组成部分，而血红蛋白功能是向细胞输送氧气，并将二氧化碳带出细胞。血红蛋白中 4 个血红素和 4 个球蛋白链接的结构提供一种有效机制，即能与氧结合而不被氧化，在从肺输送氧到组织的过程中起着关键作用。

② 肌红蛋白是由一个血红素和一个球蛋白链组成，仅存在于肌肉组织内，基本功能是在肌肉中转运和储存氧。

③ 细胞色素是一系列血红素的化合物，通过其在线粒体中的电子传导作用，对呼吸和能量代谢有非常重要的影响，如细胞 a、b 和 c 是通过氧化磷酸化作用产生能量所必需的。

④ 铁元素催化促进 β-胡萝卜素转化为维生素 A、嘌呤与胶原的合成，抗体的产生，脂类从血液中转运以及药物在肝脏的解毒等。铁与免疫的关系也比较密切，有研究表明，铁可以提高机体的免疫力，增加中性白细胞和吞噬细胞的吞噬功能，同时也可使机体的抗感染能力增强。阿胶是我国传统的补血配方，乳酸亚铁是很好的二价补铁制剂，市场上很多补血产品将它们单独作为配方来用。而补铁片是将乳酸亚铁、阿胶和蛋白锌都作为功效成分，补铁、生血加营养三效合一，能更好地预防和改善贫血，增强人体免疫力。

含铁较多的食物：以肝脏中含铁最丰富，其次为血、心、肝、肾、木耳、瘦肉、蛋、绿叶菜、小白菜、雪里蕻、芝麻、豆类、海带、紫菜、杏、桃、李等。谷类中也含有一定量的铁质。

(4) 锌。

锌是人体中不可缺少的元素，发挥着重要作用。成人体内有锌约 2～2.5 克，其中眼、毛发、骨骼、男性生殖器官等组织中最高；肾、肝、肌肉中次之。人体血液中的锌有 75%～85%在红细胞里，3%～5%在白细胞中，其余在血浆中。成人每天锌的摄入量为 15 毫克。

锌的生理功能包括：

① 人体中 100 多种酶的组成部分。这些酶在组织呼吸和蛋白质、脂肪、糖、核酸等代谢中起重要作用。

② 锌是 DNA 聚合酶的必需组成部分，缺锌时蛋白质合成障碍，可导致侏儒症、损伤组织愈合困难、胎儿发育受影响。

③ 锌参加唾液蛋白构成，锌缺还可导致味觉迟钝，食欲减退。

④ 锌参加维生素 A 还原酶和视黄醇结合蛋白的合成。

⑤ 促进性器官正常发育，保持正常的性功能。缺锌导致性成熟迟缓，性器官发育不全，性功能降低，精子减少，月经不正常。

⑥ 保护皮肤健康。缺锌时皮肤粗糙、干燥、上皮角化和食道类角化；伤口愈合缓慢，易受感染。

⑦ 维护免疫功能。根据锌在 DNA 合成中的作用，缺锌时导致免疫细胞增殖减少，胸腺活力降低。由于锌在抗氧化生化酶中的作用，缺锌导致细胞表面受体发生变化。

⑧ 其他功能：锌有助于清除体内胆固醇，防治动脉粥样硬化症；锌有助于抑制癌症的发生等。

含锌较多的食物包括海带、奶类、蛋类、牡蛎、大豆、茄子、扁豆等。

(5) 碘。

碘是人体的必需微量元素之一，健康成人体内的碘的总量为 30 毫克左右，其中 70%～80%存在于甲状腺。碘摄入量过低引起的是碘缺乏病，俗称大脖子病。值得注意的是，人体摄入过多的碘也是有害的，日常饮食碘过量同样会引起“甲亢”。是否需要在正常膳食之外特意“补碘”，要经过正规体检，听取医生的建议，切不可盲目“补碘”。过量食用碘会发生甲状腺肿大。中国营养学会公布的儿童碘摄入量的安全上限为每日 800 微克，而该学会在 2000 年提出每日膳食中碘的推荐摄入量，婴幼儿为 50 微克，儿童为 90～120 微克，成年人为 150 微克。

碘的生理功能包括：

① 促进生物氧化。甲状腺素能促进三羧酸循环中的生物氧化，协调生物氧化和磷酸化的偶联、调节能量转换。

② 调节蛋白质合成和分解。当蛋白质摄入不足时，甲状腺素有促进蛋白质合成作用；当蛋白质摄入充足时，甲状腺素可促进蛋白质分解。

③ 促进糖和脂肪代谢。甲状腺素能加速糖的吸收利用，促进糖原和脂肪分解氧化，调节血清胆固醇和磷脂浓度等。

④ 调节水盐代谢。甲状腺素可促进组织中水盐进入血液并从肾脏排出，缺乏时可引起组织内水盐潴留，在组织间隙出现含有大量黏蛋白的组织液，发生黏液性水肿。

⑤ 促进维生素的吸收利用。甲状腺素可促进烟酸的吸收利用，胡萝卜素转化为维生素A过程及核黄素合成核黄素腺嘌呤二核苷酸等。

⑥ 增强酶的活力。甲状腺素能活化体内100多种酶，如细胞色素酶系、琥珀酸氧化酶系、碱性磷酸酶等，在物质代谢中起作用。

⑦ 促进生长发育。甲状腺素促进骨骼的发育和蛋白质合成，维护中枢神经系统的正常结构。

含碘较多的食物包括海带、紫菜、海鱼等。

（6）硒。

硒是谷胱甘肽过氧化物酶(GSH-Px)的组成成分，每摩尔的GSH-Px中含4克原子硒，此酶的作用是催化还原谷胱甘肽(GSH)与过氧化物的氧化还原反应，所以可发挥抗氧化作用，是重要的自由基清除剂(是维生素E的50～500倍)。在体内，GSH-Px与维生素E抗氧化的机制不同，两者可以互相补充，具有协同作用。

科学证实：正是由于“硒”的高抗氧化作用，适量补充能起到防止器官老化与病变，延缓衰老，增强免疫，抵御疾病，抵抗有毒有害重金属，减轻放化疗副作用，防癌抗癌。

硒的生理作用包括：

① 增强免疫力：有机硒能清除体内自由基，排除体内毒素、抗氧化、能有效抑制过氧化脂质的产生，防止血凝块，清除胆固醇，增强人体免疫功能。

② 防止糖尿病：硒是构成谷胱甘肽过氧化物酶的活性成分，它能防止胰岛β细胞氧化破坏，使其功能正常，促进糖分代谢、降低血糖和尿糖，改善糖尿病患者的症状。

③ 防止白内障：视网膜由于接触电脑辐射等较多，易受损伤，硒可保护视网膜，增强玻璃体的光洁度，提高视力，有防止白内障的作用。

④ 防止心脑血管疾病：硒是维持心脏正常功能的重要元素，对心脏肌体有保护和修复的作用。人体血硒水平的降低，会导致体内清除自由基的功能减退，造成有害物质沉积增多，血压升高，血管壁变厚，血管弹性降低，血流速度变慢，送氧功能下降，从而诱发心脑血管疾病的发病率升高，然而科学补硒对预防心脑血管疾病、高血压、动脉硬化等都有较好的作用。

⑤ 防止克山病、大骨节病、关节炎：缺硒是克山病、大骨节病两种地方性疾病的主要病因，补硒能防止骨髓端病变，促进修复，而在蛋白质合成中促进二硫键对抗金属元素解毒，对这两种地方性疾病和关节炎患者都有很好地预防和治疗作用。

⑥ 解毒、排毒：硒与金属的结合力很强，能抵抗镉对肾、生殖腺和中枢神经的毒害。硒与体内的汞、铅、锡、铊等重金属结合，形成金属硒蛋白复合而解毒、排毒。

⑦ 防治肝病、保护肝脏：肝癌高发区的居民血液中的硒含量均低于肝癌低发区，肝癌的发病率与血硒水平呈负相关。

含硒较多的食物包括海产品、肝、肾、肉、大米等。

7. 水

水是维持生命必需的物质，机体的物质代谢、生理活动均离不开水的参与。正常成人水分大约占体重的 70%，婴儿体重的 80%左右是水，老年人体重的 55%是水。每天每千克体重需水约 150 毫升。水来源于各种食物和饮用水。

水的生理作用包括：

① 人的各种生理活动都需要水，如水可溶解各种营养物质，脂肪和蛋白质等要成为悬浮于水中的胶体状态才能被吸收；水在血管、细胞之间川流不息，把氧气和营养物质运送到组织细胞，再把代谢废物排出体外。总之，人的各种代谢和生理活动都离不开水。

② 水在体温调节上有一定的作用。当人呼吸和出汗时都会排出一些水分。比如炎热季节，环境温度往往高于体温，人就靠出汗，使水分蒸发带走一部分热量，来降低体温，使人免于中暑。而在天冷时，由于水贮备热量的潜力很大，人体不致因外界温度低而使体温发生明显的波动。

③ 水还是体内的润滑剂。它能滋润皮肤。皮肤缺水，就会变得干燥失去弹性，显得面容苍老。体内一些关节囊液、浆膜液可使器官之间免于摩擦受损，且能转动灵活。眼泪、唾液也都是相应器官的润滑剂。

④ 水是世界上最廉价最有治疗力量的奇药。矿泉水和电解质水的保健和防病作用是众所周知的，因为水中含有对人体有益的成分。当感冒、发热时，多喝开水能帮助发汗、退热、冲淡血液里细菌所产生的毒素；同时，小便增多，有利于加速毒素的排出。

国际最新饮用水健康标准：

① 不含有害人体健康的物理性、化学性和生物性污染。

② 含有适量的有益于人体健康，并呈离子状态的矿物质（钾、镁、钙等含量在 100 mg/L）。

③ 水的分子团小，溶解力和渗透力强。

④ 应呈现弱碱性（酸碱度 pH 为 8～9）。

⑤ 水中含有溶解氧（6 mg/L 左右），含有碳酸根离子。

⑥ 可以迅速、有效地清除体内的酸性代谢产物和各种有害物质。

⑦ 水的硬度适度，介于 50～200 mg/L（以碳酸钙计）。

运动前后和运动过程中补充水分是很有学问的，喝对了才有助于保持体液平衡，保证健身者的健康和安全。

第一，运动前 2 小时喝约 500 毫升的白开水。这是因为运动前补充水分可以提高机体的热调节能力，降低运动中的心率。提前 2 小时补水可以给肾脏代谢充足的时间，将体液平衡和渗透压调节到最佳状态，有足够时间使多余的水分从体内排出。

第二，运动过程中，如果时间超过 1 个小时，就应该喝些淡盐水，每升水里加 0.11～0.15 克盐，并将水温控制在 15 ℃～22 ℃。运动时大量出汗，汗液中含有很多离子成分，此时再喝没有任何离子含量的白开水，便起不到补充效果。而淡盐水则能及时补充流失的离子，防止出现血钠症等不适反应。运动时，最好随身带个保温杯，按比例冲好淡盐水，即使不感到口渴，也最好每运动20分钟就喝一两口，以平衡体内汗液的流失，避免出现脱水给人体带来损伤。

第三，运动后要喝电解质饮料，即含有钠、钾、氯、镁、钙、磷等矿物质的饮料。或者可以按1∶15的比例，在白开水中加些糖饮用。水中加入糖，是为了保持一定的血糖浓度，延缓疲劳发生，从而保证健身者的身体健康。

8. 膳食纤维

膳食纤维一词在1970年以前的营养学中尚不曾出现，是一般不易被消化的食物营养素，主要来自植物的细胞壁，包含纤维素、半纤维素、树脂、果胶及木质素等。膳食纤维是健康饮食不可缺少的，纤维在保持消化系统健康上扮演着重要的角色，同时摄取足够的纤维也可以预防心血管疾病、癌症、糖尿病以及其他疾病。纤维可以清洁消化壁和增强消化功能，纤维同时可稀释食物中的致癌物质和有毒物质并加速移出，保护脆弱的消化道和预防结肠癌。纤维可减缓消化速度和最快速排泄胆固醇，可让血液中的血糖和胆固醇控制在最理想的水平。粗粮、干豆、蔬菜、水果富含膳食纤维。推荐标准为每人每天食用膳食纤维30克。

第二节　科学合理健身的原则

一、合理科学运动原则

体育锻炼的FIT原则是指F(Frequency)：次数；I(Intensity)：强度；T(Time)：时间。

（一）体育锻炼的超负荷原则

超负荷原则是指在进行体育锻炼时，身体或特定的肌肉受到的刺激强度强于不锻炼时或已适应的刺激程度。这样身体健康素质才能逐渐得到提高。

（二）体育锻炼的循序渐进原则

循序渐进原则是超负荷原则的延伸，是指在进行体育锻炼或发展某种身体健康素质时应该逐渐增加运动负荷。增加运动负荷不宜太慢或太快，否则会限制身体健康素质的发展，或造成过度疲劳，或引发运动损伤，影响正常的学习、生活。

（三）体育锻炼的安全性原则

安全性原则要求在进行体育锻炼的过程中要始终注意保护自己，做到安全第一。

（四）体育锻炼的适时控制原则

测量心率有助于了解和控制体育锻炼的运动强度。

二、体育运动中个人调控的方法

（一）调控运动负荷的基本方法

1. 测生理指标

(1) 心率。

心率可以反映运动负荷大小及自我监控运动后机体的恢复情况，早已被广泛运用于锻炼效果的监控。运动前后的即刻心率和运动后 1 小时后的心率及晨脉均有不同的意义。进行有规律的对比，可分析出运动员疲劳状况。

(2) 血压。

血压也是评定运动负荷和健康水平的一项简易生理指标。如果早晨血压比平时高 20 毫米汞柱以上，则可能是过度疲劳的征兆。

(3) 肺活量。

肺活量是指最大深吸气后，再做最大呼气时所呼出的气量，用于了解生理负荷大小、机体适应能力及健康状况。

2. 主观感觉判断

主观感觉判断是指锻炼者根据自己的主观感觉来衡量运动负荷是否适宜的检测方法，是监控运动负荷的常用方法，且人体的主观感觉往往早于客观指标的变化。主观感觉一般包括运动前、运动中及运动后的感觉。运动负荷适宜时，工作、学习、劳动精力旺盛，体力充沛，有运动欲望。锻炼后虽有一定疲劳感觉，但不影响正常睡眠。有时肌肉有一定酸痛感，四肢有沉重感，但经过一夜的休息次日可消除，说明身体机能状况良好。当运动负荷过大时，人将产生厌倦感，对锻炼缺乏热情，运动中易出汗，锻炼后感到极度疲劳，吃不下、睡不好，甚至有头晕、头痛现象。一旦发现运动负荷过大，应尽快调整。若锻炼后主观感觉与不锻炼没有区别，肌肉不酸痛，身体毫无疲劳感，这说明运动负荷过小。

(二) 运动处方

运动处方是指针对个人的身体状况而采用的一种科学的、定量化的体育锻炼方法。这种方法类似于医生给病人看病时开出的处方，故得此名。其目的是避免不合理的运动损害身体，更好地达到健康和防治疾病的目的。常用运动处方可分为健身型运动处方、预防型运动处方、治疗型运动处方及竞技型运动处方等。

三、锻炼计划的制订

(1) 制订锻炼计划时，在选择锻炼内容上，应注意以下几点：

① 注意把课外锻炼的内容和体育课的学习内容结合起来，注意复习、巩固和提高体育课所学的内容。

② 注意把个人兴趣与实际需要相结合。既要发展、提高自己有兴趣的或擅长的项目，又要努力克服自己的弱项和不足。

③ 注意不同身体素质之间以及身体素质练习与其他活动的有机结合，如速度与力量练习的结合，力量与耐力练习的结合，身体素质锻炼和运动技术的有机结合等。

(2) 根据学校特点，大学生在制订锻炼计划时，一般以一年或一学期为锻炼周期，安排时应注意：

① 期末准备考试和考试期间，仍要坚持经常性的锻炼，但周锻炼次数和每次锻炼时间，以及锻炼强度和量都应相应减少。

② 早操时间不宜过长，一般不超过 30 分钟，早操活动强度应小些，不要进行剧烈活动，

以不出现疲劳为度。

③ 课外活动时间约为 1～1.5 小时，课外活动应在晚饭前半小时结束。

④ 若在睡眠前进行晚锻炼，应主动结合清洁身体的冷水浴进行锻炼，不宜进行剧烈运动，以免影响睡眠。

第六章 田径运动

第一节　概　述

在远古时代，人类为了生存，经常出没于崇山峻岭、沼泽平原等地方，跨溪流，越障碍，蹬险壁，攀树枝，用石块、木棒等采摘瓜果，捕捉鱼虾、凶禽猛兽等。就这样，在日常劳动生活中，逐渐形成了走、跑、跳、投等动作，并彼此进行比赛，由此就形成了田径运动的雏形。

按照运动项目的表现形式，田径可分为走、跑、跳、投和全能等五类。通常把以时间计算成绩项目称为径赛；以高度或远度计算成绩的项目叫作田赛；以各单项成绩按"田径全能运动评分表"换算分数计算成绩的就叫作全能运动比赛。

第二节　径赛项目

一、短跑

（一）项目概述

短跑属极限强度运动，短跑比赛项目包括 60 米、100 米、200 米、400 米，是发展速度素质最有效的方式，是许多田径项目以及其他一些运动项目的基础。

（二）基本技术动作

短跑全程技术按技术动作的变化可分为起跑、起跑后的加速跑、途中跑和终点跑四个部分。

1. 100 米跑的技术

(1) 起跑。

起跑的任务是使身体迅速摆脱静止状态，为起跑后加速跑创造条件。根据田径规则规定，在短跑比赛中运动员采用蹲踞式起跑，必须要使用起跑器，运动员要按发令员的口令完成起跑动作。

安装起跑器的目的是使脚有牢固的支撑，从而形成良好的用力姿势，有利于起跑和起跑后的加速跑。起跑器的常用安装方式有普通式和拉长式两种。普通式:前起跑器距起跑线一脚半长,后起跑器应距前起跑器一脚半长。前后起跑器的支撑面与地面夹角分别成45°左右和60°～80°,两起跑器的中轴线间隔约15厘米。拉长式:前起跑器距起跑线两脚长,后起跑器距前起跑器一脚长,起跑器的支撑面与地面的夹角和两起跑器左右间隔与普通式基本相同。运动员采用哪种起跑器和安装方法应根据个人的身高、体型、身体素质和技术水平等情况来选择,其目的是为了使运动员能充分发挥肌肉的最大力量,获取最大初速度,有助于加速跑的完成。起跑过程包括"各就位""预备"和"鸣枪"三个阶段。

听到"各就位"口令后,运动员可利用短暂时间稍做放松练习,稳定一下自己的情绪,然后走到起跑器前,俯身,两手撑地,两脚依次蹬在前后起跑器的抵足板上,脚尖应触及地面,后腿膝关节跪地,通常将有力腿放在前起跑器上。接着两臂收回到起跑线后支撑地面,双臂伸直,两手间距离与肩同宽或比肩稍宽,四指并拢或稍分开与拇指成有弹性的"人字"形支撑,身体重心稍前移,肩约与起跑线齐平,头与躯干保持在一条直线上,颈部自然放松,身体重量均匀地落在两手、前腿和后膝之间,要注意听"预备"口令(图6-1)。

图6-1

听到"预备"口令后,逐渐抬起臀部,臀部要稍高于肩部约10～20厘米,同时使身体重心向前上方移动。此时,身体重心落在两臂和前腿上,身体重心投影点在距起跑线15～20厘米处,两小腿趋于平行,前腿膝角约为90°～100°,后腿膝角约为110°～130°。两脚贴紧在前后起跑器抵足板上,注意力集中听枪声。听到枪声之后,两手迅速推离地面,屈肘做有力的前后摆动,同时两腿快速用力蹬起跑器。后腿快速蹬离起跑器后,便迅速屈膝向前上方摆出,摆出时脚不应离地面过高,这样有利于摆动腿迅速着地并过渡到下一步。前腿有力地蹬伸,后蹬角约为42°～45°(图6-2至图6-4)。

图6-2

图6-3

图6-4

(2) 起跑后的加速跑。

起跑后的加速跑是从蹬离起跑器到途中跑开始的一个跑段,一般为30米左右(优秀运动员略长)。它的任务是尽快加速达到自己的最高速度。

腿蹬离起跑器后,身体处于较大的前倾姿势,为了不使运动员身体向前摔倒,继续加速,要积极加快腿与臂的摆动和蹬地动作,保持身体平衡。第一步的着地应尽量去靠近身体重心投影点,脚着地后迅速转入后蹬。身体的前倾随着步长和跑速的增加逐渐减小,最后接近途中跑的姿势。

加速跑最初几步的支撑点是处在身体重心投影点的后面，这可以使后蹬的大部分力量用于提高水平速度。随着跑速的增大，支撑腿着地点位置逐渐向前移，直至在身体重心的投影点前面着地。

双臂有力地前后摆动在起跑后加速跑中有很大意义。在加速跑中双臂动作与途中跑基本相同，但开始几步大腿前摆幅度较大，与此其相适应摆臂的幅度也较大。

(3) 途中跑。

途中跑的任务是继续发挥和保持最高跑速。起跑后加速跑结束即进入途中跑。一个单步由后蹬和前摆、腾空、着地和缓冲几个部分组成。

① 后蹬和前摆。

后蹬是推动人体向前的重要的动作阶段。当人的身体重心移过支撑垂直面时，支撑腿开始积极有力地后蹬。后蹬的用力首先从伸展髋关节开始，依次地蹬伸膝、髋关节，直到脚掌蹬离地面。随着支撑腿的蹬地，摆动腿迅速有力地向前上方摆出，并带动着同侧髋前移，大腿前摆与水平面成15°～20°角。后蹬与前摆结束时，支撑腿与摆动腿所形成的夹角应为100°～110°，支撑腿的支点到髋关节的连线与地面的夹角为55°～60°，支撑腿蹬离地面时膝夹角应为150°～156°。支撑腿与摆动腿的协调配合是途中跑技术的关键，正确完成蹬摆技术，特别是加快摆动腿前摆的幅度和速度，对于增大支撑反作用力、减小支撑腿的后蹬角度、增大水平速度和减小身体重心上下波动具有十分重要的作用。

② 腾空。

腾空是支撑腿结束后蹬离地面，进入了无支撑状态。腾空期是从足尖离地后开始，支撑腿的大腿随着蹬地后的惯性，使膝关节折叠屈曲，同时，还伴随着另一条腿抬大腿的屈髋关节动作，形成边折叠边前摆的姿势。在大腿摆落过程中，应强调前后两大腿做快速"剪绞"动作，以便于加快步频。途中跑中，头部正直，上体稍前倾。摆臂动作是以肩为轴前后摆动，颈肩应放松，手成半握或伸直，臂弯曲，上臂与前臂约成90°。摆动应自然、有力地前后摆动。向前摆动速度要快，幅度要大，手稍微超过下颏；后摆时，肘稍朝外，不能耸肩，上臂摆到与地面接近平行。

③ 着地和缓冲。

腾空结束时，摆动腿积极下压(避免小腿前伸)，用前脚掌富有弹性地着地。着地瞬间小腿与地面接近垂直，着地点距身体重心投影点约为27～37厘米，着地角约为65°～68°。摆动腿积极着地有利于缩短前支撑的时间，并能够减小着地时的阻力，有利于身体重心迅速前移转入后蹬阶段。然后迅速屈膝屈踝缓冲，随着跑动惯性，摆动腿大小腿折叠，迅速向前摆动并与支撑腿靠拢。随着身体的继续前移，当身体重心位于支撑点上方时，身体重心高度几乎接近最低点，这时膝关节和踝关节屈曲的角度最大，支撑腿伸肌形成良好的拉长压紧待发状态。在支撑腿缓冲过程中，另一侧摆动腿的大小腿折叠角处于最小状态，折叠越好，越能缩短其摆动半径，减小摆动阻力，加快摆动的速度，从而增大后蹬效果。

(4) 终点跑。

终点跑是全程跑的最后一段，运动员应当去尽力保持途中跑的高速度跑过终点。终点跑的技术，要求运动员在离终点线 15～20 米处时，尽力加快两臂摆动速度和力量，保持上体前倾角度。当运动员离终点线前一步距离时，上体急速前倾，双手后摆，用胸部或肩部撞终点线，跑过终点后逐渐减速。

2. 200 米和 400 米跑的技术

200 米和 400 米跑，有一半以上的距离都是在弯道上进行的。为了适应弯道，技术上有相应的变化。

(1) 弯道起跑和起跑后的加速跑。

为了便于弯道起跑后能有一段直线距离进行加速跑，应将起跑器安装在弯道的跑道的右侧，并且起跑器对着弯道的切线方向。弯道起跑后前几步应沿着内侧分道线的切线跑进。加速跑的距离应适当缩短，上体抬起较早。在进入弯道时，应尽可能地去沿着跑道内侧跑，身体及时向内侧倾斜。

(2) 弯道跑技术。

运动员从直道进入弯道时，身体应有意识地向内倾斜，加大右侧腿和臂的摆动力量和幅度。弯道跑时，身体应向圆心方向倾斜。两腿摆动时，右腿膝关节稍向内摆动，左腿膝关节稍向外摆动。两臂摆动时，右臂前摆稍向左前方，后摆时肘关节稍偏向右后方；左臂稍离躯干做前后摆动。弯道跑的蹬地与摆动方向都应与身体向圆心方向倾斜趋于一致。

(三) 竞赛规则

在国际赛事中，所有 400 米或以下的径赛项目，必须采用蹲踞式起跑以及使用起跑器。在“各就位”及“预备”口令之后，参赛者若不能在合理时间内完成有关动作，则属起跑犯规。除此以外，在“各就位”后，以声音或动作扰乱他人，判以起跑犯规。在枪声响起前有任何的起跑动作，亦属起跑犯规。对于起跑犯规的参赛者，应予以警告，如若再犯则取消其参赛资格(此例不适用于男子十项全能及女子七项全能比赛，十项全能和七项全能规定三次犯规才取消资格)。400 米以上的竞赛项目，口令只有“各就位”，所有参赛者均准备妥当及静止后，便可鸣枪开始比赛。在划分线道进行的径赛项目，参赛者不得越出指定的赛道，否则取消资格。在任何径赛项目中，若冲撞、突然切入或阻碍其他的参赛者，亦取消比赛资格。运动员在所有短跑比赛、110 米跨栏和 4×100 米接力赛中自始在哪一个跑道上是由计算机自由排列出来的。其后的各轮比赛，跑道的选择依据运动员在上一轮的比赛成绩而定。这个规则的目标是让更优秀的运动员可以排在靠中间的跑道上，好的跑道是 3～6 号跑道，它们应当由排名前 4 位的运动员分别占据。在所有的接力赛中运动员必须在 20 米的交接棒区域里完成交接棒。完成交接棒后，运动员必须留在本队的跑道中直到各队交接棒全部完成。如果运动员在接力比赛中掉棒，只能由本人将棒重新捡起，并可以离开自己的跑道捡棒，但不能妨碍其他运动员的比赛。

二、中长跑

(一) 项目概述

中长跑运动是一项需要速度和耐力的综合性项目。一般把 800～10 000 米统称为中长跑项目，需要人体能在较长时间内，保持较高速度去跑步。

(二) 基本技术动作

中、长跑的技术基础是相同的，但由于跑步的距离不同，在技术动作的速度和幅度及用力程度上也有所不同，对各项目的一般要求是：身体重心位移平稳，动作实效、经济、轻松、自然，并保持良好的节奏。

1. 起跑

中距离跑采用半蹲踞式或站立式起跑，长距离则采用站立式起跑。

(1) 半蹲踞式起跑。

两臂一前一后，一手的拇指与其他四指成八字形撑于起跑线后，另一臂在体侧，体重主要落在前腿和支撑臂上(图 6-5)。

(2) 站立式起跑。

听到“各就位”口令后，先做一两次深呼吸，然后走或慢跑到起跑线后，两脚前后开立，有力的脚在前，紧靠起跑线的后沿，前脚跟和后脚尖之间的距离约一脚长，两脚左右间隔约半脚，体重大部分落在前脚上，后脚用前脚掌支撑站立。眼向前看 3～5 米处，身体保持稳定姿势。听到枪声或“跑”的口令时，两腿用力蹬地。后腿蹬地后迅速前摆，前腿迅速蹬直，两臂配合两腿动作做快而有力的摆动，使身体快速地向前冲出，在短时间内获得较快的跑速(图 6-6)。

图 6-5

图 6-6

2. 途中跑

途中跑是决定中、长跑运动成绩的主要环节。途中跑应该强调轻松、省力、节奏好。

(1) 后蹬与前摆。

在一个跑的周期中，当身体重心移过支撑点后，开始后蹬与前摆的动作。当摆动腿通过身体垂直部位向前摆动时，支撑腿的各个关节要迅速蹬伸。当后蹬结束时，腿几乎蹬直或伸直。蹬伸的时间应短促，这样才能在蹬伸后及时向前摆腿。

(2) 腾空。

后蹬腿蹬离地面后，身体开始进入腾空时期。当后蹬腿的大腿开始向前摆动时，小腿顺惯性自然摆起，膝关节弯曲，形成大小腿折叠的姿势。

(3) 着地与缓冲。

当摆动腿的大腿开始下落时，膝关节亦随之自然伸直，并用前脚掌着地。

(4) 上体姿势与摆臂动作。

中长跑时,两臂稍微离开躯干,肘关节自然弯曲,以肩为轴前后自然摆动,摆幅要适当。途中跑有一半以上的距离是在弯道上跑的(图 6-7 至图 6-10)。

图 6-7

图 6-8

图 6-9

图 6-10

3. 终点跑

终点跑是临近终点的一段加速跑,进入最后的直道时,要竭尽全力进行冲刺跑。什么时间加速跑,要根据比赛的距离、个人训练水平与战术决定。

(三) 竞赛规则

奥运会所有的中长跑比赛都采用站立式起跑。其中,800 米比赛的起跑是运动员在自己的跑道里,直到通过抢道标志线以后运动员才可以离开各自的跑道,切入里道。1 500 米比赛和长距离跑通常采用集体出发的形式,从起跑开始,运动员就可以切入里道。发令员口令为"各就位",当所有参赛者处于静止后,便可鸣枪开始比赛。比赛中,裁判可以将推撞或阻碍他人的运动员罚出场外,跑道竞赛中运动员自愿离开跑道的不可以继续比赛。与跑道竞赛项目不同,马拉松跑属于公路赛,比赛也同样采用集体出发方式,而且一次比赛就评定出最后名次。国际田联将 1908 年奥运会所采用的 42.195 千米确定为马拉松跑的标准距离。马拉松比赛可采用起、终点在同一地点的往返路线,也可采用起、终点不在同一地点的单程路线。因比赛路线和条件的差异较大,故国际田联不设世界纪录,只公布世界最好成绩。

三、跨栏

(一) 项目概述

跨栏跑是在一定距离内,跨过规定的高度和数量的栏架,是一个技术性较强的短跑项目。1990 年北京亚运会上,我国选手刘华金在女子 100 米栏赛中以 12 秒 73 的成绩,打破了她自己保持的 12 秒 89 的亚洲纪录。我国选手刘翔在 2004 年雅典奥运会上以 12 秒 91 的成绩追平了沉睡 13 年的世界纪录,后来在国际田联超级大奖赛洛桑站,他又打破了这个记录,获得了 12 秒 88 的好成绩。

(二) 基本技术动作

1. 跨栏技术

(1) 起跨技术。

起跨是指从起跨脚踏上起跨点到后蹬结束离地时止的整个支撑过程。快速起跨,形成一个良好的"攻栏姿势"。起跨前应该保持较高的跑速,起跨腿后蹬要迅速有力,蹬地结束瞬间起跨腿髋、膝、踝关节充分伸展,并与躯干、头基本成一条直线。在两腿蹬摆配合完成起跨动作过程中,上体随之加大前倾,摆动腿异侧臂屈肘向前上方摆出,肘关节达到肩的高度,另一臂屈肘摆至体侧,整个身体集中向前用力,平衡舒展,起跨结束时形成一个良好的"攻栏姿势"(图 6-11、图 6-12)。

图 6-11

图 6-12

(2) 腾空过栏技术。

腾空过栏是从起跨腿离开地面到过栏后摆动腿着地为止的技术阶段。腾空过栏时身体重心沿着起跨时形成的抛物线轨迹向前运动。身体重心抛物线轨迹是由腾起角所决定的,而腾起角取决于水平速度与垂直速度的比值。

(3) 摆动腿技术。

垂直栏前积极前伸,带动身体保持最大前倾,过栏的瞬间主动下压,减少在栏上的滞留时间。起跨腿蹬离地面后,摆动腿大腿继续向前上方摆动直到膝关节超过栏板高度,小腿迅速前摆,脚背勾起。在摆动腿前摆的同时,异侧臂和肩也伸向栏板上方,使肘超过膝,异侧臂与摆动腿基本平行。当摆动腿的脚部刚一达到或超过栏面瞬间,摆动腿积极主动下压,加快着地的速度。

(4) 起跨腿技术。

折叠向前提拉,准备积极着地。蹬离地面后,迅速抬起折叠,踝关节勾脚脚趾向上翘,过栏时大、小腿折叠几乎与地面平行,过栏后膝关节领先积极向上方提拉(图 6-15 至图 6-17)。

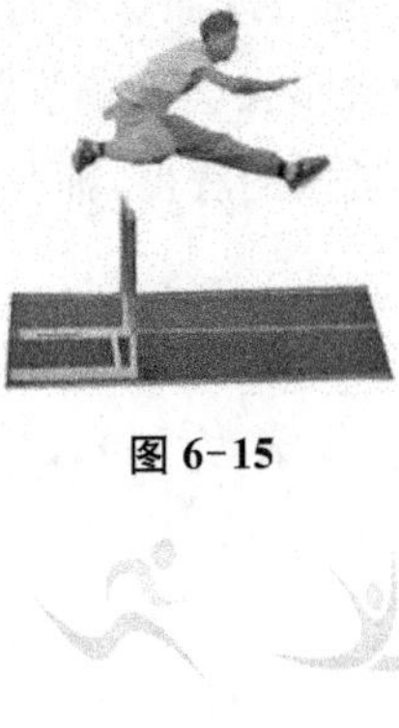

图 6-15

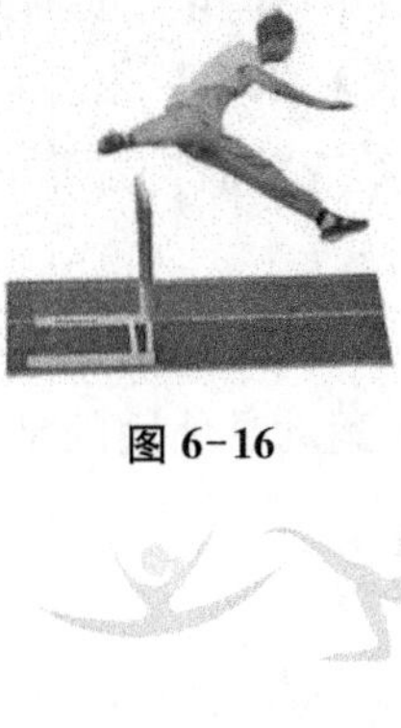

图 6-16

图 6-17

2. 着地技术

着地是从摆动腿过栏后的着地到栏间跑的第一步离地瞬间。主动着地，快速过渡到栏间跑。用前脚掌后扒着地，落地腿撑地伸直，使身体重心处于在较高的位置上，起跨腿提拉到身体正前方，大腿高抬积极地跑出第一步。

3. 栏间跑技术

栏间跑技术是指过栏后摆动腿的脚着地点至起跨腿的脚踏上下一个起跨点这段距离中所表现出来的技术动作特征。栏间跑的主要任务是尽可能地去加快栏间跑节奏，准确地运用栏间距离，提高跑速，为顺利跨过下一栏创造有利条件。由于栏间距离和跑的步数固定，步长也相对稳定，所以提高栏间跑速度主要靠加快步频和改进跑的节奏来实现。

（三）竞赛规则

各个参赛者必须在自己的线道内完成比赛，而且当参赛者跨越栏架时，若其腿或足从低于栏架项的水平线跨越，或跨越并非自己赛道上的栏架时，均应被取消资格。若裁判员认为参赛者故意以手或足撞倒任何栏架，亦应取消其参赛资格。奥运会比赛项目分男子 110 米跨栏跑、400 米跨栏跑（1896 年列入）；女子 100 米跨栏跑（1932 年列入，当时为 80 米跨栏跑，1972 年改为 100 米跨栏跑）、400 米跨栏跑（1984 年列入）。男子 110 米跨栏跑的栏高为 106 厘米，400 米跨栏跑的栏高为 91.4 厘米；女子 100 米跨栏跑的栏高为 84 厘米，400 米跨栏跑的栏高为 76.2 厘米。在比赛时，运动员必须跨越 10 个栏架，除故意用手推或用脚踢倒栏架外，身体其他部位碰倒栏架均不算犯规。

四、竞走

（一）项目概述

竞走是从日常行走的基础上发展出来的运动，规则规定支撑腿必须伸直，从单脚支撑过渡到双脚支撑，在摆动腿的脚跟接触地面前，后蹬腿的脚尖不得离开地面，以确保没有出现“腾空”的现象，而这也是竞走与跑步之间的主要分别。

（二）基本技术动作

（1）步幅自然、宽大、频率快、身体重心轨迹波动小，移动速度快，实效性高。

（2）动作自然、协调、节奏感强、轻松省力、经济性好。

（3）双脚不能同时离开地面。

竞走的速度取决于步频和步长。普通走每分钟约为 100～120 步，而竞走可达 180～200 步。普通走的步长一般是 70～80 厘米，而竞走的步长可达 90～110 厘米，身材高大的运动员的一步是 120 厘米左右。普通走，每步一般需要 0.50～0.55 秒，而竞走每步只需要 0.27～0.32 秒，甚至还要少一些。步长和步频是相互制约的。加大步长会影响步频，加快步频也会影响步长。过分加大步长，会给有关肌肉加重负担，增加紧张的程度，而且也不利于步频的加快。

（三）竞赛规则

竞走比赛有两个核心规则。竞走运动员使用的是与众不同的步法，看起来很特别，但这种步法是规则规定的。第一,竞走运动员必须始终要保持有一只脚落在地面上。第二,从前进脚落地的一刻起直到腿部达到垂直的姿势,膝盖都不能弯曲。有 9 名裁判分布在比赛线路上监督所有运动员的犯规动作。他们不使用电子设备帮助判断,因为规则规定参赛者要由裸眼监督。当裁判看到竞走运动员将要犯规时就会提醒一次。提醒一般是通过在道路两边向犯规者出示白色标志来表示的,此后裁判员会通知主裁判。如果 3 个裁判都警告了同一运动员,则该运动员就会被罚出局。

五、马拉松

(一) 项目概述

马拉松赛是一项长跑比赛项目,其距离约为 42.195 千米(也有说法为 42.193 千米)。这个比赛项目的距离的确定要从公元前 490 年 9 月 12 日发生的一场战役讲起。这场战役是波斯人和雅典人在离雅典不远的马拉松海边发生的,史称希波战争,雅典人最终获得了反侵略的胜利。为了让故乡的人民尽快知道胜利的喜讯,统帅米勒狄派一个叫菲迪皮茨的士兵回去报信。菲迪皮茨是个有名的“飞毛腿”,为了让故乡人早一些知道好消息,他一个劲地快跑,当他跑到雅典时,已上气不接下气,激动地喊道:“欢……乐吧,雅典人,我们……胜利了!”说完,就倒在地上死了。为了纪念这一事件,在 1896 年举行的现代第一届奥林匹克运动会上,设立了马拉松赛跑这个项目,把当年菲迪皮茨送信跑的里程——42.195 千米作为赛跑的距离。

(二) 基本技术动作

马拉松跑的技术,大致和长跑技术相似。由于它的距离长,并且是在地形不一的公路上进行,因此,在技术上还有一些特点。在跑时,上体微向前倾或正直。脚的落地点离身体重心投影点较近,并且用全脚掌或脚的外侧先着地,再过渡到全脚掌,着地时应柔和而有弹性,腿部应很好地弯屈、缓冲。两臂的摆动要自然,幅度不要过大。在加速跑、终点冲刺和上坡跑时,两臂配合两腿做出积极的摆动,有利于跑速的提高。步长与步子的频率应结合运动员的训练水平、身高、体重而确定,并根据途中地形的不同而进行调整,以保证用比较均匀的速度跑完全程。呼吸节奏要和跑速相适应,呼气有适宜的深度。沿斜坡向上跑时,身体应前倾,步长可缩短,步频应加快,两臂要积极的摆动,用前脚掌落地。顺斜坡往下跑时,步长可稍大一些,可用全脚掌或脚跟着地(坡度较陡时),上体稍后仰,要控制跑速(保持适宜的步长与步频)。在公路上跑时,应该跑路面的平坦处(一般在路面的中央)。马拉松跑的动作要协调、省力,跑速要均匀,要善于在地形起伏的公路上改变跑步的动作。马拉松跑的运动量非常大,跑时必须注意技术和节省体力,动作的节奏要合适,肌肉在不活动时要充分放松,以便于休息。因此,在平时训练中,运动员要反复地体会动作,掌握合理的跑的技术,以求不断地提高运动的成绩。

(三) 竞赛规则

马拉松比赛是不设世界纪录的,只有世界最好成绩。选手的身体情况需得到比赛医疗机构的认可,方能参加比赛。在马拉松赛中,比赛的起点和终点都是提供水和其他饮料的,而在比赛路线上，每隔5千米就有一个饮料站。水和饮料放在运动员经过时容易拿到的地方，运动员也可自备饮用水，并且可以在他们要求的地方设置饮料站。饮用水和湿海绵提供站设置在两个饮料站之间。在那里，马拉松运动员经过时可以取到饮用水，还可以从海绵中挤水冲洗头部，起到冷却的作用。除此之外，运动员不能从比赛线路上和其他地方获得饮料。可以说，"水"是马拉松比赛中规定最为严格的部分。运动员只要在裁判的监督下沿正确的路线比赛即可，如有特殊原因，还可在裁判员的监督下离开赛跑路线，如果不在监督下离开就会失去比赛的资格。

第三节　田赛项目

一、跳高

(一) 项目概述

跳高是人体利用助跑，起跳产生的水平速度、垂直速度使人体腾起而越过一定高度横杆的一项体育运动。通过参加这项运动的锻炼，可以提高人的弹跳力与协调能力。

(二) 基本技术动作

1. 背越式跳高

背越式跳高是20世纪60年代产生和发展起来的一种新的跳高技术。由于它能够充分地发挥运动员的速度和爆发性用力的潜在能力，所以取代了其他传统的跳高方式，成为现在最先进的跳高技术。背越式跳高的完整技术是由助跑、起跳、过杆和落垫这四个部分组成。

(1) 助跑。

快速助跑是背越式跳高的技术特点之一。为了利用助跑的速度提高起跳的效果，背越式跳高的助跑则距离较长，且采用更接近于普通跑的跑法。运动员的助跑大多采用8～12步，全程呈抛物线曲线，或者是一条直线接抛物线曲线，这种助跑路线的优点是便于加速和使速度损失减小到最低的程度。最后3～5步在曲率逐渐加大的曲线上跑进，使身体的内倾逐步地加大，至倒数第二步摆动腿支撑垂直部位到达最大内倾。研究实验表明，运动员由内倾姿态进入起跳，有利于提高垂直向上的起跳效果和身体自然的转向背对横杆。此外，由于内倾状态下身体重心自然的下降，膝关节的弯曲程度相对比较小，这就有利于在同等工作距离的条件下缩短起跳的时间。可见，背越式跳高采用弧线助跑，是形成背向越杆的需求，也是产生高效率起跳的前提和保证。助跑的最后一步，大约与横杆成30°。背越式跳高的助跑技术近似于短跑的途中跑，但要求身体重心高而平稳，上体略有前倾，后蹬充分有力，前摆抬腿积极自然，动作连贯，两臂配合大幅度摆动。在弧线上跑进时，身体逐步的向内倾斜，加大外侧臂和腿的摆动幅度，头、躯干和腿的支撑点应在力的作用线上。助跑的整个过程，加速节奏明显。尤其是最后几步应当积极跑进，加大每一步的支撑阶段身体重心前移的幅度与速度。为了使助跑快速、连贯地过渡到起跳，要求倒数第二步保持继续跑进的姿势，动作结构无明显变化。摆动腿着地以后，身体重心迅速移至支撑垂直部位，并依靠摆动腿牢固支撑，保持身体的内倾姿势。此后摆动有力的蹬地，直至脚扒地蹬离地面，推动髋部和躯干大幅度快速前移。这瞬间膝关节缓冲曲度成 150°～160°，蹬地幅度达到 50°～60°，摆动腿的这一主动动作，对加快身体重心前移的速度和迅速踏上起跳点，有着十分重要的意义（图6-18至图 6-21）。

图 6-18

图 6-19

图 6-20

图 6-21

（2）起跳。

背越式跳高的起跳在起跳脚踏向起跳点时，要求保持身体内倾姿势向前送髋和前移躯干，并使起跳腿一侧的髋超越摆动腿同侧的髋，同时控制肩轴几乎与横杆垂直，形成肩轴与髋轴的扭紧状态。然后，起跳腿以大腿带动小腿积极下压着地。着地时起跳脚外侧根部接触地面，接着通过脚的外侧滚动至全脚掌，脚尖朝向弧线的切向方向。随着身体由内倾转向垂直，迅速完成缓冲和蹬伸动作。蹬伸动作依次由髋、膝、踝顺序用力，躯干和三个关节充分伸展，运动员顺势向上跳起。为了加快起跳的速度，在起跳过程中，腿、臂的协调配合起着积极的作用。起跳腿着地的瞬间，摆动腿以靠近起跳腿，膝关节的弯曲接近最大程度，然后大小腿的角度有所展开，摆动腿沿着助跑弧线的延续方向加速上摆，直至减速制动，这时大小腿夹角形成 90°～120°。整个摆腿过程随着膝关节角度的变化，摆动半径随之变化，使摆动的加速和减速节奏十分明显，从而对起跳产生积极的动作效应。摆臂的方法有双臂摆动和单臂摆动两种，前者有助于加大摆动的力量，后者有助于缩短起跳的时间。但无论采用哪种摆动方法，都要求快速、充分，与摆动腿的摆动协调配合（图6-22、图6-23）。

图 6-22

图 6-23

(3) 过杆。

过杆是最终决定跳跃成败的重要环节。合理的过杆技术应利用人体旋转,以及根据人体与横杆相对位置的改变,控制旋转速度的变化,使身体的各个部位能顺利越过横杆。当起跳腿蹬离地面结束起跳以后,身体应保持伸展的姿势向上腾起,同时在摆动腿和同侧臂的带动下,围绕身体纵轴旋转,使身体转向背对横杆,这时采取较为伸展的姿势,可以减慢地围绕身体矢轴和额状轴的旋转速度,防止上体过早地倾向横杆,并有助于以摆动腿同侧臂和肩为先导越过横杆。当头和肩越过横杆以后,及时仰头、倒肩和展体,并利用身体重心向上的速度,收腿挺髋,形成身体的背弓姿势。这时两腿屈膝稍后手,两臂置于体侧,这样可以缩短半径,加快围绕身体额状轴的旋转。当重心移过横杆时,则应做出相反的补偿,即含胸收腹,控制上体继续下旋,同时以髋部发力,带动大腿和小腿加速向后上方甩腿,使整个身体脱离横杆。整个过杆动作是沿着身体重心的运动方向,顺势、依次和快速完成的,在这个过程中,任何多余的动作,特别是过大的挺腹和收腹,引起髋部的位置的急剧上升或下落,都会给过杆造成困难。除此之外,还应根据助跑的快慢和起跳以后相对于横杆位移的速度,确定适宜的背弓程度。通常背弓越大,完成过杆动作时间越长(图 6-24、图 6-25)。

图 6-24

图 6-25

(4) 落垫。

由于以海绵垫铺设于跳高的落地区,所以背越式跳高的落垫技术比较简单。在人体向后上方甩腿之后,保持着屈髋伸膝的姿势下落,最后以上背部落于海绵垫上,做好缓冲的控制,防止受伤(图 6-26、图 6-27)。

图 6-26

图 6-27

2. 跨越式跳高技术

跨越式虽然是一种比较原始的跳高方法，但技术简单，易掌握，且对场地的设计条件要求不高，因此易在群众性体育活动和中小学体育教学中推广。此外，它还可以作为一种辅助型练习手段，在少年儿童启蒙训练阶段和运动员改进助跑起跳技术时采用。跨越式跳高采用的是直线助跑，摆动腿一侧靠近横杆，助跑路线与横杆成 30°～40°，助跑 6～8 步。随着技术的掌握和训练水平的提高，助跑步数可以适当增加。助跑可采用自然助跑的方法，节奏逐步加快。起跳前不要明显下降身体重心，最后一步时依靠摆动腿积极有力地蹬摆，顺势完成起跳的动作。向上腾起时上体应保持正直姿势，两臂充分地上摆。当摆动腿摆过横杆时，做内旋下压动作，同时起跳腿稍向外旋，并迅速向上抬起。此时除两腿做以上的补偿之外，起跳腿同侧臂向下向后摆动，带动上体适度前倾和稍向横杆方向侧倒与扭转，帮助起跳腿和同侧髋部摆脱横杆完成过杆的动作。过杆后身体侧对着横杆，用摆动腿先落于沙坑。

（三）竞赛规则

应抽签排定运动员的试跳顺序。比赛开始前，主裁判应向运动员宣布起跳高度和每轮结束后横杆的提升高度，此计划直至比赛中只剩下 1 名已经获胜的运动员或出现第 4 名成绩相等时为止。除非比赛中只剩下 1 名运动员，并且其已获得该项目比赛的冠军，否则：①每轮之后，横杆升高不得少于 2 厘米；②横杆升高的幅度不得增大。在全能比赛中，每轮的横杆提升高度均为 3 厘米，运动员必须用单脚起跳。一旦比赛开始之后，运动员不得使用助跑道或起跳区进行练习。如有下列情况之一者，则判定为试跳失败：①试跳后，由于运动员的试跳动作，致使横杆未能留在横杆托上；②在越过横杆之前，运动员身体的任何部位触及立柱，并落在海绵垫以外的地面或落地区。如果运动员在试跳中一只脚触及落地区，而裁判员认为并未获得利益，则不应判为试跳失败。运动员可以在主裁判事先宣布的横杆升高计划中的任何一个高度开始试跳，也可在以后任何一个高度根据自己的意愿决定是否试跳。运动员连续 3 次试跳失败后，即失去继续比赛的资格。因第 1 名成绩相等而进行的决名次赛的试跳除外。运动员在某一高度上请求试跳后，不准在该高度上恢复试跳，除非出现第 1 名成绩相等的情况。每次升高横杆后，在运动员试跳之前，均应测量横杆的高度。当横杆放置在纪录高度时，有关裁判员必须进行审核测量。如果自上一次测量纪录高度后，横杆被触及，在后继的纪录高度的试跳之前，裁判员必须再次测量横杆高度。即使其他运动员均已失败，最后一名运动员仍有资格继续进行试跳，直至其放弃继续比赛的权利。当某运动员已在比赛中获胜时，有关裁判员或裁判长应征求该运动员的意见，由该运动员决定横杆的提升高度。每名运动员应以其最好的一次试跳成绩，作为其最后的决定成绩。

二、跳远

（一）项目概述

跳远是人体通过一定距离的助跑获得较大的水平速度后，利用快速起跳产生垂直速度，令人体腾空跃起后落在沙坑的一项体育运动。

（二）基本技术动作

1. 助跑

跳远的助跑速度与跳远成绩密切相关。跳远助跑的任务就是获得理想的水平速度，并为准确踏板和快速有力的起跳做好准备工作。

（1）助跑的方式。

① 平稳加速方式。

平稳加速的跑法与加速跑基本相同，特点是，开始阶段步频较慢，然后再逐渐加大步长或在保持步长的基础上提高步频。助跑最后几步保持步长，提高步频。平稳加速方式的加速时间较长，且加速过程是均匀而平稳地进行，跑的动作轻松自然。这种助跑方式适合于身材高大、速度发挥较慢的运动员。

② 积极加速方式。

积极加速助跑的特点是步频始终保持在较高的水平，较快地获得最高助跑速度。积极加速的跑法是助跑开始几步的步频较高，步长较短，上体倾斜度也较大。这种助跑方式适合于身体较矮并且速度发挥较快的运动员。

（2）助跑距离。

助跑距离的长短与运动员发挥速度的能力有关。发挥速度较慢的，其助跑距离较长，因为他们的最高速度出现较晚；反之则较短。据研究统计，100 米成绩为 12 秒的女运动员的最高速度约在 35.5 米出现，而优秀男运动员 100 米的最高速度则约在 50 米处出现。跳远运动员的助跑最高速度由于起跳板等条件影响，很难达到本人 100 米的最高速度。因此，100 米跑 12 秒的女运动员助跑距离约为 35 米，优秀男运动员的助跑距离则为 40～50 米，一般成人和青少年，可以视其具体情况适当缩短助跑距离。

2. 起跳

起跳时，应充分利用助跑所获得的速度在较短的时间内创造尽可能大的腾起初速度和适宜的腾起角。起跳技术分为起跳脚着地、缓冲和蹬伸三个阶段，以及起跳过程中上下肢的摆动动作。

（1）起跳脚着地阶段。

起跳脚应积极、主动地着地，这既可以减少运动员着地时的冲撞力，又可以为着地后快速前移身体做好准备。

（2）缓冲阶段。

起跳脚着地至膝关节的弯曲程度达最大时，这一动作过程为缓冲阶段。缓冲的作用主要在于减缓起跳的制动力，减少助跑的速度损失。优秀运动员起跳缓冲时的膝关节角度为138°～145°。研究结果表明，随着训练水平的提高和起跳技术的完善，起跳缓冲时，膝关节的弯曲程度趋于减少。要提高起跳技术效果，增大腾起初速度，首先要提高缓冲速度。起跳时，膝关节的弯曲度越大，起跳时间也就随之越长，对起跳力量的要求越高。

(3) 蹬伸阶段。

蹬伸阶段是由起跳腿膝关节最大弯曲时开始，至起跳脚蹬离地面瞬间止。起跳蹬伸时，整个身体快速向前上方伸展，起跳腿的髋、膝、踝各关节要充分伸展。优秀运动员的蹬地角为75°左右。蹬伸动作快而充分，腾起初速度和腾起角度则大，跳远成绩则好。

(4) 起跳过程中上下肢的摆动阶段。

跳远起跳过程中上下肢的摆动，对于减少着地时的制动力、提高起跳速度、增强起跳效果有着十分重要的作用。因此，起跳时不仅强调起跳腿要快速有力地蹬伸，而且还要十分注意上下肢的摆动以及“摆”与“蹬”的协调配合。摆动腿的摆动速度对起跳有直接影响。蹬伸离地时，摆动腿的摆动高度应在水平部位或高于水平部位。优秀运动员两大腿的夹角应为106°～114°。在起跳过程中，起跳腿屈曲缓冲时摆动动作有助于减小着地时的制动力；在起跳蹬伸时，摆动动作的反作用效果增大了对地面的压力，有助于提高起跳效果。在起跳腿蹬伸的最后阶段，摆动动作的制动可加快起跳腿的蹬伸，促使整个身体快速向上伸展(图6-28、图6-29)。

图 6-28

图 6-29

3. 空中动作

起跳离地后，人体在空中完成各种动作的过程称为空中技术动作阶段。由于跳远起跳时产生使身体向前的旋转力，空中动作就是要防止身体向前旋转，保持在空中的平衡，最大限度地利用身体重心提高抛物线的高度和远度，把两腿充分向前伸出，争取获得最远的远度。

(1) 挺身式。

起跳腾空后，摆动腿的大腿应积极下放，小腿随之向下、向后方摆动，留在体后的起跳腿与摆动推靠拢。当达到腾空最高点时，身体充分伸展，形成“挺胸展髋”姿势。两臂上举或后摆，然后收腹团身，落地的瞬间双腿前伸，完成落地动作。挺身式跳远可较充分的拉长体前肌群，有利于完成收腹团身和落地时前伸腿的动作，但空中动作的形式和用力特点使助跑与起跳之间的衔接不紧密(图6-30)。

(2) 走步式。

走步式跳远的空中动作有两步半走步和三步半走步两种方式。起跳腾空后，摆动腿下落并向后摆动，同时，起跳腿屈膝前摆，在空中完成一个自然的换步动作，成为起跳腿在前、摆动腿在后的空中动作。空中完成一个换步动作，称为两步半走步式，而空中完成两次换步动作的为三步半走步式。走步式的摆臂动作有两种：一种是与下肢动作自然配合的前后摆动，另一种是直臂环绕动作。走步式空中动作的特点是助跑起跳、空中动作各技术部分衔接紧密，动作自然连贯，便于发挥助跑速度和保持身体在空中的平衡（图 6-31 至图 6-33）。

图 6-30

图 6-31

图 6-32

图 6-33

4. 落地

从起跳脚蹬离地面后，运动员身体重心抛物线的移动轨迹就已经被确定。落地前，双臂快速向后摆动，这有利于双腿向前抬起并向前方伸出，以便于脚的落地点更靠近腾空后身体重心的轨迹与水平面的交点，达到理想的跳跃距离。着地时为了更好地向前伸腿，有些运动员甚至采取了上体稍后仰的动作。在双脚着落沙坑瞬间，应及时屈膝缓冲，髋部迅速向前移动，双臂快速前摆，使身体特别是将臀部迅速移过落地点（图 6-34）。

图 6-34

三、铅球

（一）项目概述

铅球是田径运动的投掷项目之一，它对于增强体质，特别是发展躯干和上下肢力量有显著的作用。

（二）基本技术动作

推铅球是一个速度力量型的项目。影响推铅球成绩的因素主要是出手的初速度、出手角度和出手高度。为了便于分析，把推铅球技术分为握持铅球、滑步、最后用力和维持身体平衡这四部分。

1. 握持铅球

（1）握球。

五指自然地分开，将球放在食、中、无名指根处，拇指和小指扶在球的两侧，手腕背屈。

这样可以增加握球的稳定性，从而防止铅球滑动，充分发挥手腕和手指的力量，使铅球获得更快的初速度。

(2) 持球。

握好球后，将球放在锁骨窝处，贴于颈部，下颌向右转，右臂屈肘，掌心向内，上臂与肩齐平或略低于肩，左臂自然上举，双眼平视前方。握持铅球的动作细节可因人而异，但必须要有利于完成后续动作和发挥肌肉力量。

2. *滑步技术*

开始滑步时，首先是臂部后移，使身体的重心离开支点，紧接着左腿以大腿带动小腿向抵趾板方向摆动，并随之稍稍左旋。与此同时积极蹬伸右腿，并注意上体基本保持原来的姿势向投掷方向移动。当右脚即将蹬离地面，左脚摆到大约与右膝齐平的部位时立即积极收拉右腿和下压左脚而准备着地。右腿运用的特点是边收拉、边内旋，迅速将脚落于圈心附近并与投掷方向成 90°～130°角。在右脚收拉准备着地的瞬间，左腿则是边外旋，边压插，继右脚着地后紧紧接着以脚掌内侧着地，落于靠近抵趾板的地方。脚尖约与投掷方向成 45°角，并使左脚尖与右脚跟在一条与投掷方向平行的直线上。这时右膝弯屈，膝盖与脚尖方向一致并且超过脚尖。在膝背处稍屈而用力支撑，控制体重落在右脚上，使器械远离支点，左臂微屈置于身前，扣住胸部，上体尽量保持向投掷的相反方向倾斜，形成良好的状态。

3. *最后用力*

最后用力是从左脚落地前开始至铅球离手结束。最后用力是推铅球技术的关键环节，它对铅球出手初速度的贡献率高达至 80％～85％。动作正确与否直接影响着铅球的出手初速度、出手角度和出手高度。滑步结束后，右髋向投掷方向转动，努力保持肩轴与髋轴的扭紧姿势，上体在转动中逐渐抬起。为加快上体转动和抬起，左臂由胸前向投掷方向牵引摆动，使身体由背对投掷方向转至侧对投掷方向。此时肩轴仍落后于髋轴，左臂和左肩应高于右肩，体重大部分仍在弯曲而压紧的右腿上，身体形成侧弓姿势，拉长的肌群成待发之势，为躯干最后用力动作创造有利条件。身体形成侧弓后，右腿继续蹬伸，加速右髋向投掷方向转动和上体的前移，体重逐渐移至左腿，左膝被动微屈。左臂由上向身体左侧靠压制动，同时快速转体，挺胸抬头，用力地推球。当铅球将要离手时，右手屈腕，手指有弹性地拨球，以加快铅球出手速度。右腿用力蹬伸，推动右髋转动，使肩轴更加落后于髋轴，从而使躯干肌群得到最大限度的预先拉长。当髋轴转至接近正对投掷方向时，肩轴迅速转动，赶超髋轴，形成自下而上的用力顺序，使下肢和躯干肌肉的力量得到充分的发挥。在最后用力过程中，右腿正确地蹬伸用力，能保证髋部正确地运动，而髋部动作将直接影响着转体和身体侧弓动作的形成。左腿的支撑动作非常重要，它可以有效地保证动量转换，从而加快上体和铅球向前上方运动的速度，提高铅球的出手高度。

旋转推铅球技术是目前世界上最先进的推铅球技术，简单介绍如下：

(1) 预备姿势。背向旋转推铅球的握球和持球与背向滑步推铅球完全一致。持球后背对投掷方向两脚左右开立比肩稍宽，站立于投掷圈正中线的两侧或稍微偏正中线的右侧，两脚尖靠近圈的后沿，两膝稍屈，上体稍微前倾，左臂自然下垂，眼视前下方。

(2) 预摆。预备姿势做好后，开始从容地向右转体，体重随之向右腿，腰部肌群扭紧，上体左侧肌群拉长，右腿的压力加在并以右脚前掌支持体重，为进入旋转做好启动准备。

(3) 进入旋转和旋转。进入旋转，首先是上体向身体左侧转动，随之上体加大前倾并加大两膝的弯屈度。当上体转到身体正中面时，两腿以前脚掌为支撑点向左转动并同时带动骨盆左转；上体也随之摆向左侧。当体重移至左腿时，右脚已蹬离地面。此时左腿的压力加剧，左腿的髋、膝、踝等关节处于紧张状态，形成坚实的以左脚为支撑点的左侧单腿支撑旋转轴，为身体进入旋转制造了条件。当左肩和左膝转对投掷方向，右腿应围绕左腿转动轴做积极向前摆动，而左腿在保持继续转动的同时做迅速地蹬地，加速地向前旋转，此时产生一个低的腾空，右腿应不失时机地完成扣髋动作并迅速着地，加速身体向前旋转，而左腿也随之快速向右腿靠拢。在这一过程中，由于下肢工作半径缩小，加速了以右腿为轴的单腿支撑旋转时间，左脚应迅速着地做好支撑，形成了双腿支撑，为最后用力做好准备。

4. 维持身体平衡

背向旋转推铅球的最后用力和维持身体平衡与背向滑步推铅球的最后用力和维持身体平衡虽略有差异，但基本一致，在此不另行分析。两种技术各有各的特点，使用时应根据个人的习惯和技术特点来选择不同的技术，以保证其能够取得最佳的技术效果。

(三) 竞赛规则

奥运会田赛项目的比赛通常先分两组进行及格赛，通过及格标准的可直接进入决赛，如达到及格标准的运动员人数不足 12 人，不足的人数按及格赛成绩依次递补。铅球项目决赛前三轮比赛的顺序抽签决定。决赛前三轮比赛结束后，按成绩取前 8 名运动员进行最后三轮比赛；第四、第五轮比赛排序按前三轮成绩的倒序排列，第六轮比赛排序则按前五轮成绩的倒序排列，成绩最好的就在最后掷。

在比赛过程中，运动员如果有下列违反规则的行为，则会被判为犯规，成绩无效：①超出时间限制。②投掷铅球(标枪)技术不符合规则规定(规则要求铅球或标枪必须由单手从肩上掷出)。③在投掷过程中，身体和器械的任何一部分不准触及投掷圈铁圈上沿或圈外的地面和标枪投掷弧、延长线以及线以外地面的任何一部分，包括铅球抵趾板的上面，否则即为投掷失败。④只有当器械落地以后，运动员才允许离开投掷圈或助跑道。标枪运动员在投出的枪落地前，不能在投掷后转身完全背对其投出的标枪。完成投掷后，铅球运动员必须从投掷圈后半圈的延长线后面退出。标枪运动员必须从投掷弧以及延长线以后退出。⑤在没有犯规的情况下，参赛者可以中止已经开始的试掷动作，将器材放下以后可暂时离开投掷区，并重新开始，但是必须在规定的时限内完成投掷。⑥参赛者可以在比赛期间离开比赛区域，但必须由裁判员许可并且由裁判员陪伴。⑦比赛过程中，运动员不能在比赛场地使用以下电子设备：摄像机、便携式录放机、收音机、CD 机、报话机、手机、MP3 以及类似的电子设备。

四、标枪

(一) 项目概述

掷标枪是人体通过助跑和交叉投掷步，使标枪产生一定的预先速度，然后再利用身体肌肉的爆发力将标枪掷出的一项体育运动。

(二) 基本技术动作

掷标枪是在田径运动中技术比较复杂的速度力量型项目，为了便于分析，将掷标枪分为握枪和持枪、助跑、最后用力、维持身体平衡这四个部分。

1. 握枪和持枪

(1) 握枪。

握枪主要有普通式和现在式两种方法。

普通式握法：将标枪斜放在右手手心，拇指和食指握住标枪把手末端边沿，其余手指自然弯曲握在标枪的把手上面。现代式握法：将标枪斜放在右手掌心，拇指和中指握在标枪把手的末端边沿，食指自然弯曲斜放在枪身上，无名指和小指自然弯曲握在标枪把手上。

(2) 持枪

持枪主要有肩上持枪与肩下持枪两种方法。

肩上持枪：右手持枪于右肩上方，持枪手靠近头部，高度要与头齐平或稍高于头，枪身与地面平行或枪尖略低于枪尾(图 6-35)。肩下持枪：运动员在预备姿势和助跑前半段，持枪臂自然下垂，预跑一段距离后，将持枪臂上举成肩上持枪姿势。

图 6-35

2. 助跑

助跑的目的是为了最后用力前使标枪获得一定的预先速度，并在助跑结束时完成引枪和超越器械动作，形成最后用力前的有力姿势，为了最后用力创造良好的条件。掷标枪时应采用直线助跑，在整个助跑过程中要控制好标枪，清晰地完成预期动作和保持枪的平稳运行。助跑全程 14～18 步，分为预跑和投掷步两个阶段。

(1) 预跑阶段。预跑的任务是通过助跑得到一定的水平速度。预跑从第一个标志物起到第二个标志物止，通常是左脚踩在第一个标志物，迈右脚开始预跑的第一步，跑至左脚踏上第二个标志物处为结束，需跑 8～14 步。力量型运动员通常助跑的距离较短，而速度较好的运动员的预跑距离较长。预跑动作应放松自然，上体与地面垂直，前脚掌着地，大腿高抬，后蹬有力，富有弹性和节奏，两眼平视前方，在直线加速中进入交叉投掷步阶段(图 6-36)。

图 6-36

(2) 投掷步阶段。第一步：左脚踏上第二标志线，右脚积极向前迈，同时，右肩后撤并开始向后引枪，左肩逐渐向标枪靠近，左臂自然摆至胸前，眼向前看，髋部正对投掷方向，持枪臂尚未伸直。第二步：当右脚落地时，左脚离地前开始投掷步的第二步。左脚前迈时，髋稍向右转，右肩继续后撤并完成引枪动作，右手接近于肩的高度，枪身与前臂夹角较小，枪尖靠近右眉，保证标枪纵轴和投掷方向一致。第三步：由左脚落地开始，左脚一落地，右腿膝关节自然地弯曲，大腿带动小腿积极有力地向前摆出，当右腿靠近左腿时，左腿快速有力地蹬伸，促使右腿加快前迈。此时髋轴转向投掷方向，并与肩轴形成交叉状态。左臂自然地摆至胸前，有助于左肩继续向右转动，加大躯干的向右扭转。躯干和右腿呈一条直线，整个身体向后倾斜与地面形成一定的夹角。第四步：在交叉步右脚尚未落地之前，左腿就要积极前迈。右腿落地，体重落在弯曲的右腿上，接着，右腿积极蹬地，加快髋部向水平方向移动，同时也加快了左腿的前迈。左腿前迈时，大腿不宜抬得过高，左脚用内侧或脚跟先着地，做出强有力的制动和支撑，左脚落地的位置应在右脚落地前投掷方向线的左侧约 20～30 厘米处。五步投掷步的前四步一般步长是：第一步大，第二步小，第三步大，第四步小（图 6-37 至图 6-41）。

图 6-37

图 6-38

图 6-39

图 6-40

图 6-41

3. 最后用力

投掷步的第三步右脚着地后，由于惯性，髋部迅速向前运动，在超越了右腿支撑点之后（左脚未着地），右脚就开始最后用力。当左脚着地，便形成了以左脚到左肩的左侧支撑，为右腿继续蹬地转髋创造条件。右腿又继续蹬地，推动右髋加速向投掷方向运动，使髋轴超过肩轴，同时髋部牵引着肩轴向投掷方向转动，在肩轴向投掷方向转动的同时，投掷臂向上转动，带动前臂、手腕向上翻转，当上体转为正对投掷方向时，形成了“满弓”姿势。弯曲的左腿做迅速有弹性的蹬伸，同时胸部尽量前送，并带动小臂向前做爆发性的“鞭打”动作，使全身的力量通过手臂和手指作用于标枪纵轴（图 6-42 至图 6-45）。

图 6-42

图 6-43

图 6-44

图 6-45

4. 维持身体平衡

标枪出手后，人体由于受惯性的作用，必然随着惯性继续向前运动，为了防止越线犯规，应及时向前跨出一至两步，身体稍向左转或上体稍前倾，降低身体重心，维持平衡，避免冲出线外。

(三) 竞赛规则

竞赛规则与铅球基本相同。

第四节 全能项目

一、男子十项全能

(一) 项目概述

男子十项全能是田径运动中全能运动项目的一种，是由 100 米跑、跳远、铅球、跳高、400 米跑、110 米栏、铁饼、撑竿跳高、标枪、1 500米跑等 10 个田径项目组成的综合性的男子比赛项目。参加男子十项全能比赛的运动员必须在两天内按照顺序完成十项比赛。十项全能选手的得分基于他们在每一项比赛中的表现，最后总成绩最高的选手获胜。因此运动员只有每项比赛都有上佳表现而不是偏重一项才能最终获得冠军。每一项比赛的得分都取决于该项目的评分标准，奥运会根据世界纪录制定出一个得分对应表格，由选手的成绩在表格中换算成分数，然后相加得出总分。

(二) 竞赛规则

男子十项全能比赛时，除了采用各有关单项规则外，尚有下列特殊规定：①径赛项目抢跑 3 次则取消该单项比赛资格，但仍可参加其余项目比赛；田赛中的跳远和投掷项目每人只有 3 次试跳、试掷机会。②比赛中途，如任何一个单项弃权，则不得计总分和名次。③凡需计风速的单项成绩，每秒平均风速在 4 米以下者，其纪录可予承认；如风速超过每秒 4 米，仍可按总分计全能名次，但不能作为正式全能纪录。④全能运动中的径赛项目采用电动计时或人工计时均可，但不得混合使用，应分别设置纪录。

二、女子七项全能

(一) 项目概述

奥运会女子七项全能是奥运会田径比赛中全能运动项目的一种，是由 100 米栏、跳高、铅球、200 米跑、跳远、标枪和 800 米跑等 7 个田径项目组成的综合性女子比赛项目。比赛成绩是按照田径运动全能评分表,将各个单项成绩所得评分加起来计算的,总分多者为优胜。女子全能运动的历史不长,但变化多。1981 年女子五项全能改为七项全能,并设置了世界纪录。女子七项全能是一个高难度的项目,只有经过多年全面的系统训练,在所有项目全面提高的基础上,突出自己特长项才能取得优异成绩。运动员必须参加所有项目的比赛,如某个项目弃权,则不能参加后续项目的比赛,也不去计算总分,但如果某个项目因成绩太低或失败,没有得分,仍可以计算。

(二) 竞赛规则

女子七项全能赛程两天,比赛项目依次是:第一天 100 米栏,跳高,铅球,200 米跑;第二天跳远,标枪和 800 米跑。各项比赛规则与单项比赛基本相同,但有一些小差别:运动员在单项赛跑项目中若抢跑两次则会被罚退出比赛,但全能比赛三次抢跑才处罚。

第七章

球类运动

第一节　足　球

一、项目概述

足球,被誉为“球中之王”。足球运动是以“世界第一运动”风靡全球,最为人民群众尤其是青少年所喜爱,是目前世界上开展最为广泛的运动项目之一。足球的起源是在中国,中国古代把用脚踢、蹴、蹋皮球的活动叫作“蹴鞠”。“蹴鞠”这项游戏活动早在战国时期就已经出现了。到了汉代,出现了专供比赛蹴鞠的场地——“鞠城”。中国古代足球约在公元前 4 世纪传入中东,以后又传入罗马、希腊,再由罗马传入英国。

足球,是以脚支配球为主,但也可以使用头、胸等部位来控球(除守门员外,其他队员不得用手或臂触球;守门员只能在己方禁区内,能用手或臂触球,不可以在大禁区外用手接球),每场比赛有两个队,每队最多有 11 名队员在同一场地内进行攻守的体育运动项目。足球由传球、射门、接球、运球过人、顶球、掷界外球等动作组成。

(一) 传球

传球是组织进攻、变换战术和创造射门机会的有效手段。队员的传球和跑位组成了全队的进攻战术。常用的传球脚的部位分别有脚内侧、脚背内侧、脚背正面、脚背外侧、脚尖和脚跟等。现代足球比赛要求传球技术更加全面、准确、快速和熟练。

(二) 射门

足球比赛的直接目的是射门得分,而能否把球射入对方球门是比赛胜负的关键。射门主要在攻守争夺最激烈的罚球区附近进行。现代足球比赛要求每个队员必须全面、熟练地掌握和运用各种射门技术,尤其是脚背正面、脚背内侧、脚背外侧和脚内侧为主的摆射、抽射、削射、弹射、推射、切射等技术。

(三) 接球

接球是运动员有目的地用规则允许的身体部位,把运行中的球接停在所需要的位置,以便完成传球、运球过人、射门等动作。比赛中常用的接球方法有脚内侧接球,脚底、脚背、脚外侧、大腿、胸部和头部接球等。

(四) 运球过人

运球过人是控制球、组织配合进攻与防守、寻找传球时机、突破防线获得直接射门得分的有效手段,在足球进攻技术中占有重要地位。运球时常用脚背正面、脚背外侧、脚背内侧、脚内侧等部位来推拨球,使球始终处在自己的控制范围以内。

(五) 顶球

运动员常常运用额正面、额侧面的顶球技术进行传球、射门、抢断空中球。争顶球是门前进攻和防守的一项重要的技术。防守队员为了保护本队的球门,也积极地争顶门前高球,解除危机。

(六) 掷界外球

掷界外球是足球比赛中除守门员外,唯一允许用手接触球的特殊技术,它只在球出边线后重新开始比赛时使用,其特点是准确性高。特别是在前场边线外如能及时而有力地将球掷入罚球区附近,是一种很有威胁性的进攻手段。

二、基本技术动作

(一) 颠球

颠球是指运动员用身体的各个有效部位连续地触击球,并加以控制,尽量使球不落地的技术动作。

1. 双脚脚背颠球

脚向前上方摆动,用脚背击球,击球时踝关节固定,击球的下部。两脚可交替击球,也可一只脚支撑,另一只脚连续击球。击球时要用力均匀,使球始终控制在身体周围(图7-1、图7-2)。

图 7-1

图 7-2

2. 双脚内侧、外侧颠球

抬脚屈膝,用脚的内侧或外侧向上摆动,击球的下部,两脚内侧或外侧交替击球。

3. 大腿颠球

抬腿屈膝,用大腿的中前部位向上击球的下部,两腿可交替击球,也可一只脚作支撑,用另一侧的大腿连续击球。

4. 头部颠球

两脚开立，膝盖微屈，用前额部位连续顶球的下部。顶球时，双眼注视球，两臂自然张开，以维持身体平衡。

（二）踢球

踢球指运动员有目的地用脚把球击向预定目标的技术。踢球是足球技术中最重要的技术，主要用于传球和射门。踢球的方法有很多，主要有脚内侧踢球、脚背正面踢球、脚背内侧踢球、脚背外侧踢球、脚尖踢球和脚跟踢球。

1. 脚内侧踢球

脚内侧踢球又称脚踢球，它是脚内侧部位踢球的一种方法，其特点是脚与球接触面积大，出球准确平衡，且易于掌握。但由于踢球时要求大腿前摆到一定程度时需要外展且屈膝，故大腿与小腿的摆动都会受到限制，因此出球力量相对较小。

（1）脚内侧踢定位球。

直线助跑，支撑脚的最后一步要稍大些，支撑脚站在球的侧面约 15 厘米处，脚尖正对出球方向，支撑腿膝关节微屈。在支撑脚着地时，踢球腿大腿带动小腿由后向前的摆动，在前摆的过程中大腿外展，当膝关节的摆动接近球的正上方时小腿做爆发式摆动，在触球前将脚跟送出使得脚内侧部位所形成的平面与出球方向垂直，踢球脚脚底与地面平行，脚尖要微微翘起，踝关节功能性地紧张使脚型固定，触（击）球后身体跟随移动，髋关节向前送（图 7-3 至图 7-7）。

图 7-3

图 7-4

图 7-5

图 7-6

图 7-7

（2）脚内侧踢空中球。

根据来球速度和运行轨迹及时移动到位，踢球腿大腿抬起（屈）并外展，小腿绕额状轴由后向前摆动，当摆至额状面时与球接触，击球的中部。

2. 脚背正面踢球

脚背正面踢球又称正脚背踢球，由于其摆幅相对较大，加之用脚背踢球接触面（与球）较大，因而踢球力量也大，准确性也会较强。在比赛中经常使用脚背正面踢定位球、地滚球、空中球、反弹球及倒勾球。球的性质多为不旋转的直线球，但也可用来踢抽攻击性较强的前旋球。

（1）脚背正面踢定位球。

直线助跑，最后一步要稍大些，支撑脚积极着地支撑，在球的侧面 10～12 厘米处，脚尖正对出球方向，膝关节微屈，踢球腿随跑动向后摆动，小腿屈曲，支撑的同时踢球腿以髋关节为轴，大腿带动小腿由后向前摆动。当膝关节摆至接近球的正上方时，小腿做爆发式的摆动，脚趾屈，以脚背正面部位击球的后中部。击球后身体及踢球腿随球前移（图 7-8 至图 7-11）。

图 7-8

图 7-9

图 7-10

图 7-11

（2）脚背正面踢反弹球。

根据来球的速度、运行轨迹、落点，支持脚踏在球落点的侧面。在球落地时，踢球腿爆发式前摆，在球刚弹离地面时，用脚背正面击球的中部，并控制小腿的上摆，出球则不会过度。

3. 脚背内侧踢球

脚背内侧踢球又称内脚背踢球，是一种用第一跖骨和跖趾关节部位触击球的踢球方法。其技术结构与前两类踢球方法相同，但技术细节则有所区别。

（1）脚背内侧踢定位球。

斜线助跑，助跑方向与出球方向约成 45°，最后一步稍大，以支撑脚着地，脚尖指向出球方向，距球内侧后方约 20～25 厘米，膝关节微屈。在支撑的同时，踢球腿已完成后摆，并开始以髋关节为轴大腿带动小腿由后向前的摆动，当大腿摆至与支撑腿接近同一平面时，小腿做爆发式摆动，此时脚内外转、脚背绷直，以脚背内侧部位触击球（图7-12 至图

7-15）。

图 7-12

图 7-13

图 7-14

图 7-15

（2）脚背内侧转身踢球。

助跑结束前倒数第二步应向球的侧前方跨出（即与出球方向在支撑脚一侧的侧前方），最后一步略跳动并伴随转身支撑，脚尖对准出球方向膝关节微屈，身体向支撑脚一侧倾斜，其余各环节与踢定位球相同。

（3）脚背内侧踢反弹球。

根据来球的落点及时移动到位置，在球离地（反弹）的瞬间踢球，其他的动作要求与踢定位球相同。

4. 脚背外侧踢球

脚背外侧踢球又称外脚背踢球，是用第三、四、五跖骨部位接触球的一种方法。由于外脚背踢球时脚踝灵活性较大，摆腿方向变化也较多，且助跑时又是正常的跑动姿势，故其出球隐蔽性较强，足球比赛中踢各种距离的弧线球及非弧线球时均可使用。

（1）脚背外侧踢定位球。

助跑、支撑脚站位及踢球腿摆动均与脚背正面踢球技术的三个环节相同，脚触球是用脚背外侧部位。此时要求膝关节和脚尖内转，脚背绷紧，脚趾紧屈并提膝，触（击）球后身体随踢球腿的摆动前移（图 7-16 至图 7-20）。

图 7-16

图 7-17

图 7-18

图 7-19

图 7-20

(2) 脚背外侧踢地滚球。

可用于踢前方、侧前方及正侧方、侧后方来的地滚球。踢球的动作规格要求与踢定位球时相同,但支撑脚站位时应考虑球的滚动速度,以保证在脚触球的瞬间支撑脚与球的相对位置符合规格要求。

(3) 脚背外侧踢反弹球。

与脚背正面踢反弹球的方法相同,只是接触球时用脚背外侧部位触(击)球。

5. 脚尖踢球

脚尖踢球又称脚尖捅球,是一种用脚尖部位接触球的方法,由于脚尖踢球时出球异常的迅速,雨天场地泥泞时多使用这种踢法。具体方法是用支撑腿跳跃上步,踢球腿屈膝前跨,髋关节尽量前送,两臂上摆协助身体向前,小腿前伸,在踢球脚落地前用脚尖捅球的后中部。

6. 脚跟踢球

这是用脚跟(跟骨的后面)接触球的一种踢球方法。球在支撑脚外侧时,踢球脚在支撑脚前面交叉摆到支撑脚外侧用脚跟击球。虽然由于人体结构的特点,决定了这种踢球方法(大腿微伸小腿屈)所产生的力量小,但其出球方向向后,故而会有隐蔽性和突然性。

(三) 接球

接球是指运动员有目的地用身体的合理部位把运行中的球接下来,控制在所需要的范围内,以便于更好地衔接下一个技术动作。接球是为下一个动作服务的,接球质量的好坏直接影响下一个动作的顺利完成。接球的方法有许多种,常用的有脚内侧、脚背外侧、脚背正面、脚底、大腿、腹部、胸部、头部等部位的接球。

1. 脚内侧接球

这是用脚内侧部位接球的一种技术。由于脚触球面积较大,动作简单,较易掌握,所以比赛中经常使用这种技术接各种地滚球、反弹球、空中球等。

(1) 脚内侧接地滚球。

支撑脚脚尖正对来球,膝关节微屈,同侧肩正对来球。接球腿提膝大腿外展,脚尖微翘,脚底基本与地面平行,脚内侧正对来球并前迎,当脚内侧与球接触的一刹那迅速后撤,把球接在脚下。若需将球接在侧面时,支撑脚脚尖应向同侧斜指,脚内侧与来球方向成一定角度触球，同时支撑脚提踵，以前脚掌为轴做适当的转动，将身体移动。当来球力量不大时，只需将脚提到一定的高度，并使脚内侧与地面形成锐角轻触球。

（2）脚内侧接反弹球。

根据来球的落点，及时地移动到位，支撑脚与球落点的相对位置在球的侧前方，支撑腿膝关节微屈，身体向接球后球运行的方向偏移；接球腿提起小腿放松，脚尖微翘，脚内侧对着接球后球运行的方向并与地面成一锐角，当球落地反弹刚离地面时，大腿向接球后球运行的方向摆动，用脚内侧部位轻推球的中上部。

（3）脚内侧接空中球。

根据来球的速度及运行轨迹，及时地移动到位。若为抛物线较小的平空球则应根据临场的实际情况选择适当高度的接球点，将接球腿抬起，使脚内侧部位对准来球的方向并前迎，脚在接触球的一瞬间后撤，并将球接在所需的位置上（图 7-21、图 7-22）。

图 7-21

图 7-22

2. 脚背外侧接球

（1）脚背外侧接地滚球。

将接球点放在接球腿一侧，支撑腿膝关节微屈。接球腿提起屈膝，脚内翻使小腿和脚背外侧与地面成一锐角，并对着接球后球运行的方向，脚离地面的高度应约等于球的半径，然后大腿向接球后球运行的方向推送，同时身体随着球移动。

（2）脚背外侧接反弹球。

根据来球的落点及时地移动到位，支撑脚站在来球落点的侧后方，除触球部位外，其他环节均与脚背外侧接地滚球相同。

3. 脚背正面接球

这种方法多用于接有较大抛物线的来球。根据球的落点，及时地移动到位，脚背正面上迎下落的球，当球与脚面接触的一瞬间，接球脚与球下落的速度同步下撤，此时大腿膝关节、踝关节、脚趾均保持适度的紧张，脚尖微翘将球接到需要的地方。脚背正面接高空落下之球时，也可以将其脚微抬起，并适度地背屈，当球接触脚背的瞬间踝关节放松将球接到身体附近（图 7-23、图 7-24）。

图 7-23

图 7-24

4. 脚底接球

由于脚底接球技术便于掌握，易于将球接到位置，故常常被用来接各种地滚球和反弹球。

(1) 脚底接地滚球。

身体正对着来球方向，移动前迎，支撑脚站在球的侧面(或前或后均可)，脚尖正对来球方向，膝关节微屈，同时接球腿提起，脚背略屈，使脚底与地面呈约小于 45°角(且脚跟离开地面)，一般是以前脚掌接触球的上部为宜。在触球瞬间接球脚可轻微跖屈(前脚掌下点)将球停住，也可根据需要在接球的同时将球推向前方或拉向身后(图 7-25、图 7-26)。

图 7-25

图 7-26

(2) 脚底接反弹球。

根据来球落点，及时地前移迎球，支撑脚站在落点侧后方，脚尖正对来球方向，球落地瞬间，用前脚掌去触球的中上部，微伸膝，用脚掌将球接在体前。

5. 大腿接球

大腿接球一般可以用来接抛物线较大的高空球和略高于膝的低平球。

(1) 大腿接抛物线较大的高空球。

面对来球方向，根据球的落点迅速地移动到位，接球腿大腿抬起，当球与大腿接触的瞬间大腿下撤将球接到需要的位置上。

(2) 大腿接低平球。

面对来球方向,根据来球高度,接球腿大腿要微屈,送髋前迎来球,当球与大腿接触瞬间收撤大腿,使球落在所需要的位置上。

6. 腹部接球

在激烈的比赛中为了抢点控球,根据比赛的需求也可使用腹部接球。

(1) 腹部接反弹球。

接球者的身体正对来球方向跑动,判断好球的落点,身体向前倾,腹部对准落地反弹的球,腹直肌保持紧张,推压球前进。

(2) 腹部接平空球。

来球较突然且与腹部同高时,应当先挺腹,在腹与球接触瞬间迅速含胸收腹,将球接下来。

7. 胸部接球

由于胸部接球时部位较高,加之胸部面积大、肌肉较丰满等特点,易于掌握,故是接高球的一种好方法。胸部接球包括挺胸式接球、收胸式接球。

(1) 挺胸式接球。

面对来球时站立(两脚左右或前后开立),两膝微屈,重心置于支撑面内,上体后仰,下颌微收,两臂自然张开,维持身体平衡。接触球瞬间,两脚蹬地,膝关节伸直,用胸部轻托球的下部使球微微弹起于胸前上方。对于较高的平直球也可采用这种方法将球接于胸前,但触球的瞬间膝关节由直变屈,脚由提醒状态变全脚掌落地,整个身体保持接球时的姿势,下撤将球接在胸前(图 7-27)。

图 7-27

图 7-28

(2) 收胸式接球。

多用于接齐胸高的平直球。面对来球时,两脚左右或前后开立,两臂自然张开,挺胸迎球,触球瞬间收胸、收腹、臀部后移将球接在体前(图 7-28)。

8. 头部接球

高于胸部的来球可用头部接球。根据球的运行路线,面对来球,用前额正面接触球的中下部,下颌微抬,两臂自然张开,提踵伸膝,触球瞬间全脚掌着地,屈膝、塌腰、缩颈,全身保持上述姿势将球接在附近。

(四) 运球

运球技术从狭义上讲,仅仅是指运球的方法,即指用身体的某一部分触球,使球能随运球者一起运动;从广义上看,则不仅让球随人运动,还必须越过对方的防守,也就是说如何使用这些运球方法能达到越过对方防守的目的。常用的运球技术有脚内侧运球、脚背正面运球、脚背外侧运球、脚背内侧运球和其他运球。

1. 脚内侧运球

要求在运球前进时支撑脚要始终领先于球，并位于球的侧前方，肩部指向运球方向，支撑腿膝关节微屈，重心放在支撑腿上，另一条腿提起屈膝，用脚内侧推球前进，然后运球脚着地。由于肩部指向运球方向，身体侧转，虽然移动速度较慢，但身体前倾有利于将对方与球隔开，因而这种技术多用在运球寻找配合传球时，或有对方阻拦需要用身体作掩护时。

2. 脚背正面运球

运球时身体要持正常跑动姿势，上体稍前倾，步幅不宜过大，运球腿提起，膝关节稍屈，髋关节前送，提踵，脚尖下指，在着地前用脚背正面部位触球后中部将球推送前进。由于脚背正面运球时身体持正常跑动姿势，故可以发挥出较快的速度，因而这种技术多用在运球前方一定距离内无对手阻拦时(图 7-29 至图 7-31)。

图 7-29

图 7-30

图 7-31

3. 脚背外侧运球

运球时身体要持正常跑动姿势，上体稍前倾，步幅不宜过大，运球腿提起，膝关节稍屈，髋关节前送，提踵，脚尖绕矢状轴向内旋转，使脚背外侧正对运球方向，在运球脚落地前用脚背外侧推拨球的后中部。脚背外侧运球时，身体姿势要与正常跑动时相同，因而可以发挥出较快的速度，故与脚背正面运球有相同的用途。这种方法能用身体将对手与球隔开，故掩护时也常使用(图 7-32 至图 7-34)。

图 7-32

图 7-33

图 7-34

4. 脚背内侧运球

身体稍侧转并自然协调放松，步幅小，上体向前倾，运球腿提起外展，膝微屈外转，提踵，脚尖外转，使脚背内侧正对运球方向，在运球脚落地前用脚背内侧推拨球，使球随身体前进。脚背内侧运球由于身体稍侧转，不能够采用正常跑动姿势，因而不适用于高速运球。但由于接触部位和支撑位置的特点易于完成向支撑脚一侧的转动，故多用于向支撑脚一侧的转动变向运球（图 7-35 至图 7-37）。

图 7-35

图 7-36

图 7-37

5. 其他运球

（1）拨球。

利用脚踝关节内侧的转动，以达到用脚背内侧或脚背外侧触球，将球拨向身体的侧前方、侧后方。在过人时若使用拨球，还要在拨球后立即跟上推球，使球按照预定方向运行。

（2）拉球。

将前脚掌放在球的上部或侧上部，另一只脚在球的侧后方支撑，然后触球脚向后下方用力将球拉回。回拉球一般都是为了躲开或引诱对方出脚抢球的瞬间将球拉回造成对方抢球落空，使其重心随抢球脚前移，趁对手难于返回的瞬间将球迅速推送出去越过防守。

（3）扣球。

这种方法与拨球相同，不同的是它的用力是突然的并伴随着突然转身或急停，使对手在来不及调整重心的瞬间，突然从反方向推送球越过对手的防守。

（4）挑球。

用脚背部位触球的下部并突然向上方挑起，在对手来不及实施挡球动作时球已越过，运球者随球迅速跟进。注意球一般不要挑得太高。

（5）颠球。

运球过程中，有时球在空中或地面上跳动，根据对手抢截时所处位置或实施抢截时间，用恰当的部位将球颠起，越过对手可以达到过人的目的。

（五）运球过人方法

前面所述仅是运球的基本方法，掌握了这些基本方法之后，在无对手阻拦时可以将球控制在自己的周围。但若遇对手阻挡时要想越过对手，必须要恰当地综合使用这些方法，抓住对手瞬间出现的漏洞，从而达到越过对手的目的。

(六) 抢截球

抢截球技术是指运动员在足球竞赛规则允许的范围内，使用身体的合理部位将对手的控球权夺过来或破坏掉。

1. 正面跨步堵抢

抢球者两脚前后开立，迎着运球者而站，两膝微屈，身体的重心下降并置于两脚间，当运球者与抢球者间的距离缩小到一定范围(即抢球者上前跨一大步可能触及球)，运球者脚触球后即将落地或刚刚落地时，抢球者后脚用力蹬地并跨步向前，以脚内侧去堵截球，当已堵住球时，另一只脚应迅速上步。若抢球脚堵住球，同时对手也堵住球时，则抢球者应将另一只脚迅速前移作支撑脚，抢球脚在不脱离球的情况下迅速向上提拉，使球从对手的脚面滚过，身体重心也迅速跟上并将球控制好。

2. 合理冲撞抢球

当防守者并肩与运球者跑动追球时，防守者重心稍下降，靠近对手一侧的手臂紧贴身体，利用对方同侧脚离地的过程，用肘关节以上部位适当冲撞对手同样部位，使对手身体失去平衡，趁机将球控制住。

3. 正面铲球

移动接近控球者，膝关节微屈，重心下降，当控球者触球脚触球后尚未落地时，抢球者双脚沿地面向球滑铲，随即用手扶地做向一侧的翻滚，并尽快起身。

4. 异侧脚铲球

当双方都不能使用正常的动作触球时(指跑动中)，防守者应根据与球的距离，同侧脚用力蹬地使身体跃出，异侧脚向前沿地面对着球滑出，脚底将球铲出，然后小腿外侧、大腿外侧、手依此着地。

5. 同侧脚铲球

防守者在跑动中根据双方离球的距离做出判断，当对手不能立即触球时，用异侧脚用力蹬地，使身体向前方跃出，同侧脚沿地面向前滑出的同时向外摆踢(脚踩应有向外的动作)，用脚背外侧将球踢出。

在激烈的比赛中，由于铲球可以更大限度地争取时间和扩大控制面而被广泛地运用到踢球、接球、运球、抢球技术中去。这项技术应引起高度的重视。

(七) 头顶球

头顶球是指运动员有目的地用前额将球击向预定目标的动作。足球比赛中不仅要处理各种各样不同形式和不同性质的地滚球，同时也要处理各种各样的空中球。当遇到胸以下部位不能触及或规则不允许触及的一些球时就需要用头部来处理，因为头是人体最高的一个部位，颧骨的前面较为平坦，只要掌握顶球技术，顶出的球就会有力。使用头顶球技术，不仅可以进行传球、抢断球、高球射门，而且利用鱼跃头顶球可以扩大运动员的控制范围、防守时抢险。头顶球技术又分前额正面头顶球与前额侧面头顶球。

1. 前额正面头顶球

这是由额肌覆盖着的额骨正面部分去击球的一种动作方法。

(1) 原地头顶球。

身体正对来球方向，眼睛注视运动中的球，两脚左右开立(或前后开立)，膝关节微屈，重心置于两脚间的支撑面上(或后脚上)，两臂自然地张开。当球运行到将垂直于地面的垂线时，两腿用力蹬地，迅速向前摆体，微收下颌，在触球瞬间颈部做爆发式振摆，用前额正面击球中部，上体随球前摆。

(2) 跑动头顶球。

顶球的动作要领与原地头顶球相同，只是第一环节应正对来球跑出抢点。球顶出后，由于跑动速度较快，为保持平衡身体须随球向前移动。

(3) 原地跳起头顶球。

这种技术用在本方传来或对方传来高球时运用。两膝屈，重心下降，然后两脚用力蹬地起跳，同时两臂屈肘上摆，在身体上升阶段展腹挺胸，两臂自然地张开，眼睛注视着来球，身体自然地成背弓。当球运行至身体额状面时，迅速收腹，上体前摆，触球瞬间颈部做爆发性振摆，用前额正面将球顶出。

(4) 跑动跳起头顶球。

一般助跑跳起顶球时都使用单脚起跳。根据来球的速度、运行轨迹，选好起跳的位置，及时跑到起跳点，起跳前一步稍大些，起跳脚用力蹬地跳起，同时另一腿屈膝上摆，两臂屈肘自然上提。

(5) 鱼跃头顶球。

对于离身体较远的低空球来不及移动到位处理，必须抢点击球时(如抢救险球、射门等)可使用鱼跃头顶球技术。当判断好来球的路线和选择好顶球点后，以单脚或双脚用力向前蹬地，身体接近水平状态向前跃出，同时两臂微屈前伸，手掌向下，眼睛注视来球，利用身体向前跃出的冲力，以前额正面顶球。顶球后，两手先着地，手指向前，接着以胸部、腹部和大腿依此地着地。

(6) 向后蹭顶球。

又分原地蹭顶和跳起蹭顶。第一环节分别与原地前额正面和跳起前额正面头顶球相同，当球运行到身体上空时，利用挺胸、展腹、扬下颌，身体向后上方伸展，用前额正面靠上的部位用力击球的下部，将球向后上方顶出。

2. 前额侧面头顶球

(1) 原地头顶球。

根据来球的运行速度、运行轨迹，及时移动到位。两脚前后开立(或左右开立)，出球方向的异侧脚在前，重心逐渐过渡到前脚上，眼睛注视来球，前膝微屈，两臂侧前后，自然张开，当球运行至体前上方时，用力蹬地前脚掌适度旋转，上体随着向出球方向扭摆，同时用力向击球方向甩头，以前额侧面击球的后中部。

(2) 跑动头顶球。

与原地头顶球动作要领相同，不同的是此动作是在快速跑动中开始和完成的，注意完成动作后的身体平衡。

(3) 跳起头顶球。

分为原地跳起头顶球与助跑跳起头顶球。起跳动作及第一环节与前额正面跳起头顶球相同。在起跳后的身体上升阶段上体向出球的相反方向侧摆，在身体达到最高点时，上体急速向出球方向摆出，颈部扭摆甩头，用前额侧面击来球的后中部，将球击向预定的目标。落地时屈膝以缓冲落地力量并保持身体平衡。

(八) 假动作

足球比赛中，运动员为了争取时间和空间的优势，取得控球权或控制好球以达到射门的目的，常常采用一些虚假动作来掩饰自己的真实意图。假动作渗透在各种技术中，如踢球、接球、顶球、运球、抢截球、掷界外球以及守门员技术等。

1. 传球前的假踢

如传球前为了使堵住传球路线的对手闪开空当，可先向一方做出假踢动作，当对手去堵假踢的传球路线时，可突然改变踢球脚法将球从另一方向传出。

2. 接球前的假接

如对手在体侧紧逼的情况下，可先向一侧做假接球动作，当对手重心发生不适当的偏移时，可突然改变向另一侧接球。

3. 接球前的假顶

接高度在胸或头部的空中来球，对手迎面上来准备在自己接球后立即抢截，接球者可做出假顶的动作，迫使对手减速或停下，远离自己准备截获顶出之球，此时突然用头或胸将球接在自己的控制范围内。

4. 顶球前的假接

面对高空来球，做出胸部接球的假动作，诱使对手逼近准备抢球，等对手逼近时，突然用头将球传出，使对手来不及去防守接球的队员。

5. 运球过人假动作

(1) 运球过人时的虚晃假动作。如面对对手控球过人时，对手逼得较紧，可向一侧用身体或腿部做虚晃动作诱使对手跟随运球虚晃动作发生重心的偏移，然后迅速地用另一侧脚背外侧向同侧拨球，并转身越过对手。

(2) 用减速或停顿的假动作，再突然启动的方法越过对手。快速运球时，对手在自己一侧紧追不舍，做一个减速或停顿的假动作，使对手产生错觉。

(3) 当对手在侧后方追抢时，运球者上前用异侧脚向前从球上跨过，诱使对手进行堵抢，然后用同一脚脚背外侧将球向另一侧扣回(或用另一脚脚背内侧将球扣回)。

(4) 防守者从正面迎上准备抢球，运球者用一只脚假做向另一侧前方踢球，诱使对手上前堵截，此时改用假踢脚为支撑脚，用另一脚内侧将球向另一侧推出或向对手胯下将球推过，接着迅速绕过对手运球前进。

6. 抢球假动作

作为防守者,当对手运球向自己跑来时,如果防守者能够调动进攻者,就可以变被动为主动,而抢截假动作就是达到此目的的一种手段。如先使用假动作去堵截某一方向,使进攻者不敢从这一方向出球或运球,而从另一方向出球或运球,而这个方向正是抢截真动作实施的方向,从而可以将球截获。由于高速运球较难抢截,稍一错移重心就会被运球者越过,因而防守者对于高速向自己运球而来的进攻者可采取假动作前扑,当对手看到防守者猛扑时会一拨而过,但防守者假扑后立即转身将运球者拔出之球夺下来。

(九) 掷界外球

由于掷界外球时接球人不受越位规则的约束,因此,掷界外球不仅可用于恢复比赛,而且还可以为进攻创造有利条件。

1. 原地掷界外球

面对出球的方向,两脚前后或左右开立,每脚均应有一部分站立在边线上或边线外。膝关节弯曲,上体后仰成背弓,重心移到后脚上(左右开立时,重心在两脚间),两手自然张开,拇指相对,持球的侧后部,屈肘将球置于头后。掷球时,后脚用力蹬地(或两脚用力蹬地),两腿迅速地伸直,身体重心由后脚移到前脚,收腹屈体,同时两臂急速前摆。当球摆到头上时用力甩腕将球掷入场内。掷球时,后脚可沿地面向前滑动,但两脚均不得离开地面。

2. 助跑掷界外球

两手持球放在胸前,在助跑迈出最后一步时,上体后仰成背弓,同时将球上举至头后,掷球时的动作与原地掷界外球动作相同。将球掷出后,后脚可在地面上向前滑行,但不得离地。

(十) 守门员技术

接球是守门员最主要的技术,它包括接地滚球、接平空球和接高空球三种。

1. 接地滚球

(1) 直腿式。

两腿自然并立,脚尖正对来球,上体前屈,两臂并肘前迎,两手小指靠近,手掌对球。手触球的刹那随球后引屈肘、屈腕,两臂靠近将球抱于胸前(图 7-38 至图 7-41)。

图 7-38

图 7-39

图 7-40

图 7-41

(2) 跪撑式。

多用于向侧方向移步接球。接左侧球时,左腿屈,右腿跪撑于左脚附近,距离不得超过球的直径，其余动作则与直腿式接球相同。接右侧球时动作相同、方向相反(图 7-42 至图7-47)。

图 7-42

图 7-43

图 7-44

图 7-45

图 7-46

图 7-47

2. 接平空球

平空球指膝以上、胸以下的空中球。接球时面对来球，两手掌心向上，两手小指相靠，前迎接球。上体前屈，当手触球时两臂向后撤引缓冲，将球抱于胸前。

3. 接高空球

面对来球时，两臂上伸，两手拇指相对呈“八字形”，其余四指微屈，手掌相对。在最高点手触球瞬间，手指、手腕适当用力，缓冲来球并将球接住，顺势转腕屈肘、下引将球抱于胸前。

三、竞赛规则

(一) 比赛场地

1. 场地面积

比赛场地必须是长方形，边线的长度必须长于球门线的长度。长度 90～120 米，宽度 45～90 米。国际比赛时，球场长度为 100～110 米，宽度为 64～75 米。世界杯比赛时球场采用的长度则是 105 米，宽度是 68 米。

2. 画线

比赛场地是用线来标明的，这些线作为场内各个区域的边界线应包含在各个区域之内。两条较长的边界线叫边线，两条较短的线叫端线。所有线的宽度均不超过 12 厘米。比赛场地被中线划分为两个半场。在场地中线的中点处做一个中心标记，以距中心标记 9.15 米为半径画一个圆圈。在场地每个角上各竖一根不低于 1.5 米的平顶旗杆，上系小旗一面。在中线的两端、边线以外不少于 1 米(1 码)处，也可以放置旗杆。

3. 球门区

球门区在场地的两端，规定如下：从距球门柱内侧 5.50 米处，画两条垂直于球门线的线。这些线伸向比赛场地内 5.50 米，与一条平行于球门线的线相连接。由这些线和球门线组成的区域范围则是球门区。

4. 罚球区

罚球区在场地的两端，规定如下：从距每个球门柱内侧 16.5 米处，画两条垂直于球门线的线。这些线伸向比赛场地内 16.5 米，与一条平行于球门线的线相连接。由这些线和球门线组成的区域范围是罚球区。在每个罚球区内距球门柱之间等距离的中点 11 米处设置一个罚球点。在罚球区外，以距离每个罚球点 9.15 米为半径画一段弧。

5. 角球区

在比赛场地内，以距每个角旗杆 1 米为半径画一个四分之一圆，弧内地区叫角球区。

6. 球门

球门必须放置在每条球门线的中央。它们由两根距角旗杆等距离的垂直的柱子和连接其顶部的水平的横梁组成。两根柱子之间的距离是 7.32 米，从横梁的下沿至地面的距离是 2.44 米。两根球门柱和横梁具有不超过 12 厘米的相同的宽度与厚度。球门网可以系在球门及球门后面的地上，并要适当地撑起以便不影响守门员。球门必须牢固地固定在地上。

(二) 任意球

任意球分为直接任意球和间接任意球两种。无论是直接任意球还是间接任意球，踢球时必须将球放定，踢球队员在球未经其他队员触及前，不得再次触球。

当裁判员判间接任意球时，应单臂上举过头，并保持这种姿势直到球踢出后被其他队员触及或成死球为止。只有当球进门前触及另一名队员才可得分。如果间接任意球直接踢入对方球门，判为球门球；如果间接任意球直接踢入本方球门，则判给对方踢角球。

在罚球区内的任意球属于守方的直接或间接任意球：所有的对方队员距球至少 9.15 米；所有对方队员应站在罚球区外直到比赛进行；当球被直接踢出罚球区比赛即为进行；可以在球门区内任何一点踢任意球。属于攻方的间接任意球：所有对方队员距球至少 9.15 米直到比赛进行，除非他们已站在本方球门柱之间的球门线上；当球被踢并移动时比赛即为进行；在对方球门区内踢间接任意球时，应在距犯规发生地点最近的、与球门线平行的球门区线上执行。在罚球区外的任意球所有的对方队员距球至少 9.15 米直到比赛进行；当球被踢并移动时比赛即为进行；在犯规发生地点踢任意球。

(三) 罚点球

当比赛进行中，一个队在本方罚球区内由于违反了可判为直接任意球的十种犯规之一而被判罚的任意球，应执行罚点球。罚点球可以直接进球得分。在每半场比赛结束时，应当允许延长时间执行完罚点球。球放定在罚球点上，并确认主罚点球的队员。

（四）球门球

球门球是重新开始比赛的一种方法。球门球可以直接射入对方球门而得分。当球的整体无论从地面或空中越过球门线，而最后触球者为攻方队员，且不是进球得分时，可判为球门球。程序：由防守方从球门区内的任何一点踢球；对方应在罚球区外直至比赛进行；踢球队员在其他队员触球前不得再次触球；当球被直接踢出罚球区，比赛即为进行。

（五）掷界外球

掷界外球是重新开始比赛的一种方法。掷界外球不能直接进球得分。当球的整体不论从地面或空中越过边线时，判给最后触球队员的对方从球越出边线处掷界外球。程序：在掷出球的一瞬间，掷球者应：面向比赛场地；任何一只脚的部分站在边线上或站在边线外的地上；使用双手；将球从头后经头上掷出。掷球队员在其他队员触球前不得再次触球。球一进入比赛场地时，比赛即为进行。

（六）角球

角球是重新开始比赛的一种方法。角球可以直接射入球门而得分，但只能是入对方球门。判为角球：当球的整体不论在地面或空中越过球门线，而最后触球者为守方队员，且不是进球得分时。程序：将球放在离球出界处最近的角旗杆的角球弧内；不得移动角旗杆；对方应在距球至少要 9.15 米以外，直至比赛进行；由攻方队员踢球；当球被踢并移动时比赛即为进行；踢球队员在其他队员触球前不得再次触球。

（七）队员人数

一场比赛应有两队参加，每队上场队员不得多于 11 名，其中必须有一名为守门员。如果任何一队少于 7 人则比赛不能开始。在由国际足联、洲际联合会或国家协会主办的正式比赛中，每场比赛最多可使用 3 名替补队员。竞赛规程应说明可以有几名替补队员被提名，从 3 名到 7 名不等。

（八）队员装备

队员不得使用或佩戴可能危及自己及其他队员的装备或任何物件（包括各种珠宝饰物）。队员必需的基本装备：运动上衣；短裤——如穿紧身内裤，必须要与短裤的主色同一颜色；护袜；护腿板；足球鞋。护腿板必须由护袜全部包住；由适当的材料制成（橡胶、塑料或其他类似材料）；提供适当程度的保护。每名守门员的服装颜色必须要有别于其他队员、裁判员和助理裁判员。

（九）裁判员

1. 裁判员的权力

每场比赛由一名主裁判员控制，他（她）被任命具有全部权力去执行与比赛有关的竞赛规则。

2. 权限和职责

包括：裁判员执行竞赛规则；与助理裁判员及当有第四官员时，和他们一起控制比赛；确保任何比赛用球符合规则的要求；确保队员装备符合规则的要求；记录比赛时间和比赛成绩；因违反规则停止、推迟或者终止比赛；因外界干扰停止、推迟或终止比赛；如果裁判员认为队员受伤严重，则停止比赛，并确保将其移出比赛场地；如果裁判员认为队员只受轻伤，则允许比赛继续进行直到成死球；确保队员因受伤流血时离开比赛场地，该队员经护理流血停止，在得到裁判员信号后方可重新回到场地；当一个队被犯规而根据“有利”条款能获利时，则允许比赛继续进行。

(十) 犯规行为

1. 罚直接任意球

裁判员认为，如果队员草率地、鲁莽地或使用过分的力量违反下列六种犯规中的任何一种，将判给对方踢直接任意球：踢或企图踢对方队员；绊摔或企图绊摔对方队员；跳向对方队员；冲撞对方队员；打或企图打对方队员；推对方队员。如果队员违反下列四种犯规中的任何一种，也判给对方踢直接任意球：为了得到对球的控制而抢截对方队员时，于触球前触及对方队员；拉扯对方队员；向对方队员吐唾沫；故意手球(不包括守门员在本方罚球区内)。应在犯规发生地点踢直接任意球。

2. 罚点球

在比赛进行中无论球在什么位置，如果队员在本方罚球区内违反了上述十种犯规中的任何一种，应被判罚点球。

3. 可警告的犯规

如果队员违反下列七种犯规中的任何一种，将被警告并出示黄牌：①犯有非体育道德的行为；②以语言或行动表示异议；③持续的违反规则；④延误比赛重新开始；⑤当以角球或任意球重新开始比赛时，不退出规定的距离；⑥未得到裁判员许可进入或重新进入比赛场地；⑦未得到裁判员许可故意离开比赛场地。

4. 罚出场的犯规

如果队员违反下列七种犯规中的任何一种，将被罚令出场并出示红牌：①严重犯规；②暴力行为；③向对方或其他任何人吐唾沫；④用故意手球破坏对方的进球或明显的进球得分机会(不包括守门员在本方罚球区内)；⑤用可判为任意球或点球的犯规破坏对方向本方球门移动着的明显的进球得分机会；⑥使用无礼的、侮辱的或辱骂性的语言及动作；⑦在同一场比赛中得到第二次警告。被罚令出场的队员必须立即离开比赛场地附近和技术区域内。

(十一) 越位

队员处于越位位置本身并不是犯规。队员处于越位位置：队员较球和倒数第二名对方队员更接近于对方球门线。队员不处于越位位置：队员在本方半场内；队员齐平于倒数第二名对方队员；队员齐平于最后两名对方队员。犯规：处于越位位置的队员，在同队队员踢或触及球的一瞬间，裁判员认为其就下列情况“卷入”了现实比赛是进攻方获利时，才会被判为越位犯规：干扰比赛；干扰对方队员；利用越位位置获得利益。没有犯规：如果队员直接从下列情况接到球，则没有越位犯规：接球门球、掷界外球、接角球。犯规/判罚：对于任何越位犯规，裁判员应判给对方在犯规发生地点踢间接任意球。

第二节 篮 球

一、篮球运动的起源和发展

(一) 篮球运动的起源

篮球,是由美国马萨诸塞州斯普林菲尔德(Springfield)市基督教青年会国际训练学校(后为春天学院)的体育教师詹姆斯·奈史密斯(James Naismith)发明的。

1891年,奈史密斯在马萨诸塞州斯普林菲尔德基督教青年会国际训练学校任教。这所学校的体育系主任卢瑟·古利克为贯彻冬季体育课教学大纲委托他设计一项室内集体游戏。他从当地儿童喜欢用球投向桃筐(当地盛产桃子,各家各户都备有桃筐)的游戏中得到启发,创编了篮球游戏。起初,奈史密斯将两只篮筐钉在健身房内看台的栏杆上,篮筐上沿距离地面3.04米(约10码),用足球作为比赛工具,向篮筐投掷。投球入篮得1分,按得分多少决定胜负。每次投球进篮后,要爬梯子将球取出再重新开始比赛。以后逐步将竹篮改为活底的铁篮,再改为铁圈下面挂网。人们将这种游戏称为"奈史密斯球"或"筐球",很长一段时间之后,经过他与同事们反复商量才定名为"篮球"。

到1893年,才形成近似现代的篮板球、篮圈和篮网。最初的篮球比赛,对上场人数、场地大小、比赛时间均无严格限制。只需要双方参加比赛的人数必须相等。比赛开始时,双方队员分别站在两端线外,裁判员鸣哨并将球掷向球场中间,双方跑向场内抢球,随即开始比赛。持球者可以抱着球跑向篮下投篮,首先达到预定分数者为胜。1892年,奈史密斯制定了13条比赛规则,主要规定是不准持球跑、不准有粗野动作、不准用拳击球,否则即判犯规。连续3次犯规判负1分。比赛时间规定为上、下半时,各15分钟,对场地大小也做出了规定。上场比赛人数逐步缩减为每队10人、9人、7人,1893年定为每队上场5人。

(二) 世界篮球运动的发展

1904年在第3届奥林匹克运动会上第1次进行了篮球表演赛。1908年美国制定了全国统一的篮球规则,并有多种文字出版,发行于全世界,就这样,篮球运动逐渐传遍美洲、欧洲和亚洲,成为一项世界性运动项目。1936年第11届奥运会将男子篮球列为正式比赛项目,并统一了世界篮球竞赛规则,由此到1948年的10多年间,规则曾被多次修改,与现行规则有关的重要变化是:将得分后的中圈跳球,改为失分队在后场端线外掷界外球继续比赛;进攻队必须在10秒钟内把球推进到前场;球进前场后不得再回到后场;进攻队员不得在"限制区"内停留超过3秒钟;投篮队员被侵犯时,投中罚球1次,投不中罚球2次等规定。1952年的第15届奥运会和1956年的第16届奥运会的篮球比赛中,国际业余篮球联合会曾两次扩大篮球场地的"限制区"(也叫"3分区"),并规定,一个队控制球后,必须在30秒内投篮出手。20世纪60年代初有关10秒内把球推进全场和球回后场的规定,一度因1960年第17届奥运会后取消了中场线改画边线的中点而中止。1964年第18届奥运会后,又恢复了中场线,这些规定又继续执行。1977年增加了每队满10次犯规后,在防守犯规时罚球两次,防投篮时犯规两罚有1次不中再加罚1次的规定。1981年又将10次犯规后罚球的规定缩减到8次。很明显，人员的变化、技术和战术的发展引起了规则的改变，而规则的改变又促进了人员和技术、战术的进一步发展变化。特别是20世纪50年代后期以来，规则的改变对篮球比赛的攻守速度，以及对运动员的身体、技术、战术以及意志、作风等各方面都不断提出新的更高的要求，促进了篮球技术水平的迅速提高。女子篮球是在1976年第21届奥运会上才列为正式比赛项目。

（三）中国篮球运动的发展

篮球运动是1896年前后由天津中华基督教青年会传入中国的，随后在北京、上海基督教青年会里也相继有了此项活动。在1910年的全运会上举行了男子篮球表演赛之后，篮球运动在全国各大城市的大、中学校逐渐开展起来，其中以天津、北京、上海开展得较好，水平也相对较高。

我国篮球运动得到真正的发展还是在新中国成立以后。新中国成立之时，我国就组成了大学生篮球队参加国际比赛。至20世纪50年代末，我国的篮球运动已接近世界领先水平。但在“文化大革命”的冲击下，篮球运动的发展也出现了停滞和倒退，拉大了与世界强队的差距。1971年我国开始重新组织青少年运动员开始篮球训练，1972年举办了全国五项球类运动会，逐步建立了自己的联赛体制，1973年恢复了篮球国际间的交往，1974年开始参加世界性比赛。我国的男女篮球队在1975年和1976年分别获得了亚洲冠军，确立了亚洲强队的地位并走向了世界。1995年，中国联赛的赛制改为跨年度的主客场联赛，简称“CBA联赛”。这一改革举措使中国篮球运动进入了一个新的发展时期。

（四）篮球运动的意义与作用

1. 提高生命活力

篮球运动涵盖跑、跳、投等多种身体运动形式，且运动强度较大，因此，它能全面、有效、综合地促进人的身体素质和人体机能的全面发展，提高和保持人的生命活力，为人的一切活动打下坚实的身体（物质）基础，提高生活的质量。

2. 满足多种需求

与其他运动项目相比，篮球运动的形式多样，而且具有更强的参与性、趣味性、应变性、娱乐性和竞技性等，能够满足不同人群的多种需求。篮球运动的形式可因人而异，运动量也可随意调节，因此适宜各类人群广泛参与。各类不同的参与者都能在活动场上找到展示自我的方式，满足自己的不同层次的需求。

3. 促进心理健康，提高社会适应能力

现代社会的高效率和快节奏，限制了人们的相互交流与了解，但篮球场给人们提供了机遇。篮球运动能有效缓解工作压力，而良好的竞争环境又能培养健康的心理适应力和承受力，调整及维护参与者的心理健康水平。同时，篮球作为集体项目的杰出代表，在增加交流和友谊的同时，更能有效地培养团结协作的集体主义精神，帮助参与者去正确理解和处理好个人与集体、竞争与合作的关系等。

4. 促进个性的发展和完善

通过练习和比赛的过程，能使参与者的个性、自信心、情绪控制、意志力、进取心、自我控

制与约束等方面都有良好的发展，培养团结拼搏、努力协作、文明自律、遵纪守法、尊重他人等良好的道德品质和集体主义精神。

5. 促进创新能力的培养

篮球运动是一项创造性的运动，所有技术、战术都既有原理和规格，又包含着个人的不同表现风格，没有固定的、僵死的模式，每个队、每个人都可以用自己的方式来诠释自己对篮球的理解。也正是由于它的复杂性和多变性，需要参与者必须根据当时情况而随机应变，及时、果断、快速地做出应对行动。通过观察进行分析判断并做出行之有效的应对措施。而这一切都需要参与者用自己的智慧，创造性地去应对场上出现的各种问题，从而有效地提高创新能力。

6. 培养分析和解决问题的能力

由于篮圈在空中，而球可能处在任何位置，所以篮球场上要展开地面与空间的全方位立体对抗。而且，所有的行动都要受到不同对手的制约，要求参与者依据自身的实力，结合不同的对手进行分析比较，斗智斗勇、扬长避短、克敌制胜。这能有效地促进参与者的心理（智力、意志力、个性等）、技能、观察、应变等综合能力的提高，培养和锻炼发现问题、分析问题和解决问题的能力。

第三节　排　球

一、排球运动概述

1. 排球运动的起源与演变

排球运动是两个球队在由球网分开的场地上进行比赛的集体对抗性项目。它可以有多种比赛方式，以适应各种不同性质比赛的需求，推动该项运动的广泛开展。排球比赛的目的，是各队遵照规则，将球击过球网，使其落在对方场区的地面上，而防止球落在本方场区的地面上。每队可击球三次（拦网触球除外）将球击回对区。比赛由发球开始，发球队员击球使其从网上飞至对区，比赛由此连续进行，直至球落地、出界或某一队不能合法地将球击回对区。现在的排球比赛采用每球得分制，当接发球队胜一球时，该队得 1 分并获得发球权。同时队员要按顺时针方向轮转一个位置。比赛的前四局为 25 分，先得 25 分同时领先对方 2 分为得胜，决胜局为 15 分，先得 15 分同时领先对方 2 分为得胜。

最早的排球运动于 1895 年起源于美国，由美国人威廉·摩根发明。当初，它只是作为一种休闲时的娱乐活动，在篮球场上用篮球隔网打来打去，因篮球太大太重，后来改为用篮球胆。在长时间的实践和运用中，排球的大小、轻重、制作材料与工艺等方面经过千百次的改进，最后演变成了现代的排球。并且，由一种娱乐活动逐渐发展成为风靡全球的球类运动。

美国是最早开展排球运动的国家，1896 年开始就有了排球比赛。最初的排球比赛没有人数的规定，可在赛前双方临时商定，只要双方人数相等就行。由于美国排球长期作为一种休闲时的娱乐活动，没有作为一种竞赛项目来开展，因此有很长一段时间运动技术水平提高缓慢。

由于美国是排球的发源地，因此6人排球传入美洲的时间比较早。1900年传入加拿大，1905年传入古巴，1912年传入乌拉圭，1914年传入墨西哥。排球运动1900年传入亚洲，为16人制(每排4人、分4排站位)。后来亚洲排球运动自成体系，演变成为12人制(每排4人、分3排站位)和9人制(每排3人、分3排站位)，以及如今的6人制排球。在亚洲，排球运动首先传入日本，1905年传入中国，1910年传入菲律宾。排球运动传入欧洲比美洲、亚洲稍晚，1917年传入法国，后来又传入苏联、捷克斯洛伐克、波兰等国。因排球传入欧洲就是6人制，所以欧洲排球运动发展较快，水平较高。

2. 世界排球运动的发展

排球运动自1895年问世于美国后，很快就受到了美国国内各地协会、学校和社会的广泛重视，同时也引起了军队的兴趣，排球运动被列为军事体育项目。欧洲的排球运动就是第一次世界大战时由美国士兵们带去的。1947年，14个国家排球协会的代表聚集法国巴黎，创建了国际排球联合会，为在全世界范围内发展排球运动做出了贡献。法国人鲍尔·利伯当选为第一任国际排联主席，国际排联总部移至瑞士洛桑。20世纪50年代，苏联男排在世界大赛中多次取得冠军，他们的技战术打法成为世界各队学习的榜样。当时苏联男排队员身高体壮，弹跳力好，摸高达3.30米以上。高举重扣是苏联男排突破拦网得分的主要手段，被称之为“力量派”的代表。在1956年世界锦标赛中，捷克斯洛伐克男排击败了苏联男排获得冠军，他们的特点是技术动作细腻，变化扣球的路线和落点，讲究配合，当时被誉为“技巧派”。进入60年代，日本女排教练大松博文创造了勾手发飘球、前臂垫球和侧滚防守技术。这些技术的出现，打破了苏联女排称霸排坛的局面，为女子排球技战术的发展做出了重要的贡献。

3. 中国排球运动的发展

中国是开展排球运动较早的国家之一，随着国际交往和比赛增多，排球运动广泛开展起来了。排球运动于1905年传入我国，首先在广州、香港的几所中学开展，以后陆续传到广东台山、上海、北京等地。1915年在第2届远东运动会中(上海)，中国男排首获冠军。至1934年共10届远东运动会，中国男排共获5届冠军。1923年起女排组队参加远东运动会，共获5次亚军。1930年排球被列为全运会正式比赛项目，同年，我国男排发明了“快球”。1927—1950年，我国采用“9人制”排球。

1950年中国男排在苏联和捷克斯洛伐克学习了东欧的高举高打、强攻、倒地防守技术和“两次球”进攻战术。于1951年正式成立国家男、女排球队，并到14个城市做巡回表演、介绍了“6人制”排球比赛规则、技术、战术与训练方法。国内于1951年正式开始实行“6人制”排球。1954年国际排联正式接纳我国为正式会员。1956年我国男、女排球队首次参加世界排球锦标赛，女队获第6名，男队获第9名。20世纪60年代前后，我国排球运动的水平发展较快，并开始探索发展各自不同的风格和打法，如上海队技术全面，灵活多变；广东队快攻配合默契；四川队细腻稳健；解放军队凶猛顽强；辽宁队高举高打。

1964年，我国请来刚获奥运会冠军的日本女排来华交流，并于1965年聘请日本女排教练大松博文对我国女排进行训练，潜心研究、汲取其训练的精华。同时坚持“三从一大”的训练原则，使训练水平有了大幅度提高，先后创造了“盖帽拦网”和“平拉开”扣球等技术。

1972 年五项球类运动会开始，各省市区相继组建排球队。1976 年重新组建国家队，经过短期训练，在 1977 年世界杯排球赛中，女排取得第 4 名，男排取得第 5 名；在 1978 年世界排球锦标赛中，女排获得第 6 名，男排取得第 7 名。在快球基础上，中国的“前飞”“背飞”技术效果显著。

1981 年中国女排在日本举办的第 3 届世界杯赛中，首获世界冠军，接着在 1982 年第 9 届世界女排锦标赛、1984 年洛杉矶第 23 届奥运会、1985 年第 4 届世界杯赛、1986 年第 10 届世界女排锦标赛上连续 5 次获世界冠军，号称“5 连冠”。其全攻全守、单脚背飞等新的技术和战术体系，对世界排球运动做出了贡献。1981 年中国男排获世界杯赛第 5 名，1982 年获得世界男排锦标赛第 7 名。

从 20 世纪 80 年代末到 90 年代中期，由于古巴女排的崛起以及我国一些老运动员相继退役，女排的成绩有所下降。男排由于美国、巴西、意大利、荷兰等西方国家的水平迅速提高，使我国男排的成绩落到 10 名之后，甚至同亚洲三强中的老对手日本、韩国相比也出现了一定差距，几次被挡在奥运会大门之外。

1995 年由原国手郎平回国执教中国女排，增加了全队的凝聚力，树立了信心，于 1996 年获得第 26 届亚特兰大奥运会亚军。中国男排也由于原国家队队员汪嘉伟回国执教，勇夺 1997 年亚洲男排锦标赛冠军和 1998 年曼谷亚运会冠军。

2001 年，中国女排由新的教练班子和年轻队员组成一支新队伍，重组后的中国女排精神面貌令人耳目一新，在 2001 年世界女排大冠军杯上获得冠军。国际媒体称这是中国女排时隔 15 年后再次获得世界冠军。之后又在 2003 年世界杯、2004 年奥运会、2015 年世界杯、2016 年奥运会、2019 年世界杯五度夺冠，共十度成为世界冠军。

4. 国际排球组织机构

国际排球联合会简称国际排联，于 1947 年 4 月 14 日在巴黎成立，其总部设在瑞士的洛桑。

国际排联的宗旨是促进世界排球运动的发展；组织和管理排球运动；根据国际奥林匹克委员会的协议举办国际比赛和奥林匹克运动会；任命国际裁判；向裁判员和教练员颁发国际证书。国际排联每两年召开一次大会。目前国际排联共下设 5 个地区性排球组织：欧洲排联、中北美和加勒比地区排联、亚洲排联、南美洲排联和非洲排联，国际排联共有 222 个协会会员。

5. 国际排球重大赛事

(1) 世界排球锦标赛。

世界排球锦标赛是由世界排球联合会主办的国际排球比赛，是排球最早的、规模最大的世界性的比赛，每 4 年举行一届，受到各国普遍重视。原与奥运会同年举行，1962 年起改在奥运会后第 2 年举行(女子第 5 届除外)。冠军获得者可直接参加下一届的奥运会。

第 1 届世界排球锦标赛始于 1949 年，最初只有男子比赛，女子比赛始于 1952 年。最开始比赛并不受洲际人数的限制,即提出参赛申请的队,都可获得参赛资格;但从1986年(男子第11届,女子第10届)国际排联规定只允许16个队参加世锦赛,因为排球运动已逐渐成为一项世界性的热门运动,希望获得参赛资格的国家越来越多。具体参赛资格为上一届比赛获得第1名到第7名的7个球队,举办国1个队,五大洲锦标赛5个冠军队,最后的资格预定赛(巡回优胜杯)的前3名,共16个参赛队伍。

1994年国际排联对排球世锦赛的参赛资格做了修改。对国际排联直辖举办的最后资格预选赛,从取原来的前3名增加至前9名有资格参加比赛。取消"世锦赛上届比赛2至7名有当然参赛资格"的规定。

竞赛方法:比赛分预赛、复赛、决赛三个阶段进行。预赛分四个组进行循环赛,每个组第1名直接参加决赛,每个组第2名在复赛中再抽签决定对每组的第3名,4个胜队参加决赛,4个负队经淘汰决出9～12名。预赛中分组的第4名抽签进行循环赛决出13～16名。决赛阶段,分组第1名的4个队再抽签分两组赛一场以排定位次,再与复赛中的两个队(也抽签排位)进行四场对抗,胜者采用淘汰制决出前4名,负者采用淘汰制决出5～8名。这种新的竞赛方法,使得竞赛更加激烈。

(2) 世界杯排球赛。

这项赛事的前身是"三大洲"(亚、欧、美)排球赛。1964年国际排联将其更名为世界杯排球赛,并决定于1965年9月在波兰举行首届世界杯男子排球赛,1973年在乌拉圭举办了首届世界杯女子排球赛。世界杯是由全球高水平的男、女球队参加的国际性的排球比赛,每四年举办一次。1991年世界杯赛被改为在奥运会的前一年举行,相当于是奥运会的资格赛,获得前3名的队伍则有资格直接进入奥运会。世界杯的参赛资格是:举办国、当年举行的各大洲排球锦标赛的冠亚军、下一届奥运会的举办国,一共12支球队。竞赛方法:采用单循环制进行。

(3) 奥运会排球赛。

1964年在东京举行的第18届夏季奥运会上,排球运动第一次被列为奥运会的比赛项目。奥运会是世界最高水平比赛,每4年举行1次。有资格参加的队是:各洲的冠军队、主办国的代表队、上一届世界排球锦标赛的前3名、由国际排联直接管辖的预选赛产生的3支球队,共12支球队。竞赛方法:先分组循环,获得前两名的队,进行交叉赛,但竞赛方法也根据场地、时间等情况有所变动,每次比赛事先由国际排联研究决定。

第四节 网 球

一、网球运动的起源与演变

网球运动起源于法国,早在12—13世纪,法国传教士为了调节单调而刻板的教堂生活,用手掌击打一种类似于小球的物体(裹着头发的布球),他们把这种活动叫"掌球戏"。开始他们只是在室内对墙击球，后来又移向室外的开阔草地上将一条绳子架在中间进行两人对击。后来这种活动传入法国宫廷，很快就成为王公贵族们的一种娱乐活动，这便是古代网球运动的原始雏形。

14世纪中叶，法国王储将“掌球戏”使用的球赠送给英国国土亨利五世，这种游戏便传入了英国。当时这种球的表皮是用坦尼斯镇所生产的最为著名的绒布制作的，英国人就将这种球称之为“Tennis”（网球），并流传至今。

15世纪，这种游戏不再用手掌击球而是改用板拍打球了，并很快出现了一种羊皮纸做拍面的圆形球拍。与用于掌击球的方法相比，无疑是一种极大的进步。同时，场地中央的绳子也换成了网，于是这种游戏使更多的贵族产生了兴趣。由于这种活动只是在法国和英国宫廷中流行，所以，网球运动亦称为“宫廷网球”和“皇家网球”。

16—17世纪是这项运动的飞速发展时期，由一种单纯的游戏，而逐渐成为一种竞技比赛形式，并建造了专门的球场，制定了相应的比赛规则。由于当时人们已经掌握了橡胶生产技术，弹性更好的球被广泛应用，同时也促进了球拍的改进，击球的拍面也穿上了具有一定弹性的弦线。

近代网球起源于英国。1873年，会打古式网球的英国少校温菲尔德改进了早期的网球打法，设计了一种适用于户外、男女都可以从事的网球运动，当时叫做司法泰克运动。1875年随着这项运动在8字形球场上风靡起来，全英板球俱乐部在板球场边另设了一块草地的网球场。紧接着，古式网球的权威组织者马里博恩板球俱乐部为这项运动制定了一系列的规则。从此，草地网球正式取代了司法泰克。1877年在英国伦敦郊外温布尔登设置了几片网球场，草地网球在英国得到了进一步的开展。同年7月举办了第一届温布尔登草地网球锦标赛。亨利·琼斯同另外两个人为这次比赛制定了全新的规则，他本人担任了裁判。当时球场为长方形，长23.77米，宽8.23米，发球线离球网7.92米，球网中间高度为0.99米。发球员发球失误一次不算作失分，采用古式室内网球的0、15、30、45枚举计分法。可以说亨利·琼斯是现代网球的奠基人。第一届温布尔登网球锦标赛共有22名男选手参赛，不设种子选手。最后，斯彭斯·高尔获得冠军，他在决赛中以6∶1、6∶2、6∶4的比分击败了威廉姆斯·马歇尔。1878年，规则和场地又有了新的改进，增加了双打，两边各加了1.37米，发球线距球网6.40米，球网两端高为1.07米，中央高度为0.914米。至此，现代网球运动正式形成，并很快在欧美盛行起来，成为一项深受人民喜爱的体育运动。

二、世界网球运动的发展状况

起源于法国教会的网球运动，经过欧洲皇室的推动，逐步走向社会平民，并在世界各地传播开来。1913年3月1日在巴黎成立了国际网球联合会，总部设在伦敦，当时的成员国有澳大利亚（代表澳大利亚和新西兰）、奥地利、比利时、丹麦、法国、德国、英国、荷兰、南非、俄国、瑞典和瑞士。国际网联的成立，标志着网球运动由游戏、娱乐阶段过渡到竞技、职业网球阶段。1980年，中国网球协会被接纳为该协会正式会员。

1972年，60名男子职业网球运动员组成了国际男子网球协会，即ATP，参加的会员是名列世界前200名的男子网球运动员，该协会的目的是维护职业网球运动员的利益，为他们提供比赛的机会和高额的奖金，并发行《国际网球周刊》。1973年，国际女子网球协会宣布成立，即WTA，其宗旨也是为女子网球运动员提供比赛的条件和奖金，帮助她们获得健康和伤残保险。

在奥林匹克大家庭中，网球运动占有重要的一席之地。1896年在雅典举行的第一届奥运会上，网球的男子单打和双打被列为正式比赛项目。后来，由于国际奥委会和国际网球联合会在"业余运动员"的定义上有分歧，已经连续7届奥运会都进行的网球比赛被取消。1992年在巴塞罗那奥运会上，网球又重新被列为正式比赛项目。在现代体育发展史上，网球运动可以称得上是一项鼻祖式的运动项目，许多现代体育运动的产生都与它有着密不可分的联系，如被称为我国国球的乒乓球(Table Tennis)运动，就是把网球搬进室内，欧洲人称之为"室内网球"。

当前，网球运动在世界各地得到广泛的发展，但是水平较高的国家大多数在欧洲和美洲。美国约有2 000万人参加网球运动，是目前参加网球运动人数最多的国家；瑞典全国共有800多万人口，其中就有100多万人参加网球运动，是世界上网球运动人口占全国总人口比例最高的国家。每年到场观看法国公开赛、美国公开赛、澳大利亚公开赛、温布尔登公开赛等比赛的人数达数百万，电视观众有数亿。温布尔登草地网球比赛每年的发奖仪式都由英国皇室成员颁奖。美国前总统克林顿就是网坛巨星阿加西的忠实球迷，曾经亲临法国公开赛现场为阿加西助威。随着网球器材的不断发展，网球场地日新月异，以主动进攻为主、防守为辅的战术指导思想逐渐占据了当今的世界网坛。

三、中国网球运动的发展状况

网球运动是在19世纪后期，由英、美、法等国商人及传教士和士兵们作为娱乐活动传入我国的。随之在上海、广州、北京等大城市中出现网球活动，后来在教会学校中也开展起来。

中国于1910年第一届全国运动会上设立了网球项目。在第三届全运会上开始设立女子项目。1915年至1931年，男子网球运动员参加了第二届至第十届远东运动会、女子网球运动员参加了第六届至第十届远东运动会的网球表演赛。在第八届远东运动会上，以邱飞海、林宝华为主力的中国网球队曾获得冠军。侨居印度尼西亚的许承基曾于温布尔登赛上打进第四轮，并于1938年列为世界赛会第8号种子。

新中国成立后，网球运动在起点低、基础差、交往少的情况下逐渐地发展起来。1953年，我国在天津首次举办了包括网球在内的四项(篮、排、网、羽)运动会，1956年举行了全国网球锦标赛，后来定期举行全国网球等级联赛，并实行升降级制度；此外，还定期举办全国网球单项比赛、全国硬地网球冠军赛、全国青少年网球比赛，近年来又举办了巡回赛、公开赛。

到了20世纪80年代，随着改革开放的深入，越来越多的人喜爱网球运动，我国的网球运动水平提高得也相对较快。

1986年在第十届亚洲运动会上，我国选手李心意获女子网球单打冠军。我国女子网球的水平上升很快，尤其2004年更是成绩喜人，其中孙胜男和詹咏然获得澳网青少年组女子双打冠军，李婷、孙甜甜更是勇夺雅典奥运会的女子网球双打桂冠。2006 年，郑洁与晏紫组合成功获得了澳大利亚网球公开赛、温布尔登网球公开赛的女子双打冠军。另外，李娜在 2011 年法国网球公开赛、2014 年澳大利亚网球公开赛上获得女子单打冠军，成为亚洲第一位“大满贯”选手，创造了历史。

随着我国网球运动水平的进一步提高，有多人进入世界排名前 50 位。可以说，中国选手的每一次进步和突破都具有历史意义，并且极大地推动着我国网球运动的发展。

第五节　羽毛球

一、羽毛球运动的起源与发展

（一）羽毛球运动的起源

早在两千多年前，一种类似羽毛球运动的游戏就在中国和印度等国出现。中国叫打手毽，印度叫浦那，西欧等国则叫作毽子板球。据传，在 14 世纪末，日本出现了把樱桃插上美丽的羽毛当球，两人用木板来回对打的运动，这便是羽毛球运动的原形。现代羽毛球运动诞生在英国。1873 年，在英国格拉斯哥郡的伯明顿镇有一位叫鲍弗特的公爵，在他的领地开游园会，有几个从印度回来的退役军官就向大家介绍了一种隔网用拍子来回击打毽球的游戏，人们便对此产生了很大的兴趣。因这项活动极富趣味性，很快就在上层社会社交场上风行开来，“伯明顿”(Badminton)即成为羽毛球的英文名字。

（二）羽毛球运动的发展

1877 年，英国的巴斯羽毛球俱乐部成立，并且，第一本介绍羽毛球比赛规则的图书在英国出版。1893 年，在英国成立了世界上第一个羽毛球协会。1899 年，该协会举办了第一届“全英羽毛球锦标赛”，此后每年举办一次，并沿袭至今。羽毛球运动从斯堪的纳维亚传播到英联邦各国，20 世纪初流传到亚洲、美洲、大洋洲，最后传到了非洲。1934 年，成立了国际羽毛球联合会，总部设在伦敦。1939 年国际羽毛球联合会通过了各会员国共同遵守的《羽毛球竞赛规则》。20 世纪 20 到 40 年代欧美国家的羽毛球运动发展很快，其中英国、丹麦、美国、加拿大的水平相当高。50 年代亚洲羽毛球运动飞快发展，马来西亚取得了两届汤姆斯杯赛冠军。同时印度尼西亚队在技术和打法上有所创新很快取得了霸主的地位。60 年代以后羽毛球运动的发展逐渐移向亚洲。1981 年 5 月国际羽毛球联合会重新恢复了中国在国际羽联的合法席位，从此揭开了国际羽坛历史上新的一页，进入了中国羽毛球选手称雄世界的辉煌时代。在 1988 年汉城奥运会上，羽毛球被列为表演项目，1992 年巴塞罗那奥运会将其列为正式比赛项目，1996 年亚特兰大奥运会又将混双列为比赛项目。从此羽毛球运动进入新的发展时期。

（三）羽毛球运动在中国的发展

1954 年，一批批报效祖国的赤子回国，并带回了先进的羽毛球技术，同时组建了国家集训队。而后我国在东南沿海几个主要大城市也成立了以归国华侨青年为骨干的羽毛球队，在“破除迷信，解放思想，走自己的路”的思想指导下，我国的羽毛球运动员总结了国内外羽毛球运动的经验教训和技术资料，结合自己的运动实践进行了探索，不断地改进训练方法。同时借鉴我国乒乓球运动的成功经验，并通过对多年训练和比赛实践经验的总结，提出了“以我为主、以快为主、以攻为主”的积极打法。后来，又经过不断地总结和完善，逐步形成了中国羽毛球运动所特有的“快、狠、准、活”的技术风格。我国运动员怀着一颗勇攀世界羽坛技术高峰、为国争光的雄心大志，吸取了国外一些先进的运动训练方法，勤学苦练，自觉地贯彻“从难、从严、从实战出发，进行大运动量训练”的“三从一大”训练方针，运动技术水平得到了进一步的提高。但由于政治上的原因，当时我国未加入国际羽联，故未参加世界性锦标赛。但是在国际相互的交往中，多次与当时的世界强队进行过较量，都取得了优异的成绩。

1981 年 5 月，国际羽联重新恢复我国在国际羽联的合法席位，实现了我国运动员多年的夙愿——逐鹿世界羽坛，争夺世界桂冠，为国争光。1981 年 7 月，在美国洛杉矶第 1 届世界羽毛球运动会上，我国运动员夺得了男女单、双打的四项冠军。1982 年，我国第一次参加全英羽毛球比赛，张爱玲夺得女子单打冠军，林瑛/吴迪夺得女子双打冠军。同年，中国队第一次参加“汤姆斯杯”赛，在第一天 1∶3 非常不利的情况下，运动员们奋力拼搏，最终以 5∶4 击败羽坛劲旅印度尼西亚队而夺得冠军。1984 年，在马来西亚吉隆坡，我国羽毛球女队又夺得了第 10 届“尤伯杯”冠军。紧随其后，我国涌现出了杨阳、赵剑华、李永波、林瑛等一批世界羽坛顶尖高手，从而进一步奠定了我国羽毛球技术水平处于世界羽坛领先地位的基础，在一系列世界大赛中为祖国夺得了众多的金牌，创造了中国羽毛球历史上的辉煌时期。

进入 20 世纪 90 年代，随着一批优秀运动员的相继退役，我国暂时出现了一段青黄不接的时期，而印度尼西亚经过了多年的励精图治，涌现了一批以阿迪、王莲香为代表的新秀。欧洲也重新崛起，韩国、马来西亚也有新人涌现，世界羽坛进入了群雄抗衡的时代。在巴塞罗那奥运会上，我国痛失羽毛球项目所有金牌。直到 1995 年才逐渐步出低谷，首次夺得“苏迪曼杯”冠军。在 1996 年亚特兰大奥运会上，葛菲/顾俊勇夺女双冠军，实现了我国羽毛球项目在奥运会上零的突破。1997 年，我国运动员再次夺得“苏迪曼杯”冠军，同时在世界锦标赛上获得了女单、女双和混双三块金牌，开始步入再铸辉煌的历程。2000 年悉尼奥运会上，我国运动员获得男子单打、女子单打、女子双打、混合双打的冠军。2004 年雅典奥运会上，我国运动员获得女子单打、女子双打、混合双打的冠军。2008 年北京奥运会上，我国运动员获得男女单打、女子双打的冠军。2012 年伦敦奥运会上，我国运动员包揽了羽毛球比赛的全部金牌。

二、羽毛球运动的特点

（一）全身运动

无论是进行有规则的羽毛球比赛还是作为一般性的健身活动，都要在场地上不停地进行脚步移动、跳跃、转体、挥拍，合理地运用各种击球技术和步法将球在场上往返对击，从而增大了上肢、下肢和腰部肌肉的力量，加快了锻炼者全身的血液循环，增强了心血管系统和呼吸系统的功能。据统计，大强度羽毛球运动者的心率可达到每分钟 160～180 次，中强度运动心率可达到每分钟 140～150 次，低强度运动心率也可达到每分钟 100～130 次。长期进行羽毛球锻炼，可使心跳强而有力，肺活量加大，耐久力得到提高。

（二）老少皆宜

羽毛球运动适合于男女老幼，运动量可以根据个人的年龄、体质、运动水平和场地环境的特点而定。青少年可作为促进其生长发育、提高身体机能的有效手段进行锻炼，运动量宜为中强度，活动时间以 40～50 分钟为宜。适量的羽毛球运动能促进青少年增长身高，培养青少年自信、勇敢、果断等优良的心理素质。老年人和体弱者可作为保健康复的方法进行锻炼，运动量宜较小，活动时间以 20～30 分钟为宜，以达到出出汗、弯弯腰、舒展关节的目的，从而增强心血管和神经系统的功能，预防和治疗老年心血管和神经系统方面的疾病。儿童可作为活动性游戏的方法来进行锻炼，让他们在阳光下奔跑跳跃，并要求他们能击到球，培养他们不畏困难、不怕吃苦、不甘落后的品质。

第八章
游泳运动

第一节　概述

一、简介

游泳是一种凭借自身肢体动作和与水的相互作用力，在水上漂浮前进，或在水中潜游而进行的有意识的技能活动，是人类在长期生产劳动和同大自然的斗争中产生的。它一直与人类生存、生产、生活相联系，也是随着人类社会的形成、发展而产生发展起来的。

目前较为普遍开展的游泳运动大致有以下几种。

(一) 竞技游泳

现代游泳运动一般指模仿动物的动作而得名的，如蛙泳、蝶泳(海豚泳)；有的是取名于游泳时的身体姿势，如仰泳(背泳)、侧泳、俯泳(蛙泳的别名)；有的是根据它的动作形象而取名，如爬泳(自由泳)。随着竞赛的不断改革，当代竞技游泳包括自由泳(爬泳)、仰泳、蛙泳、蝶泳(海豚泳)四种泳式，由这四种泳式组成的混合泳也列为正式比赛项目。按国际游泳联合会规定，现已正式列入世界游泳纪录的男、女竞技游泳项目共 34 项。奥运会游泳比赛只设 32 项(无男子 800 米、女子 1 500 米两项)。

竞技游泳技术从广义讲，除四种泳式和混合泳外，还应包括出发入水、启动加速游、途中游、转身和终点触壁。竞技游泳的技术特点包括：

(1) 身体成水平姿势，改变了人的日常运动习惯。由于浮力作用，运动员在水中有“失重感”，游动时有“轻”“漂”的感觉。

(2) 手和脚是同时发生作用的两个“推进器"，除蛙泳外，“推进器”主要来源于手。

(3) 臂和呼吸紧密联系，水面吸气，水中吐气，呼吸的节奏是“吸”→“憋”→“吐”。用嘴吸气和吐气是游泳区别于陆上其他运动的最大特点。

(4) 手和脚的配合有严格的节奏和比例，除蛙泳手与腿的配合比例 1∶1 外，其余泳式有2∶2、2∶4、2∶6等配合方式。

(二) 实用游泳

实用游泳是指直接为生产、军事、生活服务的游泳活动，包括踩水、侧泳、反蛙泳、潜泳、水上救护技术、武装泅渡等非竞技游泳技术。竞技游泳和实用游泳的区分是相对的，如蛙泳、仰泳等一些竞技游泳技术虽不包括在实用游泳中，但实际泅渡、救人、运物等广泛采用蛙泳，水上做积极性休息广泛采用仰泳。

(三) 公开水域游泳

1. 游渡海峡

从 1810 年著名诗人拜伦横渡了赫勒斯滂海峡，揭开了近代横渡海峡史的第一页后，世界上许多海峡都被人类所征服。横渡海峡已成为世界性的游泳活动。例如，横渡英吉利海峡(直线距离 20.51 海里)，第一个被公认的纪录是英国的 M.韦布 1875 年创造的，成绩是 21 小时 45 分钟。目前，横渡海峡的运动不但有男子参加，甚至连许多女子都加入了这个运动。

2. 长距离游泳

长距离游泳也称“马拉松游泳”，是一种在公开水域不限姿势、不限时间、不限距离的比赛项目，目的是为了创造最长时间、最长距离的游泳纪录。

3. 竞速潜水运动

竞速潜水运动又称水下体育运动。运动员穿戴特制装具，在自然水域(江、河、湖、海)和游泳池中进行水下训练和比赛。分蹼泳(戴水镜，口咬呼吸管，脚穿脚蹼，比赛距离为 100 米、200 米、400 米、800 米、1 500 米、1 850 米和 4×100 米、4×200 米接力，男女相同)；屏气潜泳(戴面罩和脚蹼，比赛距离为 50 米)；器泳(戴压缩空气呼吸器和水镜以及脚蹼等装具，比赛距离为 100 米、400 米、800 米等)。其他潜水运动还有水中狩猎、水下定向、水下橄榄球、水下篮球、水下潜深、水下潜远等。

(四) 大众游泳

随着人类社会的发展、生产力的提高、社会物质财富的不断丰富，人们对物质、文化、娱乐生活的要求也相应地在变化。以增强体质为宗旨，丰富人们文化生活为目的的大众游泳活动，如康复游泳、娱乐游泳、水中游戏、健身游泳、减肥游泳等，已在世界各地蓬勃地发展，成为现代游泳运动的重要组成部分。

二、发展历程

游泳运动是男女老幼都喜欢的体育项目之一。古代游泳，根据现有史料的考证，国内外较一致的看法是产生于居住在江、河、湖、海一带的古代人。他们为了生存，必然要在水中捕捉水鸟和鱼类作食物，通过观察和模仿鱼类、青蛙等动物在水中游动的动作，逐渐学会了游泳。历史与发展自古至今，无论是为了捕猎、逃避猛兽或是遇上海难时的自救，游泳都是重要的求生技能之一。

三、常用泳姿

游泳姿势一般分为自由泳、蛙泳、蝶泳、仰泳。自由泳速度最快，蛙泳姿势比较优美，仰泳最省体力，蝶泳爆发力最强。

(一) 自由泳

澳大利亚人韦利士于1850年使用了一种双手在水面前移的泳姿，这可以算是自由泳的雏形。英国游泳选手约翰·特拉真于1873年采用了一种用胸泳腿再配合双手交替前爬的泳式，后来澳大利亚人李察·卡尔又根据特拉真的泳式，创造了一种“浅打水”的踢腿方法。自此之后，腿的踢法就只有少许的变化。自由泳的完整配合有多种形式，一般常见的是每划水2次，打水6次，呼吸1次。

(二) 蛙泳

蛙泳是一种模仿青蛙游泳动作的游泳姿势，也是一种最古老的泳姿。蛙泳时，游泳者可以方便观察前方是否有障碍物，避免撞上障碍物。18世纪中期，蛙泳在欧洲被称为“青蛙泳”。

(三) 仰泳

早期的仰泳只是仰浮在水面上，然后再踢腿推进。1900年的巴黎奥运会上，开始有泳员使用手部在水面上过头前移的泳式，踩踏式的踢腿方式则到1912年的斯德哥尔摩奥运会才开始出现。

(四) 蝶泳

蝶泳的划手方法是由美国人迈尔斯于1933年在布鲁克林青年总会的蛙泳比赛中首次使用。1953年，国际泳联决定将蝶泳与蛙泳分开，蝶泳成为一个独立的比赛项目，而且泳员更可以采用海豚式的踢腿方法。

四、运动组织

国际游泳联合会(FINA)，简称国际泳联。1908年由比利时、丹麦、芬兰、法国、德国、英国、匈牙利和瑞典等国倡议成立，总部设在瑞士洛桑。国际泳联是国际单项体育联合会总会成员，正式用语为英语和法语，工作用语为英语。中国在中华人民共和国成立前即为国际泳联会员，1958年退出，1980年7月恢复会员资格。

第二节　蛙　泳

一、项目概述

(一) 简介

由于蛙泳的速度比较慢，在20世纪初期的自由泳比赛中(不规定姿势的自由游泳)，蛙泳不如其他的泳姿速度快，使得蛙泳技术受到排挤。随后国际泳联规定了泳姿，蛙泳技术才得以发展。

(二) 基本情况

蛙泳是竞技游泳姿势之一。人体俯卧水面，两臂在胸前对称直臂侧下屈划水，两腿对称屈伸蹬夹水，似青蛙游水。蛙泳较为省力，易持久，实用价值大，常用于渔猎、泅渡、救护、水上搬运等。比赛项目有男女100米、200米等。

二、项目基本技术

(一) 手臂技术

蛙泳手臂划水的动作可以产生很大的推动力，掌握合理的手臂划水技术，并且使之与腿和呼吸动作协调配合，能有效地提高游进速度。它的主要动作可分为开始姿势、滑下(也可叫作“抱水”或“抓水”)、划水、收手和向前伸臂几个阶段。这几个阶段也是紧密相连的完整动作。

1. 开始姿势

当蹬水动作结束时，两臂应保持一定程度的紧张，自然地向前伸直，并与水面平行，掌心向下，手指自然并拢，使身体成一条直线，形成较好的流线型。

2. 抓水

滑下(抓水)从开始姿势起，手臂先向前伸，并使重心向前，同时肩关节略内旋，两手掌心略转向外斜下方，并稍屈手腕，两手分开向侧斜下方压水，当手掌和前臂感到有压力时，就开始划水。

3. 划水

当两手做好抓水动作、两臂分成大约40°～45°角时，手腕开始逐渐弯曲，这时两臂两手逐渐积极地做向侧、下、后方的屈臂划水动作。划水时，手的运动应该分为两个部分。前一部分：手向外、向下、向后运动，水流从大拇指流向小拇指一边。后一部分：手向内、向下、向后运动，水流从小拇指流向大拇指一边。

4. 收手

收手是划水阶段的继续。收手时，收的运动方向为向内、向上、向前。手的蛙泳手臂姿势迎角大致为45°角。由于前臂外旋，掌心逐渐转向内。收手动作应有利于做快速向前的伸手动作，并且肘关节要有意识地做向内夹的动作。

5. 向前伸臂

向前伸臂是由伸直肘关节、肩关节来完成的，掌心由开始的向上逐渐转向内，双掌合在一起向前伸出，在最后结束前逐渐转向下方。

蛙泳整个臂部的动作路线无论是从俯视或仰视看都是椭圆形的，并且是一个连贯、力量从小到大、速度从慢到快的完整过程。

(二) 注意事项

(1) 平收腿：脚掌对水的动作，减少了对水面积，动作效果不好。

(2) 撅臀：大腿收得过多、过猛，没有收小腿。收小腿时，让脚后跟往臀部收，而不是膝盖朝腹部收。

(3) 翻脚：勾脚，形象比喻为卓别林用脚后跟走路的姿势，又称绷脚、芭蕾脚。

(4) 蹬水：蹬水时是用脚和小腿的内侧蹬水，先向外蹬，再向里夹。蹬夹动作是连贯在一起的，路线是弧形。不要过早地把脚绷起。这就要求一直勾脚蹬腿，直到双脚碰到一起再绷脚。

(5) 发力:不要过早,不是爆发式的发力,而是加速蹬水。

(6) 滑行:双腿并拢伸直 3 秒左右。3 秒左右的滑行可以协助运动员完成呼吸动作,也可以使肌肉得到休息,增加游泳距离。

第三节　自由泳

一、项目概述

(一) 简介

自由泳是竞技游泳比赛项目之一。自由泳严格来说不是一种游泳姿势,它的竞赛规则几乎没有任何限制,因其结构合理,阻力小,速度均匀、快速,是最省力的一种游泳姿势,大多数游泳运动员在自由泳比赛时选择使用这种泳姿。

(二) 基本状况

自由泳的基本技术特点是,人体俯卧水中,头肩应稍高于水面,游进时躯干绕身体纵轴适当左右滚动,两臂轮流划水推动身体前进。手入水后划水路线应呈 S 形,呼吸与划水动作协调。当两臂用力划水时,利用水流在头两侧形成波谷吸气。

二、项目基本技术

(一) 腿部动作

1. 坐姿打水

坐在池边或地上,两手后撑,两腿伸直,腿内旋使脚尖相对,脚跟分开成八字,两腿放松,以髋为轴,大腿带动小腿,上下交替打水。

2. 卧姿打水

俯卧在凳上,做两腿上下交替打水,要求同坐姿打水。

(二) 水中练习

1. 俯卧打水

手握池槽,或由同伴托其腹部,成水平姿势,两腿伸直,做直腿或屈腿打水。

2. 仰卧打水

仰卧姿势,手握池槽,或由同伴帮助托其背部,做两腿交替打水,注意膝盖不要露出水面。

3. 滑行打水

练习时要求闭气,两臂伸直并拢,将头夹于两臂之间。

4. 扶板打水

练习时两臂伸直,放松扶板,肩浸水中,手不要用力压板,呼吸自然。

（三）手臂与呼吸配合

1. 陆上练习

（1）两脚开立，上体前屈，做两臂划水的模仿练习。

（2）同上练习，结合呼吸配合。

2. 水中练习

（1）站立水中，上体向前倾，肩浸入水，两臂划水，边做边走，同时转头呼吸。

（2）蹬边滑行后闭气，做两臂配合动作。

（3）双腿夹打水板，蹬边滑行后，做两臂划水，结合转头呼吸。

3. 臂腿呼吸的配合

（1）站立水中，上体前倾做划两臂划水与呼吸配合的练习，借助用力划水向前移动，然后蹬离池底，两腿打水形成完整配合。

（2）蹬边滑行打水漂浮 5～10 米，做自由泳两臂划水与呼吸配合练习。

（四）注意事项

自由泳技术不像蛙泳那样有间歇阶段，而且呼吸时还必须向侧方转头，因而初学者往往会显得忙乱而且紧张，应着重于动作配合，注意动作的放松。

第四节　仰　泳

一、项目概述

仰泳，又名背泳，指游泳时脸向水面，背朝水底，因姿势形似仰卧得名。泳者虽然脸浮水上，呼吸便利，但是无法向前望，所以定向困难。在游泳比赛中，唯仰泳须要运动员在水里开始，其他泳姿都允许跳水起步。

二、项目基本技术

（一）动作技术

（1）两臂划水时，出水以大拇指领先，移臂时手臂与水面垂直，上臂贴近耳朵。移臂过程中手臂旋转，入水时小拇指领先插入水中。

（2）两臂划水应与身体转动协调配合，两肩不断形成位置差。

（3）保持水平的身体姿势，躯干和肩随手臂动作围绕纵轴转动，始终有一肩不露出水面。

（4）一般每划水 2 次，腿打水 6 次，呼吸 1 次。

（5）两腿交替做鞭状上下打水。向上打水要快而有力，脚略内旋并绷直，向下打水时腿和脚自然放松。

（二）注意事项

1. 仰泳呼吸

仰泳的姿势决定了仰泳时没有什么换气技术可言，但仰泳却是喝水最多的泳姿，手臂挥动时带出的水往往全部都到了嘴里，容易被呛。仰泳最注重身体的平衡，不同于其他三种泳姿，仰泳是没有参照物作为前进方向的，所以两臂的用力均匀以及自己的感觉就显得特别重要。

2. 打水频率

我们知道蛙泳的打水频率有 2、4、6 次，仰泳也与之相似，但最常见的是 2 次，即每划水 1 次打水 1 次。

3. 打水时机

最有效的打水时机是在手进入抱水阶段。划水的节奏决定打水的时机，在划水阶段的低推进部分时采用打水阶段的高推进部分是符合逻辑的，即在一只手入水几英寸深时，另一只手已完成高推进部分，最后推水进入空中移臂阶段，这时正处在划水阶段的低推进部分，所以此时采用打水可以帮助身体向前推进。

第五节 蝶 泳

一、项目概述

蝶泳是游泳项目之一，蝶泳技术是在蛙泳技术的动作基础上演变而来的。当蛙泳技术发展到第二阶段时，也就是 1937—1952 年这一时期，在游泳比赛中，有些运动员采用两臂划水到大腿后提出水面，再从空中迁移的技术，从外形看，就好像蝴蝶展翅飞舞，所以人们称其为“蝶泳”。

二、项目基本技术

（一）技术动作

1. 蝶泳上肢动作

蝶泳手臂的划臂动作，是和自由泳一样的，自由泳是交替划水，蝶泳则是同时划水。划水线路都是一样的。

2. 蝶泳下肢动作

蝶泳打水同样和自由泳一样，自由泳是交替打水，蝶泳是同时打水，打水的效果也就形成了腿部的海豚泳。不过，蝶泳腿部动作要有腰部力量配合。

3. 蝶泳配合动作

蝶泳配合动作也是以腿部为主，正常配合比例为 2∶1∶1，打水 2 次，划水 1 次，换气 1 次。但在初级练习时，可以多打水、少划水、少换气，每次打水稳定后，再划水换气，保证每次动作都有完整的配合，避免手忙脚乱，顾脚不顾头。

蝶泳两臂的划水动作是产生推进力的主要因素，并且相对其他姿势来说是较大的。蝶泳的划水是两臂在头前入水，同时沿身体两侧做曲线划水。

它的技术环节分为：入水、抱水、划水、推水和出水等几个阶段。

(1) 入水。

蝶泳两臂入水点基本上在肩的延长线上,两臂同时入水。入水时肘稍屈并略高于小臂,手掌领先,并约与水面形成45°角,然后带动小臂和大臂依次入水。

(2) 抱水。

臂入水后,手和前臂继续外旋,进入抱水阶段。抱水时,手的运动方向为向外、向后、向下。随着前臂的外旋,掌心由向外侧后转为向后方向,接着进入划水阶段。

(3) 划水。

在臂进入划水阶段时,前臂和手掌是划水的主要对水面。屈肘,使肘部保持较高的位置。前臂外旋动作和逐步加大屈臂动作是同时进行的,当两臂划至肩下方时,小臂和大臂的角度约成90°~100°,当两手划至腹下时,两手的距离最近(几乎碰到一起),然后转入推水动作。

(4) 推水。

当两手距离最近时,双手做弧形向外推水的动作。手的运动方向应为向外、向上、向后的方向。推水的前半部,手有较大的向后运动的分量,推水路线较直;推水的后半部,手有较大的向外、向上的运动的分量。推水时,由于小臂的内旋,掌心由划水向后转为向外侧后方。

(5) 出水。

当两臂推水至髋关节两侧时,利用推水的惯性,提肘出水。提肘出水动作是在推水结束前即已开始。在两臂推水尚未结束时,两肘已开始做向上提起的动作,这时掌心向外后侧。

(二) 注意事项

1. 自然的呼吸动作

蝶泳呼吸动作近似于蛙泳,在两臂向后推水时,嘴前伸吸气,切忌挺胸抬头,尽量减少身体上下起伏。蝶泳要做到自然的呼吸,应首先与两臂动作协调配合,即推水伸颌抬头吸气,移臂低头呼气。在长距离游泳中蝶泳呼吸与手臂动作的配合是1∶1,即1次划臂1次呼吸。其二是呼吸充分而有节奏,呼吸要保持一定的深度,才有利于气体交换。

2. 协调有节奏的臂腿配合动作

蝶泳的节奏性是蝶泳配合技术最显著的特点之一,有专家认为,蝶泳就是游节奏的泳式。在短距离游泳时,蝶泳臂腿的配合形式是1∶2,即两臂划水1次,打腿2次。体现这个节奏的核心是两臂推水动作与第二次打腿的配合,要求两个动作同时完成。

第六节　混合泳

一、简介

4×100米混合泳由4人分别按照仰泳、蛙泳、蝶泳、自由泳的顺序,每人用一种泳式游100米完成接力全程。个人混合泳比赛按蝶泳、仰泳、蛙泳、自由泳顺序进行。个人混合泳要求较高,运动员要在全面的基础上突出某项。混合泳的转身技术要兼顾不同泳式间的衔接，前一泳式结束转身时，要为下一泳式创造条件。

二、基本状况

（一）个人混合泳

个人混合泳属个人全能项目，在1964年第18届奥运会上被列为正式比赛项目。个人混合泳长度有200米和400米两种，比赛按蝶泳、仰泳、蛙泳、自由泳顺序，各游1/4距离。运动员要同时完成4种游泳姿势，必须具有良好、全面的训练水平，要取得好成绩还必须在某个项目上成绩突出。

（二）混合泳接力

混合泳接力是竞技游泳集体项目之一，全程400米，每队4人，每人游100米，按照仰泳、蛙泳、蝶泳、自由泳（必须用仰、蛙、蝶以外的任一泳式）的顺序进行。

三、个人混合泳的体力分配

个人混合泳的顺序是蝶泳、仰泳、蛙泳、自由泳，之所以这样排序，是考虑到蝶泳和蛙泳消耗体力大，而蝶泳更为四泳姿之首，对腰腹肌肉和胸肌的要求特别高，尤其是腰腹的力量必须足够才能保证蝶泳动作的顺利完成，如强行出水。而人在疲劳时就不容易完成或很勉强完成，故把蝶泳排在第一位。正确的方法是蝶泳不能使全力，只保持固定频率就行；仰泳是缓冲泳姿，起到调整体力的作用；蛙泳则要开始发力；最重要的是自由泳，这是个人混合泳最为关键的一步，应全力拼搏。

第七节　踩　水

一、项目概述

踩水也称“立泳”，是实用游泳姿势之一。借助两腿向下踩蹬，使人体可以浮立水中。踩蹬时，两腿可同时也可轮流进行，两手则在胸前做横向“摸水”动作。常用于持物渡江河、武装泅渡、救护溺水者等状况。

踩水主要分为：剪式踩水、蛙式踩水、侧踏式踩水（车轮式踩水）。比较常见的是采用立式蛙泳的动作技术，身体于水面构成的角度很大，接近于直立。

二、项目基本技术

（一）技术动作

1. 身体姿势

整个身体几乎是垂直于水面的，稍前倾，头部始终露在水面，下颌接近水面。

2. 腿部动作

踩水的腿部动作几乎和蛙泳的腿部动作一样，需要注意的是它的收蹬腿的幅度要小。

收腿时，膝关节可外翻，蹬腿时膝关节向内扣压，同时小腿和脚内侧蹬夹，两腿尚未蹬直并拢即开始做第二次的收腿动作。动作熟练之后，也可以进行两腿交替蹬夹水的动作技术。

3. 臂部动作

两臂稍弯曲，在体侧前做向外、向内的摸压水的动作，动作幅度不能太大。向外时，手掌心向外侧下，有分开水的感觉；向内时，手掌心向内侧下，有挤水的感觉。向内摸压至肩宽距离即分开。两手掌摸压水的路线呈双弧形。

4. 臂、腿、呼吸相互配合

腿的动作配合要连贯、协调，一般是两腿做蹬夹水时，两臂向外做摸压水的动作，收腿时，则向内摸压，呼吸要跟随臂腿自然进行。蹬夹水（臂向外）时吸气；收腿（臂向内）时呼气。可以一个动作一次呼吸，也可以几个动作做一次呼吸。

（二）注意事项

（1）最主要的是心理方面。当抬头的时候，身体就会暂时失去力量支点，会有种沉下去的感觉，如果过于紧张，就会动作混乱，进而导致不敢呼吸。

（2）如果张口的时候不敢大口呼吸，只是用裹气，结果相当于没呼吸到空气。裹气还会容易喝到水，长此以往会导致换气时更加恐惧。

（3）当大胆呼吸的时候，会急速沉下去，如果此时只呼吸一口气结束，相当于没呼吸到空气。

第八节　溺水救护

一、项目概述

溺水救护分为间接救护和直接救护。间接救护指用救生圈、竹竿、木板等器材进行救护。直接救护是救护者徒手对溺水者进行救护。当发现溺水者时，救护者应沉着、冷静。入水前应迅速观察周围环境，辨别水流方向、水面宽窄，选择入水地点。对熟悉的水域或熟悉的游泳池可起跳入水；对不熟悉的水域应用脚入水，以最快的速度接近溺水者。不论是采用自由泳或蛙泳，头必须露出水面，以便观察溺水者的情况。当游到距溺水者 3～5 米处时，深呼吸潜入水中，从溺水者的背后进行拖带。如游到溺水者前面时，为防止被溺水者抓住，可在水下扶住溺水者髋部，将其转为背向着自己，然后进行拖带。

二、项目基本技术

（1）溺水是由于人体淹没在水中，呼吸道被水堵塞或喉痉挛引起的窒息性疾病。溺水时可有大量的水、泥沙、杂物经口、鼻灌入肺内，可引起呼吸道阻塞、缺氧和昏迷直至死亡。

（2）溺水后常见病人全身浮肿，紫绀，双眼充血，口鼻充满血性泡沫、泥沙或藻类，手足掌皮肤皱缩苍白，四肢冰冷，昏迷，瞳孔散大，双肺有罗音，呼吸困难，心音低且不规则，血压下降，胃充水扩张。恢复期则可能出现肺炎、肺脓肿。溺水整个过程十分迅速，溺水者常常在4～5分钟或5～6分钟内死亡。

(3) 对溺水者的抢救，必须争分夺秒。不习水性而落水者，不必惊慌，迅速采取自救：头后仰，口向上，尽量使口鼻露出水面，进行呼吸，不能将手上举或挣扎，以免使身体下沉。会游泳的人如肌肉疲劳、肌肉抽筋也应采取上述自救办法。溺水救护者要镇静，尽量脱去外衣、鞋、靴等，迅速游到溺水者附近，看准位置，用左手从其左臂或身体中间握其右手，或拖头部，然后仰游拖向岸边。如救护者不习水性，可带救生圈、救生衣或塑料泡沫板、木板等，注意不要被溺水者紧抱缠身，以免累及自身。溺水者被救起后应立即清除口鼻中的泥沙污物，将舌拉出，保持呼吸道通畅。如尚有心跳、呼吸，可将溺水者俯卧，头低，腹垫高，压其背部排出肺、胃内的积水。其方法是：救生者一腿跪地，另一腿屈膝，将溺水者腹部横放在救护者屈膝的大腿上，头部下垂，后压其背部，使胃及肺内的水倒出。如呼吸、心跳停止，应立即进行人工呼吸和胸外心脏按压，如口对口呼吸、气管插管、吸氧等。经过上述抢救后必须立即送医院继续进行复苏后的治疗。

第九章

形体运动

第一节　健美操

一、健美操运动的概念

健美操是在音乐的伴奏下，以身体练习为基本手段，以有氧运动为基础，达到增进健康、塑造形体和娱乐目的的一项体育运动。

近年来，随着健身运动的不断发展，人们对健身的理解进一步加深，知识水平和健身的科学化程度不断提高，对健身的需求也更加多样化和个性化，因此出现了多种新的健身形式。这些新的健身形式使健美操运动的内容更加丰富，适合人群更加广泛，健身的效果更好，同时降低了损伤的可能性。健美操运动正是在此大环境下得到了迅速发展，呈现出了更加多样化和科学化的发展趋势。

健美操运动从影响人体健康的角度来说，具有良好的作用，尤其是对于控制体重、减肥和改善体型体态、提高协调性和韵律感具有良好的效果。

二、健美操运动的分类

按照目的任务和国外惯例，健美操运动分为健身性健美操和竞技性健美操两大类。

（一）健身性健美操

健身性健美操练习的主要目的是“锻炼身体、保持健康”。健身性健美操的动作简单，实用性强，音乐的速度也较慢，并且为了保证一定的运动负荷和锻炼的全面性，动作多有重复，并均以对称的形式出现。

健身性健美操按练习形式可分为徒手健美操、器械健美操两大类。

徒手健美操包括传统意义上的一般健美操和为满足不同人群兴趣和需要的各种不同风格的健美操。传统意义上的一般健美操目前仍很受欢迎，其主要练习目的是提高心肺功能和人体的有氧代谢能力。

器械健美操是利用轻器械、以力量练习为主的一种有氧健美操。器械健美操利用各种可移动的轻器械进行练习，既增加了健身的效果，同时也使健美操的练习形式更加多样化。

(二) 竞技性健美操

竞技性健美操是在健身性健美操的基础上发展而来的。竞技性健美操以成套动作为表现形式，在成套动作中必须展示连续的动作组合以及柔韧性、力量与七种基本步伐的综合使用，并结合难度动作。竞技性健美操的主要目的是“竞赛”，其比赛项目有男单、女单、混双、三人和六人。竞技性健美操在参赛人数、比赛场地和成套动作等方面都必须严格按照规则进行。

由于竞赛的主要目的就是取胜，因此在动作的设计上更加多样化，并严格避免重复动作和对称性动作。近些年来，运动员为争取好成绩，均在比赛的成套动作中加入了大量的难度动作。

除了健身性健美操和竞技性健美操，在我国还有一种表演性健美操。表演性健美操的主要练习目的是“表演”，它是事先编排好的、专为表演而设计的成套健美操，时间一般为2～5分钟。表演性健美操的动作较健身性健美操动作复杂，音乐速度可快可慢，为了保证一定的表演效果，动作较少重复，也不一定是对称性的。

三、健美操运动的特点

(一) 高度的艺术性

健美操是一项追求人体健与美的运动项目，因此健美操属健美体育的范畴，具有高度的艺术性。

健美操的艺术性主要体现在其“健、力、美”的项目特征上。“健康、力量、美丽”是人类所追求的身体状况的最高境界，而健美操运动无不处处表现出“健、力、美”的特征，包含着高度的艺术性因素，使健美操不同于其他运动项目，这也正是人们热爱健美操运动的原因之一。

健美操动作协调、流畅、有弹性，使练习者不仅锻炼了身体、增强了体质，而且从中得到了“美”的享受，提高了审美的意识和艺术的修养。健美操运动员在比赛中所表现出的健美的体魄、高超的技术、流畅的编排和充沛的体力等，也无不给观众留下深刻的印象。

(二) 强烈的节奏性

健美操动作具有强烈的节奏性特点，并通过音乐充分地表现出来，因此音乐是健美操运动不可缺少的组成部分。健美操音乐的特点是节奏强劲有力、旋律优美，具有烘托气氛、激发人们热情的效果。

健美操运动之所以深受喜爱，除练习本身的功效性、动作的时代感外，很重要的因素之一是现代音乐给健美操带来了活力。

(三) 广泛的适应性

健美操练习形式多样，运动量可大可小、很容易控制，对场地器材的要求也不高，因此对不同年龄层次、不同性别、不同身体素质、不同技术水平的人都适宜，各种人群都能从健美操练习中找到适合自己的方式，都能从健美操练习中得到乐趣。

（四）健身的安全性

健美操所设计的运动负荷及运动节奏，都充分地考虑了运动而产生一系列刺激结果的可行性，使之适合一般人的体质，甚至弱体质的人都能承受。人们在平坦的地面上，在欢快的音乐声中，跟随快慢有序的节奏进行运动，十分安全，而且有效。

四、健美操运动的功能

（一）增进健康美功能

“健康”即生理功能正常、无病理性改变和病态出现。但随着经济的发展和社会的进步，现代健康已经不仅仅是生理意义上的“健康”，而兼备健康的心理和行为。

“健康美”是一种积极的健康观念和现代意识，已有研究表明，“健康美”是机体最有效发挥其机能的状态。一个具有“健康美”的人除了自我感觉良好、可轻松应付日常工作与生活外，还有充沛的精力参加各种社交、娱乐及闲暇活动，亦能自发地处理突发的应激状态。

健美操作为一项有氧运动，其健身功效已达成共识。有研究认为，经常参加健美操进行锻炼的人，心脏总体积数显著大于没有参加锻炼者，且吸氧量明显增加。有氧运动是最能发展人体的心肺功能，增强心肌，增加肺活量，减少心肺呼吸系统疾病。健美操不仅具有有氧运动的功效，且兼备发展身体柔韧性和灵敏性的作用。因此，专家认为健美操是目前提高身体全面素质的较为理想的运动。

（二）塑造形体美功能

“形体”分为姿态和体型。姿态是从我们平时一举一动表现出来的行为习惯，受后天因素的影响较大。而体型则是我们身体的外型，虽然体育锻炼可适当改善体型外貌，但相对来说遗传因素起着决定性作用。

健美操运动可以塑造健美的体型。首先，通过健美操练习尤其是力量练习，可使骨骼粗壮、肌肉的围度增大，从而弥补先天的体型缺陷，使人变得匀称健美。其次，健美操练习还可消除体内和体表多余的脂肪。人体内脂肪的消耗是由很多因素造成的，最重要的一点就是新陈代谢的快慢，而健美操的强度不大，并可持续较长时间，能够消耗体内多余的脂肪，维持人体吸收与消耗的平衡，降低体重，保持着健美的体型。

（三）缓解精神压力，娱乐身心功能

随着时代的发展和社会的进步，人们在享受科学技术所带来的舒适生活和各种便利的同时，也受到了来自方方面面的精神压力。研究证明，长期的精神压力不仅会引起各种心理疾患，而且许多躯体疾病也与精神压力有关，比如高血压、癌症等。科学研究证明：体育运动可缓解精神压力，预防各种疾病的产生。而健美操作为一项体育运动，以其动作优美、协调，全面锻炼身体，同时又有节奏强烈的音乐伴奏而著称，是缓解精神压力的一剂良方。在轻松优美的健美操锻炼中，练习者的注意力从烦恼的事情上转移开，忘掉失意与压抑，尽情享受健美操运动所带来的欢乐，得到内心的安宁，缓解精神压力，使人具有更强的活力和最佳的心态。

(四) 医疗保健功能

健美操作为一项有氧运动，其特点是强度低、密度大，运动量可大可小，容易控制，因此除了对健康的人具有良好的健身效果外，对一些病人、残疾人和老年人也是一种医疗保健的理想手段。

五、健美操运动的起源

健美操是一项新兴的体育运动，最早的健美操是美国太空总署为太空人所设计的体能训练内容。医学博士库伯尔设计了一些动作逐渐加上音乐伴奏和服装，形成了具有独特体系的运动，并很快风靡世界。当时涌现出了一批健美操的代表人物，如杰西·索伦森和著名的好莱坞影星简·方达等。

健美操作为一项独立的体育运动项目兴起的时间是 20 世纪 70 年代末，其明显的标志就是“简·方达健美操”的出现。作为现代健美操运动的发起人之一，简·方达根据自己的体会和实践编写出版了《简·方达健美操》一书及录像带，自 1981 年首次在美国出版以来，一直畅销不衰，并被译成 20 多种文字，在 30 多个国家出售，对健美操运动在世界范围内的流行与发展起了巨大的推动作用，也使简·方达成为 80 年代风靡世界的杰出的健美操代表人物。

健美操运动自从 20 世纪 70 年代末 80 年代初兴起以来，以它强大的生命力迅速在全世界流行起来。到目前为止，健美操不仅在欧美等发达国家蓬勃发展，而且在一些发展中国家和地区也得到不同程度的开展，各种健美操俱乐部、健身操中心和健美操培训班如雨后春笋般到处涌现，许许多多的人选择健美操作为自己主要的健身方式，逐渐形成了世界范围的“健美操热”。

六、健美操运动的发展

(一) 世界健美操运动的发展

1983 年，美国举办了首届全美健美操锦标赛；1984 年，首届远东区健美操大赛在日本举行。由于两次大赛的成功，1984 年起健美操运动在世界各地全面兴起。1990 年，美国主办了健美操世界冠军赛，在日本主办了健美操世界杯赛。1995 年，国际体操联合会在法国举办了首届世界健美操锦标赛。

(二) 我国健美操运动的发展

1. 健美操首先在高校得到普及

世界性的健美操热传到我国是在 20 世纪 80 年代初。随着我国教育制度改革的不断深入，“美育”逐渐在学校教育中占有一席之地。因此，健美操的引进与兴起为我国美育教育提供了一个重要手段。

在健美操传入我国的初期(1981 年至 1983 年)，不少高校教师陆续在报纸杂志上刊登了一些介绍健美操和探讨美育教育的文章，并编排了一些健美操成套动作，如“女青年健美操”“哑铃健美操”等。从此，追求人体健与美的“健美操”一词迅速被广大体育工作者采用。

2. 社会健美操热的兴起与普及

我国的社会健美操热始于20世纪80年代，在全国的部分城市已经有了健身俱乐部的雏形。1987年我国第一家规模较大的健身中心“北京利生健康城”面向社会开放，首次把健美操这项新的体育运动介绍给广大人民群众，其新颖的锻炼方式、良好的健身效果很快被人们所接受，吸引了大批的健身爱好者。随后，越来越多的以健美操为主要形式的健身中心在社会上相继开业。尤其是在北京、广州、上海等大中型城市，人们的思想观念更加开放，追求健康、追求美成为时尚，并且随着生活水平的不断提高，为健康投资逐渐深入人心，因此千千万万的人热衷于健身，热衷于健美操，他们每周2～3次地参加每次40分钟至90分钟的健美操练习。通过锻炼，不仅增强了他们的体质，而且也愉悦了他们的身心，同时使健美操成为健身市场的一个组成部分。另外，电视等有关媒体的健美操节目的大量出现也对社会健美操热的持续发展起到了推动作用。

3. 我国健美操管理体系的建立

1992年，经民政部注册，中国健美操协会正式成立，同时也成为中华全国体育总会的团体会员，全国各行业系统也先后成立了有关的组织并举办健美操的活动。1997年国家体育总局成立体操运动管理中心，健美操项目归属体操运动管理中心管理，各省市体育局也明确了健美操项目的管理部门。1998年国家体育总局颁布了《健美操活动管理办法》，使我国健美操项目的管理更加规范化。

4. 我国健美操比赛的规范化与多样化

1987年，由原国家体委主办，康华健美研究所、北京体育学院、中央电视台等单位联合举办了全国首届“长城杯”健美操邀请赛，随后又分别组织过儿童、青年、中老年健美操比赛。最初的几年，每年举行一届全国健美操的邀请赛。1992年改为全国健美操锦标赛，同年也举办了首届“全国健美操冠军赛”。

5. 国际交流逐渐增多

近些年来，邀请国外专家来华讲学的活动逐渐增多，一些国内的健身俱乐部还购买了健身项目的专利，一些国外的健身组织在我国建立了分支俱乐部。我国的一些健美操指导员还参加了IDEA健身大会和Asiafit健身大会。

第二节　体育舞蹈

亚当·斯密曾说过：音乐和舞蹈是人类自己创造的，它们能够带给人类最原始的愉悦。舞蹈产生于人类的生活、劳动和情感，是一种人体文化。舞蹈艺术居于艺术之首，它随着人类的社会演变和文化进程而发展。研究表明，各种舞蹈都起源于原始舞蹈，体育舞蹈也不例外。

体育舞蹈作为一项新兴的体育运动项目，是以健身为基础的，集动作美、服装美、音乐美、舞蹈美于一身，具有健身、竞技性质，兼有文化娱乐内涵的运动。它对于增强学生体质、培养审美能力、矫正体型、陶冶情操、建立友谊、调节心理等都有良好的作用。尤其是在培养大学生的终身健康意识，锻炼身体习惯及体育技能等方面具有显著效果。

一、体育舞蹈的起源与发展

(一) 国际体育舞蹈的起源与发展

体育舞蹈，又称国际标准舞，起源于英国伦敦。1924 年英国及欧美舞蹈界人士在广泛研究传统宫廷舞、交谊舞及拉美国家各式土风舞的基础上对此进行了规范和美化加工，于 1925 年正式颁布了华尔兹、探戈、狐步、快步四种舞的步法，总称为标准舞(摩登舞)。此种舞蹈首先在西欧推广并进行了比赛，继而又推广到世界各国，受到了许多国家的欢迎和喜爱。

目前，世界各国纷纷将国际标准舞易名为“体育舞蹈”，欲将体育舞蹈运动纳入体育运动项目。“国际体育舞蹈联合会”(International Dance Sport Federation)于 1997 年 9 月 4 日正式成为国际奥林匹克委员会会员。

(二) 我国体育舞蹈的起源与发展

1986 年，文化部宣布正式成立中国国际标准舞学会，并举办了第一届全国国际标准舞会演，此后每年举办一届，从 1998 年开始，国标舞被列入文化部“荷花奖”的评奖单项，国标舞事业在中国从此又开启了一个崭新的篇章。

在政府的关心和指导下，全国各个省市(包括一些中小城市)都成立了国际标准舞协会，跳国标舞和学国标舞的人越来越多。东方卫视的“舞林大会”更是把国际标准舞推向了一个新的高潮，使之家喻户晓。

1991 年 5 月 3 日，以“国际体育舞蹈俱乐部”为前身的“中国体育舞蹈运动协会”宣布成立后，“中国体育舞蹈培训中心”在全国各地广泛开展了培训工作，依照国际规则，制定了我国第一个《体育舞蹈竞赛规则草案》，在 30 个省市成立了体育舞蹈协会，此后每年举办一次全国体育舞蹈锦标赛。

二、体育舞蹈的特点与分类

(一) 体育舞蹈的特点

体育舞蹈是由属于文艺范畴的舞蹈演变而来的体育项目，兼有文艺和体育的特点，是介于文艺和体育之间的边缘项目，是以竞赛为目的，且具有自娱性和表演观赏性的竞技舞蹈。体育舞蹈具有以下特点。

1. 科学性

体育舞蹈是科学。在体育舞蹈的各种舞蹈技术中包含着很多物理和哲学道理，比如力学原理和对立统一规律等。另外要想跳好体育舞蹈，还要了解欧洲和美洲的历史文化。因此，要会跳体育舞蹈容易，但是要跳好体育舞蹈难。

2. 严格的规范性

首先，表现在体育舞蹈是一个完整的舞蹈体系上，如同中国古典舞和西方芭蕾舞一样，它是经过数百年历史的锤炼，几代人的加工而成的；其次，表现在技术的规范性上，它严格到多一分嫌过，少一点欠火。

3. 表演观赏性

体育舞蹈融音乐、舞蹈、服装、风度美、体态美于一体，既有观赏的价值又有参与的可能，被认为是一种“真正的艺术”。

4. 体育性

体育性一方面体现在竞技性，即比成绩，拿冠军，为国争光；另一方面表现在锻炼价值上。从20世纪60年代至今，许多科研人员对体育舞蹈的生理和心理作用做过研究，通过对人体的能量代谢、能量消耗和心率变化的测定，显示出：华尔兹和探戈的能量代谢为7.57，高于网球(7.30)；体育舞蹈的最高心率为：女子197次/分，男子210次/分。可见，体育舞蹈引起人的生理变化是明显的，它是陶冶情操、锻炼体魄的一种极好形式。

5. 高度的技巧性

在体育舞蹈中，标准舞和拉丁舞是两种风格不同的舞蹈，因此两类舞蹈都有各自的舞蹈技巧，在舞蹈的过程中运用好这些技巧会达到事半功倍的效果。

6. 高尚的娱乐性

体育舞蹈是异性之间的舞蹈，因此它符合人类的生理规律。

7. 广泛的社交性

社交舞本身就是社会交往的一种手段，而体育舞蹈就是由社交舞演变而来的，因此具有广泛的社交性。

（二）体育舞蹈的分类

体育舞蹈按照舞蹈的风格和技术结构，分为标准舞和拉丁舞两大类。按竞赛项目可分为三类，即标准舞(Standard)、拉丁舞(Latin)和团体舞(Formation Dancing)。标准舞包括华尔兹、探戈、狐步、快步和维也纳华尔兹五种舞；拉丁舞包括伦巴、恰恰、桑巴、斗牛舞和牛仔舞五种舞。

1. 标准舞

标准舞起源于欧洲，具有端庄、含蓄、稳重、典雅的风格和绅士风度。舞步流畅、轻柔洒脱、舞姿优美、起伏有序、音乐节奏清晰、舞蹈富于技巧性，是一个老少皆宜的舞系。

2. 拉丁舞

拉丁舞起源于非洲和拉丁美洲，具有热情、奔放、浪漫的风格特点。舞蹈动作豪放粗犷、速度多变、手势和脚步内容丰富、充满激情、音乐节奏鲜明强烈，尤为中青年人所喜爱。

3. 团体舞

团体舞是标准舞或拉丁舞的混合舞，由8对选手组成，借助音乐的引导，将5种舞蹈在变化莫测的队形变动中编织出丰富多样的图案，它将音乐、舞姿、队形、图案和选手们的和谐配合融为一体，达到了完美的统一，使体育舞蹈的风格特点得到了更为鲜明的表现。

第三节　健　美

一、健美运动的概念

健美是与人的形体美密切相联的，健美是形体美的基础。人体有对称的造型，均衡的比例，流畅的线条，坚强的骨骼，匀称的四肢，丰满的躯体，弹性的肌肉，健康的肤色，这是形体美不可缺少的条件。健美还要求具有充沛的精神，愉快的情绪，青春的活力。

早在古希腊时代，运动健将就用举重物的方式锻炼身体，因此得到强壮健美的体型，这些健美的运动员，被雕塑家“记录”下来并留存至今，这是健美运动的早期萌芽。

二、健美运动的历史发展

（一）发源和早期

人们一般认为健美的“早期”是1880年至1930年这一段时期。

18世纪末，德国大体育家山道在伦敦音乐厅进行了一次轰动社会的表演。他那发达的肌肉和和谐的体型，犹如一座完美的艺术雕像，使数千名观众为之倾倒，从而开创了健美运动的先河。

（二）黄金时期

健美的“黄金时期”一般是指从1940年左右一直到1970年。在这段时期，早期审美观开始发生变化，人们追求更加庞大的肌肉，对肌肉的对称性和轮廓清晰度提出更高要求。这很大程度上是由于“二战”的爆发使很多年轻人开始追求更加强壮的体格，他们通过改善训练技巧、提高营养水平以及使用更有效的器械达到这些目的。很多有影响力的发行刊物也开始出现，新的比赛也应健美运动的发展而兴起。

（三）现代时期

20世纪70年代，由于阿诺德・施瓦辛格的影片《铁金刚》，健美吸引了很多公众的眼光。在这之前，国际健美联合会已经在此项运动中占统治地位。

三、健美运动的分类

（一）职业健美

健美界中“职业”一词一般是指健美运动员在有晋升资格的业余比赛中获胜并取得国际健美联合会的职业认证。职业运动员则有资格参加一些更高级别的比赛，包括“阿诺德经典”健美大赛及“冠军之夜”的比赛，并根据这些比赛的名次决定“奥林匹亚先生”的参赛权，“奥林匹亚先生”则是职业健美领域最高头衔。

（二）自然健美

在自然健美比赛中，健美选手例行违禁药品检查，一旦发现违规则取消今后的参赛权。药检可以通过尿液样本进行，但在很多情况下用成本更加低廉的测谎仪来代替。

（三）青少年健美

很多青少年参加健美比赛，健美运动中有很多门类专门针对年轻参赛者。一些职业选手都是从青少年时期就开始力量训练，如阿诺德·施瓦辛格、李·普瑞斯特和杰·卡特。

（四）女子健美

20世纪70年代，女性开始参加健美比赛，并风靡了一段时间。女性开始前所未有地加强力量锻炼，以求更好的身材，防止骨质疏松。然而许多女性仍然害怕力量训练会使她们身体膨胀，她们仍认为力量只是针对男性。不过力量训练对女性实际上是有很多好处的，譬如增加骨密度预防骨质疏松，提高肌肉力度和身体平衡性。

四、健美运动基本训练项目

（一）核心练习

例如，平卧推举这样的核心练习，属于复合多关节练习，合并了主要关节周围的主要运动，而且包括大的肌肉组。

（二）结构练习

比如蹲举这样的结构练习，属于核心练习的备选动作。脊骨承受负载，背部起了稳定作用，有时还能够协助运动的完成。

（三）力量练习

比如抓举这样的力量练习，属于爆发性的结构练习。

（四）辅助练习

辅助练习主要是单关节运动，如哑铃侧提升。不过，某些多关节运动（如下拉），并不符合核心练习标准，也属于辅助练习。

一组练习应从核心练习、结构练习或爆发性练习开始，以便在肌肉疲乏之前，保持良好姿势。一组练习以2～4种单项动作为宜。

第十章

武术运动

第一节 概 述

一、武术源流

武术是我国独具特色的一项运动，它是一个可以独练，可以比赛，又可以表演的运动项目。它既具有击技的实用价值，又能起到全面增强体质的健身作用，并且在造型和套路中又具有表演的艺术美。

中国武术有三个源头，即击技、舞蹈和技巧。击技是主体。舞蹈和技巧糅合在击技之中，一招一式，既具有身体灵活的技巧，又具有艺术的美，这种美的运动和运动的美，是经过长时间的发展而形成的。

击技是中国武术发展的主要源头，但不是唯一的源头。世界上各民族在其发展的过程中，都创造了各种兵器的使用方法，都有击技，但都没有发展成为中国武术这种具有艺术色彩的健身运动。西欧古代的剑术演变为击剑运动。击剑分别有重剑、轻剑、佩剑、花式剑等，其基本动作都是击刺。它和中国武术的艺术色彩差别相去甚远。中国武术除去击技之外，还吸收了舞蹈和技巧，才成为具有美的运动，所以舞蹈和技巧也是中国武术之源。

二、枪棍刀剑流派传说

唐代的剑舞虽然是武术发展的基础，但是它仍然被称作舞。从现有的史料来看，具有击技、健身、表演特色的武术，是在宋代形成的。据南宋周密的《武林旧事》记载，南宋的临安城已经有了"使棒"的艺人，比较有名的使棒艺人有"朱来儿""乔使棒"和"高三官人"等，《西湖老人繁盛录》中也记载了"使棒作场朱来儿"。至于传说中元末明初人士张三丰创武当内家拳，与少林寺的外家拳颉颃。这事虽然不见于明代史料，但是明代社会上确已流行内家拳法。

三、少林寺

"外家拳法数少林"，谈论中国武术流派的发展，必须要提及少林寺。少林寺位于河南省登封市少室山北麓，始建于北魏孝文帝太和十九年(495 年)，从建寺起，就有武装僧兵保卫寺庙财产的安全。隋朝末年，农民起义，群雄割据，少林寺处在交战的中心。当时割据洛阳的王世充与以关中为根据地的李世民在嵩山一带激烈交战，少林寺审时度势，决定投靠李世民。“少林寺僧志操、昙宗等，率众以拒伪师，抗表以明大义，执充侄仁则以归本朝”（《嵩岳少林寺碑》），受到李世民的特令嘉奖。

第二节　武术套路

一、五步拳

预备式：两脚并拢，双手握拳抱于腰间，拳面与小腹在同一个平面，双肘后顶，向左摆头，目视左前方。

左弓步搂手冲拳：弓步搂打之马步搂手（过渡动作），左脚向左横跨一大步成马步，同时左拳变掌向左搂出，掌指朝上，虎口撑开，目视左方。

弓步搂打之弓步冲拳：左掌变拳收回腰间，拳心朝上。马步向左拧腰转胯成左弓步，右拳同时内旋击出，拳心向下，力达拳面，目视前方。

弹踢冲拳：右拳外旋收回腰间，拳心向上。左拳拧旋击出，同时右脚向前弹出，脚面绷平，力达脚尖。左拳拳心向下。上身直立，目视前方。

马步架打：右脚前落成马步，左拳变掌向上撩架，右拳向前击出成平拳，眼看右方。

歇步冲拳：①歇步盖打之转身盖掌：向左转身，左脚后撤右脚后方，左掌变拳收回腰间，右拳变掌从上向左下横盖，目视前方。②歇步盖打之歇步冲拳：下蹲成右歇步，右掌变拳收回腰间，左拳平拳击出，目视前方。

提膝穿掌：左拳变掌下横盖，起身右腿直立，左脚提膝，同时右拳变掌从腰间向右上方穿出，目视右掌。

仆步穿掌：左脚向左落步成左仆步，左掌向左下方穿出，目视左方。

虚步挑掌：右脚向前上步成右虚步，左掌顺式向上向后成下勾手（低不过肩，高不过耳端）。右掌向前向上挑出，掌指向上，右肘微曲，目视前方。

收式：左脚向右脚并拢，双手变拳收回腰间。向左摆头，目视左前方。

二、初步长拳

（一）手型

拳：四指并拢卷握，拇指扣押在食指和中指的第二指节上。

掌：四指并拢伸直，拇指弯曲紧扣在虎口处。

勾：五指第一指节头捏拢在一起，屈腕成勾手。

（二）第一段

1. 预备式

动作说明：两脚并步站立，两臂垂于身体的两侧，五指并拢贴靠腿外侧，眼向前平式。

2. 虚步亮掌

(1) 第一动。

撤步砍掌。

动作说明：右脚向右后撤步成弓步；同时，左掌提至左腰间，掌心向上，右掌经右向前平砍，目视右掌。

(2) 第二动。

穿掌转身。

动作说明：重心后移，体右转，左脚收至右小腿内侧；同时，左臂经右臂上前穿，右掌经腰下摆至身体右后方，掌心斜向上，目视右掌。

(3) 第三动。

虚步亮掌。

动作说明：体左转，右腿屈膝半蹲，左脚前落成左虚步；同时，左掌内旋经右摆至体后成勾手，勾尖朝上，右掌经体侧在头前上方抖腕亮掌，目视左前方。

3. 并步对拳

(1) 第一动。

提膝穿掌。

动作说明：重心提起，左腿屈膝上提，脚面崩平；同时，左勾手变掌经腰间向前穿出，右掌下落，两掌距离与肩同宽、掌心均向上，高与肩平，目视前方。

(2) 第二动。

并步对拳。

动作说明：重心前移，左脚向前落步，两掌斜下摆。右脚上步；两掌经侧向上至头侧上方。左脚向右脚并拢成并步；同时，两掌握拳按至腹前，拳面相对为一拳距离，目视左前方。

4. 弓步冲拳

(1) 第一动。

半马步格肘。

动作说明：体左转，左脚上步成半马步；同时，右拳收至腰间，拳心向上；左臂向左侧格挡，拳高不过眉，目视左拳。

(2) 第二动。

弓步冲拳。

动作说明：右脚蹬地转腰成弓步；同时，左拳收至腰间，拳心向上，右拳冲出，拳眼向上，高与肩平，目视右拳。

动作要领：蹬地拧腰顺肩，冲拳急旋臂，力达拳面。

5. 弹腿冲拳

动作说明：重心移至左腿，右腿屈膝提起，脚面崩平向前伸膝弹踢，力达脚尖，高度呈水平；同时，右拳收至腰间，拳心向上，左拳冲出，拳眼向上，力达拳面，高与肩平，目视左拳。

6. 马步冲拳

动作说明：体左转 90°，左脚碾地，右脚脚尖内扣下落成马步；同时，左拳收至腰间，拳心向上，右拳冲出，拳眼向上，力达拳面，高与肩平，目视右拳。

7. 大跃步前穿

（1）第一动。

提膝挂掌。

动作说明：上体前倾左转，左腿屈膝；同时，右掌变掌向左膝关节外侧屈臂下挂，拳心向下，掌指向后，目视右拳。

（2）第二动。

落步挂掌。

动作说明：左脚前落；同时左掌变掌后摆，掌心向右，目视左拳。

（3）第三动。

腾空跃步。

动作说明：右腿屈膝上摆，左脚蹬地起跳向前跃出，身体腾空，体随之右后转；同时，右掌经上向右后方划立圆抡绕，左拳随之经前摆至头上方，目视右拳。

（4）第四动。

仆步收掌。

动作说明：右脚落步后，左脚向前铲出成左仆步；同时右掌变掌收至腰间，拳心向上，左掌落至右胸前立掌，目视左前方。

8. 弓步击掌

动作说明：重心前移，右脚蹬直，左腿屈膝成左弓步；同时左掌经左脚面搂至体左后方成勾手，勾尖向上，右拳变掌向前推出，高与肩平，力达掌外沿，目视前方。

9. 马步架掌

（1）第一动。

扣脚穿掌。

动作说明：体右转，左脚内扣，右脚稍微收成马步；同时右臂外旋掌心向上，左勾手变掌经腰间沿右臂上方穿出，右掌顺势收至左胸前，掌心向上，目视左拳。

（2）第二动。

马步亮掌。

动作说明：左拳抖腕至头上亮掌，右掌立于左胸前，目视右前方。

（三）第二段

1. 虚步栽拳

（1）第一动。

直身旋臂。

动作说明：重心提起，左掌臂外旋使掌心向右、掌指向上，目视右前方。

（2）第二动。

转身搂手。

动作说明：右腿屈膝提起，以左脚掌为轴向右后方转体 180°；同时右掌经右脚外侧向右后方搂成勾手，目视右下方。

（3）第三动。

虚步裁拳。

动作说明：右脚向右落步，右腿屈膝半蹲，左脚足跟提起成左虚步；同时两掌变拳，左拳裁至左膝上方，拳眼向内，右拳屈肘架至头上方，拳眼斜向下，目视左前方。

2. 提膝穿掌

（1）第一动。

转身按掌。

动作说明：体右转，两拳变掌，左拳经头上划弧按至胸前，拳心向下，右拳收至腰间，拳心向上，目视左拳。

（2）第二动。

提膝穿掌。

动作说明：左腿屈膝上提，脚面绷平，同时右掌经左拳背上方穿出，拳心向上，左拳顺势收至右腋下，拳心向上，目视右拳。

3. 仆步穿掌

动作说明：左脚向左前方铲出成左仆步，同时左掌经腹前立掌向左前方穿出，右掌成立拳，亮掌虎口向上，目视左掌。

4. 虚步挑掌

动作说明：重心前移，左脚尖外展，右脚向前上步成右虚步，同时左掌随重心前移向前挑掌后摆至体左侧成立掌，稍高于肩，右掌向前挑拳，指尖与眼平，目视右拳。

5. 马步击掌

动作说明：体右转，右脚尖外碾，左脚向前上步成马步，同时右掌以腕为轴，向右翻转握拳收至腰间，拳心向上，右掌经腰间，向左前方击拳，掌指向上，力达掌外沿，目视左掌。

6. 叉步双摆掌

动作说明：左腿蹬直成右弓步；右拳变掌，两臂向右摆出，掌指向右，目视右掌。上体左转，右脚向左腿后方插步成叉步，同时亮掌经上划立圆左摆，左掌停至体左侧成立掌，右掌立于左胸前，目视左前方。

动作要领：两臂抡摆划立圆，幅度要大，摆掌与后插步协调配合。

7. 弓步击掌

（1）第一动。

叉步劈掌。

动作说明：左掌收至腰间，掌心向上，右掌向右上方劈掌，稍高于肩，目视右掌。

（2）第二动。

撤步击掌。

动作说明：体右转，左脚撤步成右弓步，同时右掌经下摆至体后成勾手，左掌向前击出，目视左掌。

8. 转身踢腿马步盘肘

(1) 第一动。

转身抡臂。

动作说明：重心提起，左脚回收，左掌向上轮臂，右勾手变掌稍下落，目视前方，上动不停，体左后转 180°成左高虚步；同时，左掌随转体在体左侧立圆抡绕一周后停至头上方亮掌，右掌经下沿身体右侧立圆抡绕一周半，摆至体后成勾手，并目视前方。

(2) 第二动。

踢腿按掌。

动作说明：右腿直膝上摆，脚尖踢至前额，右脚下落，脚尖稍内扣；同时左掌下按至胸前，目视左掌。

(3) 第三动。

马步盘肘。

动作说明：体左转 90°，两腿屈膝下蹲成马步；同时，左掌平掳握拳至腰间，拳心向上，右勾手变拳，向左贯拳，屈肘至胸前，肘尖向前，目视前方。

(四) 第三段

1. 歇步抡砸拳

(1) 第一动。

转身抡臂。

动作说明：重心提起，体右转，右脚尖外展；同时，右拳上举后随体转绕至体右侧斜后方，拳眼向上，左拳经侧抡至头上方，拳心向上，目视前方。

(2) 第二动。

歇步砸拳。

动作说明：两腿屈膝下蹲成歇步；同时，右臂屈肘向下使右拳砸至腹前，左拳上拳，拳心向前，目视右拳。

2. 仆步亮掌

(1) 第一动。

弓步横击。

动作分明：右脚向前方上步，体右转成右弓步；同时，左拳收至腰间，拳心向上，右拳变掌经右收至右胸前向右前方横击掌，力达掌外沿，目视右掌。

(2) 第二动。

提膝穿掌。

动作说明：重心提起，体右转 180°，右腿屈膝上提，脚面绷平；同时，左掌经右臂上方穿掌，掌心向上，左掌顺势收至胸前，掌心翻转向上，目视右掌。

(3) 第三动。

仆步穿掌。

动作说明：右脚向右落步成右弓步；右掌向右下摆，掌心向上，目视右掌。身体左转，右腿屈膝下蹲成左仆步；同时，左掌后摆成勾手，右掌经右在头上方亮掌，目视左前方。

3. 弓步劈拳

（1）第一动。

上步平捋。

动作说明：重心提起，左脚经右脚内侧向左斜前方绕上步；同时，右掌变拳收至腰间，拳心向上，左勾手变掌经腰向左前平捋，高与肩平，目视左掌。

（2）第二动。

弓步劈拳。

动作说明：右脚向前上步成右弓步；同时，右拳经后向前劈拳，拳心向上，顺势左掌臂外旋扶于右前臂下，目视右掌。

4. 换跳步弓步冲拳

（1）第一动。

虚步挂掌。

动作说明：重心后移成右虚步；同时，右拳变掌下挂，掌心向右，左掌内旋收至右腋下，虎口向里，目视右掌。

（2）第二动。

抡臂震脚。

动作说明：重心提起，右掌经左向上、向前立圆抡劈后握拳收至腰间，拳心向上，左掌随后经左向前平按，掌心向下；同时右脚提起，震落至左脚内侧，左脚迅速提起，目视左掌。

（3）第三动。

弓步冲拳。

动作说明：左脚向前落步成弓步；同时，左掌收至右腋下，掌心向右，右拳经左掌背上向前冲出，力达拳面，拳眼向上，高与肩平，目视右拳。

5. 马步冲拳

动作说明：体右转，左脚尖内扣，右脚微收成马步；同时，右拳收到腰间，拳心向上，左掌变拳经胸前向左前方冲出，拳眼向上，高与肩平，目视左拳。

6. 弓步下冲拳

动作说明：体右转，左腿蹬直成右弓步；同时，左拳变掌向右下方撩掌。身体左转成左弓步，左掌随之上架于头上，右拳向斜前下方冲出，拳眼向上，目视右拳。

7. 叉步亮掌侧踹腿

（1）第一动。

动作说明：重心提起，右脚向左腿后方插步；同时右拳变掌，左掌下落至右腕处，两手在胸前交叉，掌指向上，目视右前方。

（2）第二动。

动作说明：上体稍向右方倾斜，左腿屈膝提起向左侧方踹出；同时，左掌向后摆成勾手，右掌经右划弧至头上抖腕亮掌，目视左前方。

8. 虚步挑拳

动作说明：左脚落步体左转使脚尖外展；同时，左勾手变拳经侧前挑，右掌变拳直臂稍下落，略高于肩，两拳拳眼向上。右脚上步成右虚步；同时，左拳经上划立圆环绕向后收到腰间，拳收向上，右拳经下，向前屈肘上挑，拳眼向内，目视右拳。

（五）第四段

1. 弓步顶肘

（1）第一动。

虚步挂拳。

动作说明：右臂内旋向下划弧挂至右膝前，拳面向下，目视前方。

（2）第二动。

跳步摆掌。

动作说明：重心提起，左脚蹬地跳起，右腿屈膝上提，身体腾空；同时左拳变掌，向前上方托掌，右拳上架至额前斜上方，目视左掌。右脚落地，左脚收至右腿内侧；同时，右掌变拳经上摆至右肩前，右拳变掌向右后方摆成立掌，高与肩平，目视右掌。

（3）第三动。

弓步顶肘。

动作说明：右脚前落成左弓步；同时，右臂屈肘以掌心紧贴左拳面用力左推，使左肘向左前顶出，高与肩平，目视肘尖。

2. 转身左拍脚

（1）第一动。

转身抡臂。

动作说明：体右后转，左脚尖内扣，足跟提起，右脚回收半步；同时，右掌向上随体转，沿体右侧立圆抡臂至体右后方，左拳变掌经下向前立圆抡臂至体左前方，两掌虎口向上，目视前方。

（2）第二动。

左拍脚。

动作说明：左脚绷平向前上方踢摆；同时，右掌经上向前在头前上方拍击脚面，左掌变拳收至腰间，拳心向上，目视左脚。

3. 右拍脚

动作说明：左脚向前落地；右掌变拳收至腰间，拳心向上。右脚绷平向前上方踢摆；同时，右拳变掌经后、向上、向前迎拍右脚面，目视右脚。

4. 腾空飞脚

（1）第一动。

蹬地击掌。

动作说明：右脚前落蹬地起跳，左腿屈膝提起，身体腾空；同时左掌随之上摆，右拳变掌向上摆至头上方迎击左掌心；目视前方。

（2）第二动。

腾空飞脚。

动作说明：在空中，右脚面绷平向前上方弹踢；同时，右手拍击右脚面，左掌移至左后方，目视右掌。

5. 歇步下冲拳

动作说明：左脚、右脚先后依次落地，右脚尖外展；左掌变拳收至腰间，拳心向上，右掌下稍落，掌心向下，目视右掌。体右转，两腿屈膝下蹲成歇步；同时，右掌掳手握拳收至腰间，拳心向上，左拳向斜下方冲拳，拳心向下，目视左拳。

6. 仆步抡劈拳

（1）第一动。

提膝抡臂。

动作说明：重心提起，左臂由腰侧向体后方摆出，右臂向上方摆起。左腿屈膝提起，脚面绷平，以右脚前掌为轴，体向左翻转 270°；左拳由前经上向后下方划立圆一周，右拳经下、向前上方划立圆一周。

（2）第二动。

仆步劈拳。

动作说明：左腿向后落步，屈膝全蹲，右腿伸直，脚尖内扣成右仆步；同时，右拳由上向下抡劈，拳眼向上，左拳向后上方举起，拳眼向上，左拳高于右拳，目视右拳。

7. 提膝挑掌

（1）第一动。

弓步挑掌。

动作说明：重心前移成右弓步；同时，右拳变掌向前挑，掌指向前，掌心向左，左拳变掌稍下落，掌心向上，目视左拳。

（2）第二动。

提膝抡臂。

动作说明：左臂、右臂在体两侧由前向后各划立圆一周后，右掌上挑至头上，掌心向左，掌指向上，左掌伸直停于身后成勾手，同时，右腿屈膝提起，脚面绷平，目视前方。

8. 提膝劈掌弓步冲拳

（1）第一动。

提膝劈掌弓步出拳。

动作说明：右掌由上向下迅速劈掌至右腿内侧，力达小指一侧，左勾手变掌屈臂至右肩前，目视前方。

（2）第二动。

弓步冲拳。

动作说明：右脚向右后方落步、体右转成右弓步；同时，左掌变拳收至腰间，右掌向右平搂。右掌变拳收至腰间，掌心向上，左掌向左前方冲出，掌眼向上，力达掌面，高与肩平，目视左掌。

（六）结束动作

1. 虚步亮掌

（1）第一动。

扣腿插掌。

动作说明：两拳变掌于胸前屈肘交叉，左掌在右臂下，掌心向下；同时重心左移，左腿微屈站立，右脚扣至左膝关节后方，目视右掌。

(2) 第二动。

仰身云手。

动作说明：左掌臂外旋掌心向上，经前左摆，右掌经右向后方划弧，掌心向上，同时上体后仰。左掌在头上平圆绕至体前，掌心向下，右掌经右向前平圆绕至左腋下，掌心向上，目视前方。

(3) 第三动。

撤步摆掌。

动作说明：体右转，右脚斜后方撤步；同时左掌斜上，右掌向右下方摆落，两掌心向上，目视右掌。

(4) 第四动。

虚步亮掌。

动作说明：体左转，右腿屈膝半蹲，左脚向前移步成左虚步；同时，左掌经体左侧向后摆成勾手，右掌经体侧向上划弧至头上方抖腕亮掌，目视左前方。

2. 并步对拳

(1) 第一动。

撤步穿掌。

动作说明：左脚向后方撤步；同时左勾手变掌，右掌后摆，两掌屈肘经腰间直臂前穿，掌心向上，高与肩平，距离与肩同宽，目视前方。

(2) 第二动。

并步对拳。

动作说明：重心后移，撤右步，两掌经体侧摆至头侧上方。左脚向右脚并拢成并步；同时，两掌变拳下按至腹前，拳面相对，目视左前方。

3. 收势

动作说明：两拳变掌，两臂自然下垂于体侧，目视前方。

三、太极拳

(一) 预备式

太极拳预备式。

1. 起势

(1) 第一动。

动作说明：身体自然直立，两脚左右开立，与肩同宽，足尖朝前；两臂自然下垂，两手置于大腿外侧，眼向前平视。

(2) 第二动。

动作说明：两臂慢慢内旋向前平举，两手高与肩平，与肩同宽，手心向下。上体保持正直，两腿屈膝下蹲；同时，两掌轻轻下按至与腹同高，两肘下垂并与两膝相对。

2. 左右野马分鬃

(1) 第一动。

动作说明：上体微向左转，身体重心移至右腿，左腿收至右脚内侧，足尖点地；同时，右臂提至胸前平屈，右手心向下，左手经体前向右下划弧置于右手下，手心向上，两手心相对成抱球状，目视右手。

(2) 第二动。

动作说明：上体微向左转，左脚向左前方迈出，以足跟着地；同时，左手略向前伸，右手落至左前臂内侧，目视左手。

(3) 第三动。

动作说明：右腿自然伸直，左腿屈膝成左弓步；同时，上体继续向左转，左右手随转体慢慢分别向左上右下分开，左手高与眼平(手心斜向上)，左肘微屈，右手落至右胯旁，肘微屈，手心向下，指尖向前，目视左手。

(4) 第四动。

动作说明：上体慢慢后坐，身体重心移至右腿，左足尖翘起，微向外展。

(5) 第五动。

动作说明：重心前移使左脚掌慢慢踏实，左腿慢慢前弓，身体左转，重心移至左腿，右脚收至左脚内侧，足尖点地；同时，左手心翻转向下，左臂收至胸前平屈，右手向左上划弧至左手下，两手心相对成抱球状。

(6) 第六动。

动作说明：身体微向右转，右脚向右前方迈出，以足跟着地；同时，右手略前伸，左手落至右前臂内侧，目视右手。

(7) 第七动。

动作说明：重心前移使右脚踏实，左腿自然伸直成右弓步；同时，上体右转，左右手随转体分别慢慢向左下右上分开，右手高与眼平(手心斜向上)，左手落至左胯旁，肘微屈，手心向下，指尖向前，目视右手。

(8) 第八动。

动作说明：与第四动解同，唯左右相反。

(9) 第九动。

动作说明：与第五动解同，唯左右相反。

(10) 第十动。

动作说明：与第六动解同，唯左右相反。

(11) 第十一动。

动作说明：与第七动解同，唯左右相反。

3. 白鹤亮翅

(1) 第一动。

动作说明：上体微向左转，左手翻掌向下，左臂平屈胸前，右手向左上划弧，手心转向上，与左手成抱球状；同时，右脚跟进半步以脚前掌着地。

(2) 第二动。

动作说明：重心后移至右腿，右脚踏实，上体右转，面向右前方，右手随之向右上方摆起，左手微下落，目视右手。

(3) 第三动。

动作说明：左脚稍向前移，以足尖点地成左虚步；同时，上体微向左回转，面向前方，右手随转体停于右额前，略高于头，手心向左后方，左手停于左胯前，手心向下，指尖向前，目视前方。

4. *左右搂膝拗步*

(1) 第一动。

动作说明：身体微向左转，右手从体前弧形下落至左胸前，左手由左下弧形上摆至身体左前方，手心斜向上。

(2) 第二动。

动作说明：上体右转，左脚收至右脚内侧，足尖点地；同时，右手经下向手上方划弧至右臂外侧，肘微屈，手与耳同高，手心斜向上，左手屈肘臂内旋收至右肘内侧，掌心向下，目视右手。

(3) 第三动。

动作说明：上体左转，左脚向左前方迈出成左弓步；同时，右手屈收由耳侧边坐腕立掌边向前推出，高与鼻尖平，左手向下经左膝前搂至左胯旁，掌心向下，指尖朝前，目视右手手指。

(4) 第四动。

动作说明：上体后坐，身体重心移至右腿，左足尖翘起微向外展。

(5) 第五动。

动作说明：重心前移，左脚掌慢慢踏实，左腿前弓，身体左转，身体重心移至左腿，右脚收至左脚内侧，足尖点地；同时，左手向外翻掌，由左后向上划弧至右肩外侧，肘微屈，手与耳同高，手心斜向上，右手收至左肩前，手心向外，目视左手。

(6) 第六动。

动作说明：与第三动解同，唯左右相反。

(7) 第七动。

动作说明：与第四动解同，唯左右相反。

(8) 第八动。

动作说明：与第五动解同，唯左右相反。

5. *手挥琵琶*

(1) 第一动。

动作说明：右脚跟进半步，右手松腕略向前探伸。

(2) 第二动。

动作说明：上体后坐，身体重心转至右腿上，上体半面向右转，左脚足跟提起；同时，左手由左下经侧弧形上摆,高与鼻尖平,右手略回收,目视左手食指。

(3) 第三动。

动作说明:左脚略提起稍向前移,以足跟着地,膝微屈,同时左手臂外旋使手心转向右,右手臂外旋合于左肘内侧,手心转向左,目视左手。

6. 左右倒卷肱

(1) 第一动。

动作说明:上体右转,右手经腹前经下向后上方划弧平举,手心转向上,臂微屈,左手随之翻掌,手心向上;眼随转体向右看,再转向前方看左手。

(2) 第二动。

动作说明:右臂屈肘,右手由耳侧经左手上向前推出,手心向前,左臂屈肘,回收至左肋外侧;同时,体左转,左腿轻轻提起向后(偏左)退一步,脚掌先着地,然后全脚慢慢踏实,身体重心移到左腿上,右脚随转体以脚掌为轴转正,目视右手。

(3) 第三动。

动作说明:上体微向左转,同时左手向左后上方划弧平举,手心翻转向上,右手随之翻掌,掌心向上,眼随转体先向左看,再转向前方看右手。

(4) 第四动。

动作说明:与第二动解同,唯左右相反。

(5) 第五动。

动作说明:与第三动解同,唯左右相反。

(6) 第六动。

动作说明:与第二动解同。

(7) 第七动。

动作说明:与第三动解同。

(8) 第八动。

动作说明:与第二动解同,唯左右相反。

7. 左揽雀尾

(1) 第一动。

动作说明:上体微向右转,右手随转体弧形摆起后屈肘收至右胸前,手心转向下,左手自然下落至右肋前,手心向上,两手相对抱球状;同时,身体重心落在右腿上,左脚收至右脚内侧,足尖点地,目视右手。

(2) 第二动。

动作说明:上体微向左转,左脚向左前方迈出,上体继续向左转,右脚自然蹬直,左腿屈膝成左弓步;同时,左臂向左前绷出(即左臂平屈成弓形,用前臂外侧和手背向前方推出),高于肩平,手心向后,右手落于右胯旁,手心向下,指尖朝前,目视左前臂。

(3) 第三动。

动作说明:身体微向左转,左手随即前伸,手心翻转向下,右手心翻转向上,经腹前向上、向前伸至左前臂下方。

（4）第四动。

动作说明：得心后移，两手下捋，上体随之右转，两手经腹前向右后划弧至右手高与肩齐，手心向上，左臂平屈于胸前，手心向后；同时，身体重心移至右腿，目视右手。

（5）第五动。

动作说明：上体左转，右臂屈肘，右手附于左手腕内侧，双手同时向前慢慢挤出，左手心向后，右手心向前，左前臂要保持半圆；同时，身体重心逐渐前移变成左弓步，目视左手腕部。

（6）第六动。

动作说明：左手翻掌，手心向下，右手经左腕上方向前、向右伸出，高与左手齐，手心向下，两手左右分开，宽与肩同，随即右腿屈膝，上体慢慢后坐，身体重心移至右腿上，左足尖翘起；同时，两手屈肘收回至腹前，手心均向前下方，眼向前平视。

（7）第七动。

动作说明：身体重心慢慢前移，左腿前弓成左弓步；同时，两手向前、向上按出，手心向前，眼平视前方。

8. 右揽雀尾

（1）第一动。

动作说明：上体后坐并向右转，身体重心移至右腿，左足尖扣；右手向右略带弧形摆至身体右侧。

（2）第二动。

动作说明：右手经腹前向左上划弧至左肋前，手心向上，左臂平屈胸前，左手心向下与右手成抱球状；同时，身体重心再移至腿上，右脚收至左脚内侧，足尖点地，目视左手。

（3）第三动。

动作说明：同“左揽雀尾”第二动解，唯左右相反。

（4）第四动。

动作说明：同“左揽雀尾”第三动解，唯左右相反。

（5）第五动。

动作说明：同“左揽雀尾”第四动解，唯左右相反。

（6）第六动。

动作说明：同“左揽雀尾”第五动解，唯左右相反。

（7）第七动。

动作说明：同“左揽雀尾”第六动解，唯左右相反。

（8）第八动。

动作说明：同“左揽雀尾”第七动解，唯左右相反。

9. 单鞭

（1）第一动。

动作说明：上体后坐，身体重心逐渐移至左腿上，上体随之左转，右脚足尖里扣，左手向左弧形摆至身体左侧，手心向左，右手经腹前摆至左肋前，手心向斜上方，目视左手。

（2）第二动。

动作说明：上体右转，重心移至右腿，左脚收至右脚内侧，足尖点地；同时，右手向右上方划弧（手心由里转向外）至右侧方时变勾手，臂与肩平，左手落下经腹前向右上划弧停于右肩前，手心向里，目视左手。

（3）第三动。

动作说明：上体左转，左脚向左前方迈出成左弓步；同时，左掌随上体左转慢慢翻转向前推出，手心向前，手指与眼齐平，左臂微屈，目视左手。

10. 云手

（1）第一动。

动作说明：身体重心移至右腿上，身体渐向右转，左足尖里扣，左手经腹前向右上划弧至右肋前，掌心斜向后，同时右勾手变掌，掌心向右前，目视右手。

（2）第二动。

动作说明：上体慢慢左转，身体重心随之逐渐左移；左手经脸前向左上方摆动，手心转向左，右手向下经腹前向左划弧至左肋前，手心斜向上；同时，右脚收靠左脚内侧成小开立步（两脚距离为 10～20 cm），目视左手。

（3）第三动。

动作说明：上体再向右转，左手随转体经腹前向右划弧至右肋前，手心斜向上，右手向右侧摆动，手心翻转向右，随之左腿向左横跨一步，目视右手。

（4）第四动。

动作说明：同第二动解。

（5）第五动。

动作说明：同第三动解。

（6）第六动。

动作说明：同第二动解。

11. 单鞭

（1）第一动。

动作说明：上体向右转，右手随之向右摆至右侧方时变勾手，左手经腹前向右上划弧至右肩前，手心向内；同时，身体重心落在右腿上，左足尖点地，目视左手。

（2）第二动。

动作说明：上体微向左转，左脚向左侧前方迈出，右足跟后蹬成左弓步；在身体重心移向左腿的同时，上体继续左转，左掌慢慢翻转向前推出，眼随左手。

12. 高探马

（1）第一动。

动作说明：右脚跟进半步，以脚前掌着地；同时，右勾手变掌，两手心翻转向上，两肘微屈，身体微向右转，目视右掌。

（2）第二动。

动作说明：右脚跳实，上体微向左转，面向前方，左脚微向前移，足尖点地成左虚步；同时，右掌屈肘经右耳旁向前推出时臂微屈，手心向前，手指向上，高与眼同，左手收至左腰前，手心向上，目视右手。

13. 右蹬脚

(1) 第一动。

动作说明：左手前伸至右手腕上，两手交叉，随即向两侧分开，向下划弧，手心倾斜向下；同时，左脚提起向左前方进步(足尖稍外展)，身体重心随之前移，右腿自然蹬直，目视前方。

(2) 第二动。

动作说明：两手由外向里划弧，交叉合抱于胸前，右手在外，手心均向内；同时，右腿屈膝提起。

(3) 第三动。

动作说明：右脚抬起向右前方慢慢勾脚蹬出，高与胸平；同时，两手向两侧撑掌，目视右手。

14. 双峰贯耳

(1) 第一动。

动作说明：右腿屈膝收回，左手由后向前摆，两手心均翻转向上。

(2) 第二动。

动作说明：两手同时下落于右膝两侧，右脚向右前方落步，身体重心前移成右弓步；同时，两手变拳，分别从两侧向上、向前划弧至面部前方，两拳相对，高与耳齐，拳眼均斜向下(两拳中间距离约 10～20 cm)，目视前方。

15. 转身左蹬脚

(1) 第一动。

动作说明：左腿屈膝后坐，身体重心移至左腿，上体左转，右足尖翘起里扣；同时，两拳变掌向左右划弧分开平举，手心向前，目视右手。

(2) 第二动。

动作说明：身体重心再移至右腿，右脚踏实，左脚收至右脚内侧；同时，两手由外向里划弧合抱于胸前，左手在外，手心均向内，眼平视左方。

(3) 第三动。

动作说明：两手左右划弧撑开平举，肘部微屈，手心均向外；同时，左腿屈膝提起，左脚向左前方慢慢蹬出，目视左手。

16. 左下势独立

(1) 第一动。

动作说明：左腿屈膝回收；同时，右掌变勾手，左掌弧形摆至右肩前，手心斜向后，目视右手。

(2) 第二动。

动作说明：右腿慢慢屈膝下蹲，左腿向左侧(偏后)伸出成左仆步；同时，左手下落(手心向外)经左腿内侧向前穿出，目视左手。

(3) 第三动。

动作说明：身体重心提起并前移，左腿前弓，左脚以足跟为轴，使足尖外展，右腿后蹬，右足尖里扣，上体微向左转；同时，左掌向前上方立掌挑起，手心向右，右勾手下落，勾尖转向上，目视左手。

(4) 第四动。

动作说明：右腿慢慢提起成左独立式；同时，右勾手变掌，由后下方顺右腿外侧向前上方弧形摆起，手心向左，左手落至左胯旁，手心向下，指尖朝前，目视右手。

17. *右下势独立*

(1) 第一动。

动作说明：右脚下落于左脚前，脚掌着地，以左脚前掌为轴外转，身体随之左转；同时，左手向后平举变成勾手，勾尖向下，右掌随转体向左立于左肩前，手心斜向后，目视左勾手。

(2) 第二动。

动作说明：同"左下势独立"第二动解，唯左右相反。

(3) 第三动。

动作说明：同"左下势独立"第三动解，唯左右相反。

(4) 第四动。

动作说明：同"左下势独立"第四动解，唯左右相反。

18. *左右穿梭*

(1) 第一动。

动作说明：身体微向左转，左脚向前落步，足尖外展，两腿屈膝成半坐盘。

(2) 第二动。

动作说明：重心前移，右脚收至左脚的内侧；同时，两手在左胸前成抱球状(左上右下)，目视左前臂。

(3) 第三动。

动作说明：身体右转，右脚向右前方迈出成右弓步；同时，右手经面前上举并翻掌停在右额前，手心斜向上，左手下落后向前推出，高与鼻尖平，手心向前，目视左手。

(4) 第四动。

动作说明：身体重心略向后移，右足尖稍外展；同时，右手落至体前，左手屈臂回收，目视右手。

(5) 第五动。

动作说明：随即身体重心前移至右腿，左脚收至右脚内侧，足尖点地；同时，两手在右胸前成抱球状，目视右前臂。

(6) 第六动。

动作说明：同第三动解，唯方向及左右相反。

19. *海底针*

(1) 第一动。

动作说明：右脚向前跟进半步；同时，右手落至右腹前，左手随之下落。

(2) 第二动。

动作说明：身体重心后移至右腿，左脚稍前移，以足尖着地左成虚步；同时，身体稍向右转，右手随体转向后、向上提抽至肩上耳旁，再随身体左转向前下方插出，掌心向左，指尖斜向下，左手向下划弧落至左胯旁，手心向下，指尖向前，目视前下方。

20. 闪通臂

动作说明：上体稍向右转，左脚向前迈出，屈膝弓腿成左弓步；同时，右手由体前上提、屈臂上举，停于右额前上方，掌心翻转斜向上，左手提至胸前再向前推出，高与鼻尖平，手心向前，目视左手。

21. 转身搬拦捶

(1) 第一动。

动作说明：右腿屈膝后坐，身体重心移至右腿，身体向右转，左足尖翘起，右手随身体转落至体右侧。

(2) 第二动。

动作说明：左脚尽量内扣、踏实，身体重心再移至左腿，右手握拳屈肘收至左肋旁，拳心向下，左掌上举于头前，掌心斜向上，目视前方。

(3) 第三动。

动作说明：身体右转，右脚随之回收后向前迈出，足尖外展；同时，左手下落，右拳经胸前向前，经左手上翻转砸出，拳心向上，左手落于左胯旁，手心向下，指尖向前，目视右拳。

(4) 第四动。

动作说明：身体重心移至右腿上，左脚向前迈一步以足跟着地；同时，左手经左侧向前划弧拦出，掌心向前下方，右拳向右划弧收至右腰旁，拳心向上，目视左手。

(5) 第五动。

动作说明：左腿前弓成左弓步；同时，右拳向前打出，拳眼向上，高与胸平，左手附于右前臂内侧，目视右拳。

22. 如封似闭

(1) 第一动。

动作说明：左手由右腕下向前伸出，右拳变掌，两手手心逐渐翻转向上并慢慢分开屈肘回收至胸前时，再翻转向下落至腹侧；同时，身体后坐，左足尖翘起，身体重心移至右腿，目视前方。

(2) 第二动。

动作说明：重心前移，左脚掌踏实，左腿前弓成左弓步；同时，两手向上、向前略带弧形推出，腕部与肩平，手心向前，目视前方。

23. 十字手

(1) 第一动。

动作说明：重心后移，右腿屈膝后坐，左足尖翘起。

(2) 第二动。

动作说明：体右转，左脚内扣，右足尖随之稍向外展成右侧弓步；同时，右手随体向右划弧平摆，掌心向前，肘部微屈，目视右手。

(3) 第三动。

动作说明：身体重心慢慢移至左腿，右足尖里扣，随即向左收回，两脚距离与肩同宽，两腿逐渐伸直成开立步；同时，两手向下经腹前向上划弧交叉合抱于胸前，两臂撑圆，腕与肩平，右手在外成十字手，手心均向后，目视前方。

24. 收势

动作说明：两手向外翻掌，手心向下，两臂慢慢下落停于身体两侧，左脚向右脚并步，目视前方。

四、竞赛规则

评分组由评判动作质量(A组)的裁判3～4名(含第一副裁判长)、评判演练水平(B组)的裁判4名(含裁判长)、评判难度(C组)的裁判3～4名(含第二副裁判长)组成。

(一) 评分方法

(1) 各项比赛的满分为10分。其中动作质量的分值为5分；演练水平的分值为3分；难度的分值为2分。

(2) A组裁判员根据运动员现场完成动作的质量，用动作质量的分值减去各种动作规格错误和其他错误的扣分，即为运动员的动作质量分。

(3) B组裁判员按照套路动作的劲力、节奏及音乐的要求整体评判后确定的等级平均分数减去对套路编排错误的扣分，即为运动员的演练水平分。

(4) C组裁判员根据运动员现场整套难度完成的情况，按照各项目动作难度和连接难度的确认标准，确定运动员现场完成动作难度、连接难度的累计分，即为运动员的难度分。

(二) 评分标准

(1) 动作质量的评分标准：运动员现场完成套路动作的规格与要求不符，每出现一次扣0.1分；其他错误每出现一次扣0.1～0.3分。

(2) 演练水平的评分标准：劲力、节奏、音乐的评分标准分为3档9个分数段，其中很好为3.00～2.70分；一般为2.60～2.30分；较差为2.10～1.80分。

① 凡劲力充足，用力顺达，力点准确，节奏分明，动作与音乐和谐一致者为“很好”。

② 凡劲力较充足，用力较顺达，力点较准确，节奏较分明，动作与音乐较和谐一致者为“一般”。

③ 凡是劲力不充足，用力不顺达，力点不准确，节奏不分明，动作与音乐不和谐一致者为“较差”。

第十一章

现代蹦床运动

第一节　概述

一、现代蹦床运动的起源与发展

蹦床一词来源于英语“Trampoline”，即“特兰布林”，是一名杂技演员特兰布林的名字的音译。溯源得知，蹦床运动最早出现于杂技表演中。在中世纪的法国，为了保护杂技演员在表演“空中特技”时的人身安全，在表演场上设置了保护网，特兰布林对这种保护网做了改进，即把“网”的四周固定起来，形成了一张“床”。这样，演员的安全既得到了一定的保证，又可以利用“网”的弹性表演出各种惊险、复杂的“空中特技”，还可用来作为日常训练的基本辅助器械。蹦床运动在此基础上逐渐形成了。1930 年，美国人乔治·尼森(George Nisen)把蹦床运动引入美国，并成立了尼森蹦床社团，组织社员对器材进行认真的研究和大胆的改进，大约于 1936 年生产出标准的蹦床，为蹦床运动在美国的兴起奠定了物质基础。第二次世界大战期间，蹦床被用来训练美国海军保持平衡的能力和飞行员的空中控制能力。“二战”以后，美国把蹦床作为中小学的体育项目引入学校。1943 年美国人普赖斯等撰写并出版了《体操与跟头》，书中专列一章介绍蹦床运动。1947 年在得克萨斯州举行了首届全美蹦床表演赛，次年将蹦床列为正式比赛项目。现代蹦床运动由此产生了。然而，在 20 世纪 60 年代的美国，由于蹦床训练方法的失当和冒险行为的出现，使刚刚兴起的蹦床运动热在美国“冷却”了。值得欣慰的是，蹦床运动并没有因此而销声匿迹，而是从 20 世纪 60 年代起迎来了新的发展。首先是蹦床运动又重新返回欧洲，而且迅速传向众多国家，并以意大利、法国、德国、瑞士为中心。其次，为了适应蹦床运动发展的需要，进一步加强各国运动员之间的相互交流，第一届世界蹦床锦标赛于 1964 年 3 月 21 日至 28 日在英国伦敦举行，同年成立了国际蹦床联合会(International Trampolining Federation, ITF)，总部设在瑞士，从而为世界蹦床运动的普及与发展奠定了组织基础。1988 年国际蹦床联合会获得国际奥委会的承认，时有会员 44 个，其主要比赛有世界蹦床锦标赛，逢双数年举行。1997 年 9 月，是蹦床运动发展史上的“春天”——国际奥委会第 106 次代表大会决定，将蹦床的女子网上单人和男子网上单人两个项目正式列入 2000 年悉尼奥运会的比赛项目。1998 年 10 月 6 日，国际蹦床联合会代表大会在澳大利亚的悉尼举行，来自 37 个协会的代表出席了这届大会，并做出了两项重大决定：一是通过了国际蹦床联合会(ITF)加入国际体操联合会(FIG)的决议；二是通过了国际蹦床联合会于 1998 年 12 月 31 日解体。至此，从 1999 年 1 月 1 日起，蹦床与技巧一同加入国际体操联合会，从而使世界体操运动实现了“大统一”。综上所述，现代蹦床运动起源于中世纪的法国，初步形成于 20 世纪 30 年代的美国，定型于 20 世纪 60 年代的欧洲，大发展于 20 世纪与 21 世纪之交。

二、现代蹦床运动在中国的发展历史及现状

蹦床在我国一直是作为竞技体操、技巧与跳水等运动项目的主要辅助训练手段之一，为我国的上述项目在重大的国际比赛中夺金拿牌起到了积极作用。1990 年年底，原国家体委体操处邀请苏联蹦床专家、功勋教练员索罗马津·谢尔盖·弗多罗维奇在京举办了为期 1 个月的全国首届蹦床教练员学习班。1991 年 3 月在佛山举行全国青年技巧锦标赛期间，还举行了首届全国蹦床表演赛。1992 年在沈阳举行全国技巧比赛时，又举行了第二届全国蹦床表演赛。这些活动为我国现阶段蹦床运动的开展奠定了一定的人才基础。1997 年国际奥委会将蹦床的网上男子单人和女子单人列入 2000 年悉尼奥运会的正式比赛项目，成为我国蹦床运动重新开展的催化剂，同年 11 月，体育总局体操运动管理中心向全国发出开展蹦床运动的通知，各省市运动队纷纷响应，相继成立了自己的蹦床队。1998 年 1 月，于四川成都举办了全国首届蹦床运动员集训。此次集训是我国蹦床运动历经数次起伏后再次正式开展的标志，在我国蹦床运动史上具有划时代的意义。这次集训，共有 28 个单位的 41 名教练员和 56 名运动员参加，为我国蹦床运动的发展开了个好头。1998 年 3 月，在天津举办了全国蹦床运动员二期集训，成立了国家蹦床集训队。集结了当时我国较为优秀的来自技巧和体操运动的教练员和运动员，在我国进军奥运会的征程上迈出了坚实的一步。1998 年 6 月，在福建省福州市举办了我国蹦床运动重新开展后全国首届教练员和裁判员培训班，为我国蹦床运动的广泛开展做了人才上的准备，也使我国蹦床运动的开展在人才结构上趋于完备。1998 年 11 月，于福建省福州市举办了首届全国蹦床冠军赛，共有来自全国 18 个省市的共计 124 名运动员参加了本次比赛。回归后的香港队也派出了自己的运动队，但队员比赛只计成绩，不计名次。经过激烈角逐，四川男队和天津女队分获男女团体冠军，个人冠军为江苏队的吴涛(男)和福建队的黄珊汕(女)获取。这次比赛虽然整体情况与国外相比差距颇大，却标志着我国蹦床运动的开展已完全走向了正规，检验了当时我国蹦床开展的整体情况，刺激了各省市的发展步伐，也为制定进一步的发展规划提供了重要的参考依据。1998 年 12 月 10 日至 12 月 22 日，由 8 名运动员组成的中国蹦床代表团参加了在丹麦和法国举行的蹦床世界杯系列赛，在法国比赛期间，运动员们还与世界其他各国运动员一起训练，并受到法国教练员的指导，这是中国蹦床运动走向世界的第一步。然而从比赛结果来看，我国蹦床运动员的技术水平与世界水平还相距甚远，而且我国教练员的执教水平尚需很大提高。但是我们毕竟走向了世界，深切地体会到了蹦床运动的方方面面，对我国蹦床运动走向世界进行了初步的探索。1999 年 10 月，我国首次派队参加世界蹦床年龄组锦标赛，福建运动员

黄珊汕在13～14岁年龄组的比赛中夺得第二名，为我国夺得了世界蹦床大赛的首枚奖牌，五星红旗第一次在国际蹦床赛场上升起。2000年2月，我国组队参加了澳大利亚举行的世界杯蹦床赛，我国运动员取得第25名的成绩，标志着我国蹦床运动水平在短短两年时间内由落后水平发展至中游。2000年之后，我国蹦床运动进入快速稳定发展阶段，在国际竞赛中取得的成绩也日益提高。在2002年乌克兰世界杯赛上，我国天津女子运动员王文娟首次进入前十名，获得第六名的好成绩。2002年，蹦床项目被体育总局列为我国竞技体育发展的潜优势项目，同年年底我国成立了蹦床国家队，在2003年世界锦标赛中获得了女子团体项目银牌；2004年雅典奥运会中，黄珊汕获得女子个人项目铜牌，穆勇峰取得了男子个人项目的第十名，为国争了光，让世界瞩目。2005年9月的世界蹦床锦标赛，我国运动员不畏强手，奋力拼搏，夺得男子网上团体、女子网上团体、男子单跳团体和男子单跳个人四枚金牌，轰动了世界蹦坛。在2006年多哈亚运会中，中国队获得了男子个人项目和女子个人项目金牌。2007年魁北克世界锦标赛中，叶帅成为首位获得世界锦标赛个人项目冠军的中国蹦床运动员，中国队也有四名运动员（两男两女）获得了2008年北京奥运会的参赛资格。而就在2008年8月18日，中国19岁小将何雯娜以“黑马”之姿在北京奥运会上为中国蹦床队赢得首枚奥运会金牌后，次日，陆春龙又将男子蹦床的金牌收入囊中，至此，中国队包揽了这个项目的男女两块金牌。而这些对于中国蹦床运动来说是历史性突破，也再次证明了中国蹦床运动已经达到了国际水平。

三、蹦床动作技术的概念和特点

蹦床动作的技术性很强，对动作的准确性要求很高。运动员的动作技术如何，对成套动作的编排与训练效果有决定性的影响。技术是指运动员发挥机体的能力，最合理、最有效地完成动作的方法，也就是，运动员做动作的方法必须符合解剖学、生理学和生物力学的规律和要求。所谓最合理、最有效也是相对的，因为蹦床的动作技术是通过实践不断发展并日趋完善的。如果把某一技术的合理性、有效性绝对化，其技术的发展将停滞不前。蹦床动作技术是指完成蹦床动作的合理方法，具体是指运动员合理运用内外力，根据动作的要求改变身体及身体各部分之间的相对位置，保证身体重心沿着一定轨迹运动，从而完成动作的方法。一般来说，蹦床动作技术具有以下特点：

（1）技术寓于动作之中，技术必须通过具体动作来体现。

（2）技术的合理性包括符合人体运动的力学规律和生物学规律等方面要求。

（3）技术是一种理想的动作模式，反映的是一般规律，具有共性；但又必须考虑运动员的个人特点，所以具有个性。这种共性和个性的统一，才是应寻求的最佳技术。

（4）具有相对性，随实践的发展而发展，始终处于动态的过程之中。

教练员在训练过程中，必须考虑上述特点，才不至于造成思想方法上的片面性，从而影响技术训练的效果。在蹦床训练中，影响运动员掌握动作技术的因素很多，但归纳起来主要有以下几个方面：一是运动员的个人条件，包括运动员的身体形态、生理机能、中枢神经系统的控制能力、智能、心理特征、身体素质等；二是教练员的训练水平和能力；三是蹦床规则的要求及难度的变化；四是环境及各种训练条件的保证等。

第二节　分类与国际比赛

一、现代蹦床运动比赛的分类

1. 比赛项目

国际体联蹦床技术委员会管辖 3 个项目：蹦床、单跳和小蹦床，含 8 个小项，即男子网上单人、女子网上单人、男子双人同步、女子双人同步、男子单跳、女子单跳、男子小蹦床、女子小蹦床。不同的比赛，如奥运会、世界锦标赛、世界杯赛等，比赛项目及办法各不相同。国际规则允许运动员兼项。但高水平运动员一般不兼项(指单跳和网上)，通常只参加一个项目的比赛。

2. 比赛内容

含有特殊要求的规定动作(第一套动作)和自选动作的比赛，也可只进行规定动作或自选动作的比赛。蹦床、单跳、小蹦床的每套比赛动作有数量要求：蹦床上的每套动作由 10 个动作组成，单跳由 8 个动作组成，小蹦床由 2 个翻腾动作组成。

3. 比赛方法

根据国际体联蹦床评分规则，蹦床比赛分为预赛和决赛：

(1) 预赛：按照国际蹦床比赛规则，预赛中参加蹦床项目比赛的运动员要完成一套规定动作(第一套动作)和一套自选动作；参加单跳比赛的运动员要完成两套自选动作；参加小蹦床比赛的运动员也要完成两套自选动作。在奥运会、世界锦标赛、世界杯赛和洲际比赛中，预赛也是个人或团体比赛的资格赛，参加团体比赛的每个队由 3～4 名男运动员或 3～4 名女运动员组成。

(2) 决赛：预赛中的前 8 名运动员(或同步比赛的双人)进入个人决赛，团体前 5 名的队参加团体决赛。在世界和洲际性比赛中，一个国家最多允许 2 名(双人同步一个组)运动员参加个人决赛。获得预赛团体前 5 名的队参加团体决赛。在决赛中，参加蹦床个人或团体比赛的运动员要完成一套自选动作；参加单跳或小蹦床个人比赛的运动员要完成两套自选动作。预赛成绩不带入决赛，以决赛成绩决定名次。

二、现代蹦床运动主要的国际赛事

1. 世界蹦床锦标赛

世界蹦床锦标赛每两年举行一次，一般在单数年的 9—10 月间举行，赛期 4 天。奥运会前一年的世界蹦床锦标赛，也是奥运会的资格赛。世界蹦床锦标赛包括蹦床、单跳和小蹦床 3 个比赛项目，含 8 个小项，还设网上男子团体、网上女子团体、单跳男子团体、单跳女子团体、小蹦床男子团体、小蹦床女子团体 6 块团体金牌，总计 14 枚金牌。参加世界蹦床锦标赛的运动员在比赛之年不得小于 17 岁，参加奥运会比赛的运动员在比赛之年不得小于 18 岁。

2. 奥运会蹦床比赛

奥运会蹦床比赛设网上男子单人、网上女子单人两个项目，男女各 1 枚金牌，世界上最优秀的男女各前 16 名选手参加奥运会比赛。

(1) 男女各 16 名选手的产生办法为：

① 1～8 名：在奥运会前一年作为奥运会资格赛的世界蹦床锦标赛上，获得网上个人决赛前 8 名的每个国家最多可派两名运动员参加奥运会比赛。

② 9～13 名：根据运动员在作为奥运会资格赛的世界蹦床锦标赛的预赛中的名次来决定(每个国家最多一个名额)。

③ 14～15 名：由国际体操联合会执委会经过与蹦床技术委员会协商之后提名(按照优先顺序)，分配这两个名额的基本原则：一是如果奥运会东道主国家没有运动员进入前 1～13 名，就要保证主办国至少有一名男运动员或一名女运动员代表其参赛，前提是他们必须参加了作为资格赛的世界蹦床锦标赛，三赛资格将被分配给名次最好的运动员；二是保证至少有四大洲的运动员参加奥运会，如果某个大洲没有运动员进入决赛，那么这个名额将分配给该洲在作为资格赛的世界蹦床锦标赛中成绩最好的女运动员或男运动员。上述原则主要是考虑让每个洲都有运动员参加奥运会，以促进蹦床运动在世界的普及和发展。

④ 第 16 名：这个名额预留给国际奥委会三方委员会，由国际奥委会发出邀请。如果国际奥委会三方委员会没有使用这个名额，将按照第 9～13 名的办法分配名额。

(2) 比赛方法。

比赛包括预赛和决赛，分两天进行。获得预赛前 8 名的男女运动员参加第二天的决赛：预赛成绩不带入决赛，以决赛成绩决定名次。成绩并列，根据下列标准决定名次：

① 决赛中技术分的平均分高者。

② 决赛中所有 5 个技术分的平均分高者。

③ 决赛中 4 个最高技术分的平均分高者。

④ 决赛中 3 个最高技术分的平均分高者。

依此类推。

3. 世界年龄组锦标赛

按规定要求，世界年龄组比赛应与世界蹦床锦标赛同年举行，申请举办世界蹦床锦标赛的国家，通常也同时申请举办年龄组比赛。年龄组比赛时单独比赛，不与世界蹦床锦标赛或其他比赛同时进行。一般的惯例是在世界蹦床锦标赛结束以后，在同一比赛地点举行年龄组比赛。

(1) 比赛项目。

包括男子网上单人、女子网上单人、男子双人同步、女子双人同步、男子单跳、女子单跳、男子小蹦床、女子小蹦床。

(2) 年龄分组。

分为 4 个年龄组：11～12 岁男子，11～12 岁女子；13～14 岁男子，13～14 岁女子；15～16 岁男子，15～16 岁女子；17 岁及以上男子，17 岁及以上女子。

（3）报名条件。

参加世界蹦床锦标赛的运动员，不得同年在年龄组比赛中参加同项目的比赛。每个年龄组的每个项目最多可报 4 名运动员(两对同步)。每个代表团参加运动员总数不得超过 80 人。

（4）比赛办法。

蹦床预赛只比一套自选动作(包括难度)。单跳预赛比两套自选动作，一套空翻动作和空翻转体动作，两套动作之间及一套动作内部均不得重复。但双人同步比赛例外。不允许跨年龄组比赛，参加双人同步比赛的运动员，由年龄较大的运动员决定参加哪个年龄组的比赛。

在预赛中获得前 6 名的运动员参加决赛。

4. 世界杯蹦床比赛

世界杯蹦床比赛包括世界杯系列赛和世界杯总决赛，两年一个周期，从单数年的 1 月 1 日开始。国际体联每个周期一般安排 6 站世界杯系列赛，运动员可有选择的至少要参加 4 站比赛。决赛在第二年(双数年)的下半年，一般在 10 月份左右举行，通常与单跳世界杯总决赛同时同地举行。

国际体联成员国都有资格申请世界杯蹦床比赛。系列赛采取积分的方式，前 8 名运动员记分为 12、10、8、6、5、4、3、2。运动员取系列赛中 4 次最好成绩，获得网上男女个人前 8 名、男女双人同步前 8 名的运动员，才有资格参加世界杯总决赛。每个国家最多允许网上男女单人各两名，男女双人同步各一对参加决赛。除上述运动员参加决赛外，东道主国家可在没有取得决赛资格的项目上，派一名(双人同步一对)选手参加决赛。

运动员可参加国际体联安排的全部世界杯系列赛，但只计算其中 4 次最好成绩作为参加世界杯计算的资格成绩。

5. 世界杯蹦床单跳比赛

单跳比赛的组织形式、记分和比赛办法与世界杯蹦床比赛基本相同。世界杯单跳比赛包括男子单跳和女子单跳两个项目。根据国际体联规定：如果安排 4 次世界杯系列赛，2 次必须在欧洲，另外 2 次比赛必须在欧洲以外的国家举行。在欧洲以外的 2 次比赛，中间必须有一周的时间间隔。

6. 世界运动会

世界运动会在奥运会结束以后的第二年举行，蹦床是世界运动会的比赛项目之一。

（1）比赛项目：男子同步、女子同步、男子单跳、女子单跳、男子小蹦床、女子小蹦床。

（2）比赛办法：参加比赛的人数由世界运动会协会与国际体联协商决定，一般总数不超过 96 人，也就是每个项目选出 12 名运动员(双人同步 12 对)参加比赛。各项目参赛的 12 名运动员是根据上届蹦床锦标赛的成绩确定的，即在上届锦标赛上获得上述 6 个项目个人决赛前 10 名的运动员，才有资格参加世界运动会。11～12 两个名额由国际体联与蹦床委员会协商调配，调配的原则与奥运会的名额分配办法相同。

第十二章
体育游戏运动

体育游戏运动是在游戏发展过程中派生出来的一个分支。它融体力发展、身心娱乐为一体，既是游戏的组成部分，又与体育运动有着密切关系。随着人们对体育游戏功能的认识不断深化，体育游戏被广泛应用于体育教学、运动训练和群众性体育活动中，成为体育运动的一个重要组成部分。

第一节　体育游戏的产生与发展

一、体育游戏的产生

体育游戏作为一种社会现象，是随着人类社会的产生和发展而出现和演进的。在人类社会漫长的历史中，体育游戏经历了一个由萌生、发展到不断完善的过程。

共产主义创始人把"需要"看成是人类活动的激活剂。社会现象和生命现象，无不以社会需要和人的需要作为产生、存在和发展的依据。也可以说人的活动是由需要引起的，需要是人能动性的源泉和动力。马克思指出："我们首先应当确定的一切人类生存的第一个前提，也就是一切历史的第一个前提。这个前提是：人们为了能够创造历史，必须能够生活。但是生活，首先就需要衣、食、住以及其他东西。因此第一个历史活动就是生产满足这些需要的资料，即生产物质生活资料本身。"在漫长的原始社会，人们生活在极其艰险的环境中，为了生存，原始人不得不用低下的智力和体力与大自然抗争。在为生存而挣扎的过程中，远古人认识到：必须不断改善自己的体力和智力，才能提高人类自身与大自然抗衡的能力。于是，人类的眼光开始从自然转向自身与大自然抗衡的能力。人们把在不同环境条件下获取食物和防御兽类的走、跑、跳跃、投掷、攀登、爬越、游泳等各种活动技能进行模仿再现，并把这些技能、经验传授给下一代，于是就出现了人类最初的教与学形式。教育和培养下一代的生活经验和劳动技能，并以此为谋生和改造自然的一种手段，这种有意识、有目的的技能再现和传授的教育活动，构成了人类社会中最早的游戏雏形。

另一方面，原始人尽管需要水平很低，但除了劳动需要、防卫需要，他们也有思想感情，有喜、怒、哀、乐，他们有交往的需要，有同疾病做斗争的需要，有表达和抒发内心情感的需要。归纳起来，也就是需要进行精神调节。因此，原始人狩猎满载而归、劳动丰收或遇到危险、亲人同伴去世时，会产生喜怒哀乐的心理情绪冲动，并通过一定的活动形式表达出来：或哭或笑，或唱或跳，或手舞足蹈，以抒发内心的情感，获得心理上的满足。人类早期的这些表达内心某种激情的活动，一旦被认识，就与本能活动区别开来，形成原始的游戏形态的早期萌芽。在体育游戏的产生萌芽过程中，人的动物行为本能、人在心理上的原始倾向、儿童的模仿天性起了很大的促进作用。人类最初的体育游戏既具有动物的特征，又具有与动物的本质区别。人类的这种由生产过渡到非生产性活动的体育游戏，经历了极其漫长的岁月，经历了一个由不自觉到自觉的过程。也就是说体育游戏由原始人类“本能”的生产性活动，发展变化成为有意识的以满足人类心理、生理需要的活动。这一过程的根本动因是人类社会生产和生活的需要，以及人本身的生理、心理需要。

二、体育游戏的演进和发展

体育游戏是伴随人类社会的发展而产生、发展并日趋完善。在体育游戏的发展过程中，社会生产力的发展起了决定性的作用。体育游戏是一种非生产性的，以改造人类自身为目的的活动。它的发展取决于社会生产力的发展，为人们提供了多少剩余产品，提供了多少余暇时间。生产力的发展决定着体育游戏的发展规模，科学技术的进步改变着体育游戏的活动形式。

在原始社会，生产力水平低下，人们忙于为生存而挣扎，体育游戏活动处于半盲目的意识模糊状态，游戏极其简单、原始，还未从生产性的活动中分化出来。在奴隶社会，有了剩余产品，生产了阶级分化，奴隶主阶级有了大量余暇时间，而奴隶阶级却连人身自由都没有。体育游戏为统治阶级所占有，为其阶级利益服务，作为他们祈神和自我娱乐的工具，并且从其他社会活动中逐渐分化出来，成为独立的非生产的活动，形成了体育游戏雏形。但游戏者仅限于统治阶级，不可能有较大规模的发展。到了封建社会，生产力发展，社会进步。解放的奴隶成为农民，有了人身自由，有了空闲时间，产生了市民游戏；同时，体育游戏成为训练士兵、加强军事力量的手段。这一时期，体育游戏有了较大的发展规模，出现在一般人的休闲中，出现在大型的商业和文化活动中，开始成为平民教育中的实用手段。随着社会化大机器生产时代、电子时代、信息时代的到来，生产有了巨大的飞跃，人类从繁重的体力劳动中解放出来，有了大量的余暇时间，人们开始为了游戏而游戏，希望从体育游戏中发泄自己过剩的精力，改善身心健康。因而体育游戏有了最广泛的基础，活动形式推陈出新，有了全新的发展，成为人类的一种新型的独立的休闲生活方式。体育游戏无论作为体育教学、运动训练手段，还是群众性文化娱乐、体育锻炼的活动方式，都具备了巨大的发展潜力。

体育游戏作为人类实践活动之一，也受到推动人类和社会发展的诸多因素的直接和间接影响。人类文化的进步，思维能力的增强，丰富和规范了体育游戏内容。人类生产工具和军事武器的改进，也使体育游戏更具有多样性、趣味性和竞争性。宗教活动的进行，使游戏得到广泛传播。教育的发展不仅使体育游戏更广泛地得到开展，同时使之不断更新。而大学的体育游戏不仅仅只是单纯的“玩”游戏，而是培养大学生如何提高自己对体育游戏的组织、安排和实际操作能力。同时，本着健康体育和休闲体育的自身发展特征，突出大学生对健康和快乐追求的天性，以增强学生体质，使其全面发展。

第二节　体育游戏的特点与价值

一、体育游戏的特点

体育游戏与一般游戏不同，与体育教学和运动训练也不同，它有其自身的特点。

（一）娱乐性

消遣娱乐是游戏的本质特点，而体育游戏既伴有身体活动又伴有智力活动。由于它富有娱乐趣味，故吸引着许许多多参加者。人们在游戏中可以有趣味地参与竞争，在竞争中体验着愉悦，并不知不觉地接受教育，在增强体质的同时又促进心理健康，这一切都说明了体育游戏所具有的独特魅力。

体育游戏的娱乐性、趣味性与大学生的生理和心理发展要求相适应。根据这一特点，我们可以在体育教学中适时采用游戏方法。例如，当学生学习某些项目或动作由于单调重复而感到枯燥厌倦时，穿插一些体育游戏，能起到集中注意力和提高兴奋的作用；把某些体育教学内容以体育游戏的方式进行，可得到事半功倍的效果；某些基本技术还可以运用体育游戏的方式进行诱导教学，以缩短运动技能形成过程，对提高教学质量有着积极的作用。大学生也可以在余暇主动参与一些比较简单又富有趣味的体育游戏活动，达到愉悦身心的目的。

（二）竞争性

大多数的体育游戏都伴有一定的竞争性，一般是以争夺最后的胜利而告终的。体育游戏胜负的评判是以完成任务的数量、质量、速度为基本指标。在完成任务过程中，游戏者既有体力竞争，也有智力竞争，而最后胜利往往是体力和智力的共同结晶。因此，好的体育游戏不仅可以提高参加者的身体活动能力，还可以培养他们的思维能力、创造能力、应变能力和进取精神。但是，体育游戏的竞争，不同于竞技体育的竞争，它没有过度紧张，完全是在娱乐中有趣味地竞争，并在竞争中得到快乐和满足。

（三）普遍性

体育游戏综合多种活动技能，内容丰富，形式多样，便于普及。任何一种体育运动项目都可以有自己的游戏内容，如田径中的跑、跳、投，球类中的足、篮、排，体操中的技巧与器械动作等，都可成为游戏内容。体育游戏不受年龄、性别、文化程度、工作职业等因素的影响，男女均可，老少皆宜，便于开展。每个人都可以根据自己的兴趣与需要参加体育游戏。体育游戏不受场地、设备的限制，既可在运动场，又可在教室内；既可在山坡草地，又可在海边水中。游戏规则容易掌握，方法灵活多变，简单易行，具有普及性。

（四）目的性

体育游戏是一种有意识的行为。它有着明确的目的，即增强体质、增进身心健康、消遣娱乐。体育游戏可加快参加活动者的新陈代谢，调整大脑神经系统，提高运动器官及内脏器官的功能，从而起到增强体质、提高活动能力、焕发精神、延年益寿的作用。体育游戏还可以针对不同的对象实施教育，如集体主义、爱国主义、团结友爱、遵守纪律等教育。体育游戏有着极为丰富的教育内涵，参加者可以通过游戏在思想、行为、心理诸多方面有所受益。除此之外，体育游戏的目的性还表现在它能针对体育课不同结构合理安排运动负荷，如准备部分的游戏可起到准备活动的作用，而结束部分的游戏则可使身体放松达到消除疲劳的作用。

二、体育游戏的价值

体育游戏是一项很有价值的活动，人的一生离不开体育游戏，它在发展身体、改善心态、开拓思维、适应社会环境等方面都有着积极意义。

（一）锻炼身体，增强体能

体育游戏是一种积极有效的身体锻炼手段，有着良好的增强体质的效果。经常参加体育游戏活动，对改善身体状况、增强身体素质、发展基本活动能力和提高对各种自然环境的适应能力均有重要意义。

大学生处于长身体的关键时期，培养正确的走、跑、跳等基本活动能力有利于生长发育。体育游戏中有大量适合在青春期开展的形式和内容，对于大学生身心健康有特殊的价值。因此，体育游戏是大学生体育中不可缺少的内容和手段。

青年人的身体在形态上已趋于完成，是提高身体素质的大好时期。由于素质练习内容单调枯燥，很难引起他们的兴趣，而体育游戏则可把单调枯燥的素质训练内容变得趣味无穷，如角力、搬运、连拍、接力等。体育游戏对发展青年人的各种素质起着重要作用。

中年时期，机体平衡逐步向分化代谢多于合成代谢方向发展。经常参加体育锻炼，有利于新陈代谢的平衡，对于防止各种急慢性疾病的发生及病后身体的恢复都是十分重要的。但是中年人往往工作安排紧张，家务负担沉重，很难有较长时间用于体育锻炼。而体育游戏不拘形式，花费时间少而效果显著，既可互娱又可自娱，因此体育游戏是中年人体育锻炼方式的最好选择。

对于退休后的老年人来说，保持头脑清醒敏锐、手脚灵便十分重要。可适当选择一些运动量较少的集体性体育游戏活动，调节精神、活动筋骨，达到增强体质的效果。

（二）全面成长

人的成长伴随着游戏，而每一个游戏都有着教育内容。因此，教育、成长和体育游戏已构成一个整体。

对学前儿童来说，体育游戏内容丰富多彩，环境自由自在，他们在愉快的游戏中个人的才能得以全面发展，身心得到锻炼。特别是体育游戏的形式多种多样，利用游戏的形式教育和培养儿童的劳动习惯和生活技能，发展他们的思维能力并促进其智力的发展，对他们的成长来说，无疑具有重要意义。

少年儿童认识世界往往是通过感觉器官直接感觉的，而体育游戏正是他们认识世界的有效手段。例如，通过玩躲避球，他们学会了躲闪和投掷；通过跳橡皮筋，他们学会了许多复杂动作，同时也掌握了橡皮筋的弹性；通过运球游戏，理解了球的滚动，建立了球的概念。体育游戏是小学生体育教学的重要内容。由于体育游戏的条件和环境经常变换，这对于儿童的智力发展、身体发育都会起到良好的作用。特别是由于体育游戏有一定的规则，这对培养儿童的组织性、纪律性方面也有一定的积极作用。随着学生年龄增长，已不能满足小时候的体育游戏。因此，他们在学习和尝试新的体育游戏，以便在新的游戏中得到新的知识。青少年儿童可以在体育游戏中成长，在体育游戏中得到教育。

（三）改善心态与树立信心

人们由于各种各样的原因，会暂时失去心理平衡，也会由于对已发生的错误理解或对未发生的事情怀有恐惧，而使心理承受的素质水平不高或欠缺。心理状况的不稳定和心理素质水平的低下，都可能对学习、工作、生活造成潜在的威胁。体育游戏对于改善心理状况，提高心理素质水平有一定作用和价值。

1. 提高自信心，敢于竞争

很多青少年，由于一开始自我期望过高，一旦碰到难题和挫折，就会陷入困惑而失去应有的自信心。这种心理状态下的青少年，往往害怕失败而不敢竞争。体育游戏以其丰富有趣的活动形式，使每个参加的人都有可能获得胜利，使每个人都能在生活中充分发挥自己的能力，往往起到提高人们自信心的作用。

2. 改进注意分配，适应复杂环境

在各行各业中，有许多工作要求训练有素的注意分配能力。有些人由于不能在复杂的环境中合理调整自己的注意分配而面临困境。体育游戏中有专门一类集中注意力的项目，对训练各类人员的注意分配有一定的价值。

少年儿童时期是发展注意稳定和注意分配的敏感期，有意识地安排一些含有“一心二用”要求的体育游戏对提高这方面的心理素质水平有着事半功倍之效。

3. 磨练意志，敢于在失败中取得成功

在现实生活中，充满着各种各样的竞争，成功固然可喜，失败往往也在所难免，能做到“胜不骄，败不馁”是心理素质好、意志坚强的表现之一。体育游戏就是在竞争中，频繁出现胜负的活动，有利于磨练意志，鼓舞人们在失败中看见成功的希望。

（四）拓宽思维与开阔眼界

体育游戏不是单纯的活动性游戏，是以体力活动结合智力活动，全面发展身心的体育教育手段。体育游戏中，单靠身体力行并不足以取胜，往往要靠灵活的、有创造性的思维活动来辅助。体育游戏不像球类竞赛等竞技运动，有时规则是颇有漏洞的，这就为每个参加游戏的人留下了思考和创造的余地，尽管有时难免涉嫌“取巧”。大多数少儿体育游戏具有情节化的内容，这也有利于培养少儿的形象思维能力。

想象力是创造思维能力，没有丰富的想象力被认为是能力发展的重大缺陷。体育游戏中，就时时出现大量发挥想象力的机会，如绑解手帕接力游戏的手帕如何“绑”？如何“解”？“前后靠”追拍中如何追？如何逃？有想象力的参加者往往通过想象判断，做出最佳的选择。体育游戏中环环紧扣的变化动作和规则重点的转换，又要求参加者从已适应向不适应过渡，从成功的判断向新的成功判断推进，这往往取决于其思维能力，特别是有无灵活变通的思维想象力。

（五）适应不同社会环境

适应不同社会环境取决于正确处理多种矛盾，其中不断改善人际关系至关重要。人际关系的融洽是事业成功的基石，也是心理情绪稳定的重要条件。现代社会是信息交流的社会，不能想象一个内心封闭，人际关系紧张的人为社会接受。正确地认识人际关系重要性的人，才能理解别人，理解周围；才会与同事、同学协调配合。体育游戏提倡协调配合，提倡个人成功在集体的成功之中，不计较个人一时功过，是改善人际关系的有效媒介。体育游戏本身就可以使人走向集体，形成和谐的群众关系。

体育游戏作为多类别多形式的自身活动和集体活动，肯定还有其他方面的价值或潜在价值，有待于参加者去发现和挖掘。而锻炼身体、改善心态、开拓思维、适应社会环境，是体育游戏的基本价值所在。

第三节　大学体育游戏的创编与教学

一、大学体育游戏创编的基本原则

大学体育游戏的创编应遵循以下几个原则。

（一）锻炼全面性原则

锻炼性是体育游戏最本质的特征。应根据参加体育游戏者的年龄、性别以及实际活动能力等特点来确定相应的运动负荷量、动作难度和活动方式；根据参加体育游戏的人数、时间、场地、器材等条件来确定个人活动占时数和单轮活动的占时总数及游戏活动的路线等。如人数较多时，应避免创编费时过多的轮流比赛的游戏；尽量创编每人有均等活动、动作较活泼、自然而又富有竞争性的游戏；创编游戏规则较简单、活动方法较实用，不造成游戏过程中费解、费时的游戏。总之，要饶有兴趣、富有吸引力、简单易行，做到在较短时间内取得较大的锻炼效果。

（二）人文教育性原则

体育游戏作为学校体育的一项重要内容或一种辅助手段，不仅应具有锻炼身体的价值，而且还应具有思想教育的价值。要有意识、有目的地促进学生身心的全面发展。体育游戏的教育作用必须与游戏的内容、方法、组织形式等有机结合，融为一体，寓教育于游戏活动之中。例如，为培养学生顽强的意志品质，可创编有一定动作难度的“支撑跳跃”“障碍跑接力”等游戏；为培养学生团结合作的集体主义精神，可设计分队竞赛的游戏形式和个人得分与团体积分相结合的记分方法等；为培养学生的思维能力和创造能力，在构思完成游戏的方法时，可留有一定余地，千方百计地启发学生的思维，培养其创造能力。另外，体育游戏的名称要既能反映游戏的具体内容，又有一定的教育意义。游戏后的奖罚也应考虑不同参加者的承受能力，力求合理可行。而现代的体育游戏也随着社会的变革更具有人性化、社会化，使学生在课堂游戏中不单单能锻炼到身体，而且又提高了自己的心理素养和社会适应能力。体育游戏是班级的集体课，而不是教室内周围三四个人的接触，是随机的同学间的接触（如游戏、互相保护、帮助），具有不确定性，这更加锻炼了学生的适应和应变能力。因此，体育游戏不单单只是过去俗称的“自由活动课”，而是具有方方面面的实际操作的“动手课”。

（三）趣味性原则

趣味性是体育游戏的又一基本特征，如果体育游戏缺乏趣味性，将从根本上失去对学生的吸引。为了提高体育游戏的趣味性，应根据参加体育游戏的人群特点和素质、技术及智力水平，在游戏的竞争性、动作的设计、胜负的判定以及游戏的情节等方面多下功夫。

增加体育游戏的竞争性，主要从游戏的活动形式和分组两方面考虑。一般来说，各种内容和各种形式的接力游戏，竞争较为激烈，而实力大致平衡的分组是公平竞争基础、趣味竞争的保证。

提高动作设计的趣味性，主要是看动作设计是否新颖、惊险（惊而无险）、象征和有一定难度。例如，使生活中常用动作戏剧化；用变异的动作代替习惯动作；用器械来限制动作的幅度和速度；把较难的专项技术动作简化；让平时常用的动作在较高的要求下完成等。

在制定判定胜负的方法时，为增强趣味性，可同时兼用计时和记数法，也可运用个人得分法结合团体积分法以及限制加倍积分法等。而游戏中考虑带有一定故事情节的进行方法，主要出现在少儿体育游戏中。

（四）安全性原则

促进学生身心发展，是体育游戏的根本目的。因此在创编体育游戏时应特别注重贯彻安全性原则，对游戏的各个环节均应做“安全检查”。一看设计的动作是否容易引起伤害事故，动作幅度较大时，应考虑避免发生肌肉拉伤的具体对策。二看游戏的组织教法是否合理，在实用投掷或负重器械时，要考虑避免因器械使用不当或掷出、拾回投掷器械的时机不妥而发生的伤害事故。三看规则制定是否严谨，如“反应追拍”游戏中不准推撞或重拍游戏者，跑动的线路也要予以规定，以免发生伤害事故。四看场地的安排是否关注安全因素，如每队每人之间的左右距离、前后间隔是否恰当，在狭窄的活动场地中，还要考虑避免因周围的障碍物引发的意外事故等。

（五）全面针对性原则

体育游戏是一种有意识、有目的的教育活动，只有根据参加者的年龄、性别、生理及心理特点以及身体素质训练水平，并紧密结合体育游戏的内容和任务，有的放矢地创编体育游戏，才能达到预期的效果。

一般来说，少儿适合创编动作难度和运动量较小，并富有一定情节和遐想余地的体育游戏；高中生或大学生则可创编动作难度和运动量较大，竞争较激烈，对判断反应要求较高的体育游戏；而对于有一定身体素质和训练水平的校代表队来说，创编竞争激烈、含有专项技术和专项素质要求的体育游戏能获得较好的训练效果。

创编体育游戏时必须与教材的内容、教学的任务有密切的联系。例如，创编与基础教材接近或难度较低的诱导性游戏，能使大脑皮质的相应中枢先有粗糙的分化过程，对学会基本技术动作十分有益;也可把单一的或结合的基本技术动作作为游戏中动作设计的核心部分,以达到巩固提高基本技术或熟悉简单战术的目的。总之,针对体育课各部分的内容和任务,创编适宜的体育游戏,作为提高学生的练习兴趣、集中注意力、调节情绪、恢复体力、发展身体素质、掌握基本技战术等的一种辅助方法和手段,定将产生显著效果。

体育游戏创编原则,以对立统一的形式存在于创编体育游戏的全过程。其统一性主要表现在各原则相互加强,提高创编游戏总体质量上,如趣味性原则,可以加强教学效果;对立性原则,可以保证充分发挥游戏的各种功能。然而,各原则之间还存在相互对立、相互制约的一面,如为了提高游戏的趣味性,就要增加动作的难度、增加游戏的竞争因素、增加对抗程序等,而这些因素的加强,就容易导致安全性的下降。因此,体育游戏创编者的水平,一方面体现在如何充分利用各原则的统一性上,使其相互促进;而另一方面则体现在如何处理各原则之间的相互对立、相互制约的关系,最大限度地减少它们之间的相互干扰。

二、大学体育游戏的教学原则

(一) 教师主导性原则

教师主导性原则是以学生为学习的主体,教师在体育教学中要起主导作用,通过教师的主导作用使学生学会学习,并且参与到体育游戏的实践当中去。

(二) 教育性原则

教育性原则是指在对学生进行体育游戏活动过程中,体育游戏的选择要有一定的教育意义和思想教育性,以便培养学生积极向上的思想品质。

(三) 锻炼性原则

锻炼性原则是让学生在体育游戏教学中,身体和思想得到充分的锻炼和放松,以达到全面发展的目的。

(四) 娱乐性原则

娱乐性原则是让学生在愉快的气氛和环境下进行一系列的体育游戏活动,让学生在轻松、自由的氛围中进行身体锻炼。

三、大学体育游戏教学的特点与形式

体育游戏具有明确的活动目的,这种目的首先是以增强体质为主,其次是发展智力和获得娱乐。参加者不受年龄、性别的限制,游戏轻松活泼、形式多样并且多变,对场地和器材的要求也有很大的伸缩性,游戏的动作、线路、规则等内容都有很大的可变性。比如,根据学生的具体情况和不同要求,游戏动作可做出相应的变动,可以是正常的走、跑、跳、投掷、攀登等,也可以是变异的走、跑、跳、投掷、攀登等;可以徒手,也可以带各种器械进行;可以是严格规范化的,也可以是一般要求的。又如活动路线,可以是直线的,也可以是曲线的;从出发点到达终点,可以是一次性的,也可以是接力形式的。再如规则,既可尽量详细,亦可只粗略地规定主要的几条。当然,规则的变动应根据体育游戏的动作、线路以及目的来考虑。体育游戏活动对场地和器材的要求较低,如场地条件,一般可用学校内现有的小块空地和操场进行;也可利用山坡、滩地进行;有的游戏还可以在教室内乃至走廊上进行。又如器材条件,一般可用现成的体育器材,如各种球、圈、棍棒等,也可以用各种随手可得的物件代替。在教室中进行活动,则可以用各种小物件、小器械搭配、代替。

四、创编体育游戏应注意的事项

为了使体育游戏在课堂上生动活泼,达到预期的目的,获得良好的效果,除了有针对性地选择游戏内容和讲究组织教学工作外,还应注意如下事项。

(一) 要突出和强调游戏的组织纪律性

良好的组织性和纪律性是使游戏顺利进行的重要条件。为此,加强学生的组织性和纪律性是十分必要的。它具体表现在听从指挥、执行规则、服从裁判等方面。例如,分队、分组后,各自都要按规定的要求迅速将队伍排列整齐;听到比赛信号后,要按照规定的方法和规则进行游戏。如不按次序或不按规则进行,就很容易出现伤害事故或造成混乱局面,从而直接影响游戏的进行。在游戏中出现不遵守纪律的现象时,即使是个人,也要立即停止游戏活动,对违反纪律或规则的学生应给予必要的批评和教育,并以此教育全体,保证体育游戏的顺利进行。

(二) 要掌握和激发学生在游戏中的情绪

学生在游戏进行中的情绪如何,是衡量体育游戏教学效果的重要标志之一。成功的游戏,气氛活跃,情绪高涨。要激发学生在游戏中的情绪,一定要因人、因时、因地制宜地选好游戏内容。因为同样的游戏内容,在不同对象、时间、地点使用,学生表现出的情绪往往是各不相同的。例如,选择某一个游戏,很受女生欢迎,因此她们十分喜爱,游戏进行起来,情绪非常高涨。但同样是这个游戏,男生却不感兴趣。又如场地的大小和学生的多少,对游戏者的情绪也很有关系。一个有趣的体育游戏,如果参加的人数比例适当,场地的大小也合适,则游戏场上必定出现一片欢笑声,表现出高昂的情绪。这样,参加游戏的学生就在活动中不知不觉地受到了教育和锻炼。如果人多场地小,就难于活动,勉强进行就会使学生的情绪受到压抑,因而影响游戏的效果。其次,还要注意因时制宜,如一个运动量较大的游戏,即使在同一场地上进行,一般来说,在冬季进行要比夏季进行更受学生的欢迎。此外,在游戏的进行过程中,教师还要善于观察学生体力情况并及时调整比赛各方的力量,如经常提醒和指导实力较差的一方,或变换游戏方法等,使双方的对抗尽量处于平衡,使他们自始至终保持高昂的情绪,以取得最佳效果。

(三) 要言传身教,全面关心学生

在体育游戏活动中,教师的以身作则是十分的重要。教师如果能以游戏者的身份出现,直接参加并做示范动作,既利于密切师生关系,又有利于调动全体学生的积极性。

教师要全面关心学生,特别要关心体质较差或有残疾的学生,让他们进行简单易行而力所能及的游戏活动,使他们体质上得到锻炼,精神上享受到集体的温暖和平等的待遇。

(四) 要注意安全,防止伤害事故的发生

进行任何游戏都必须注意安全,伤害事故一般是由于课前的准备工作不充分,或组织不严密,或思想上不重视而引起的。因此,首先在思想上要高度重视并采取切实有效的措施,

加以预防。例如，使用的场地要平坦、不滑，使用的器材要牢固、光洁，发现有问题要立即停止使用。游戏的难度不能超出学生的体质、素质、技术水平等客观条件，在进行运动量大的游戏前，要做好学生心理和生理上的准备，以免发生关节扭伤和肌肉拉伤等现象。游戏中还要注意观察学生体力的变化情况，当学生感到疲劳时，要及时、果断地结束游戏。

综上所述，体育游戏是体育教学的重要内容，也是帮助完成教学任务的一条有效途径。在教学中根据学生的心理和生理特点，以及不同的教学内容和组织形式，选择和运用体育游戏教学时注意趣味性和教育性相结合；竞争性和安全性相结合；活泼性与管理的科学性相结合。只有这样才能更好地激发学生的学习积极性，从而达到锻炼身体、增强体质、开发智力、增长知识、陶冶情操、提高健康水平的目的。

第四节　跑、跳、投体育游戏

跑、跳、投是体育活动中最基本的几种形式，也是在实际教学中应用最广泛的组织活动形式。

一、迎面接力跑

(一) 游戏目的

发展速度素质和快速反应能力，培养集体意识和团结协作精神。

(二) 场地器械要求

平整场地一块，接力棒或其他便于传接物品若干。

(三) 游戏方法

学生分成人数相等的两队，各队再分成两组，相距30米面对面成纵队站立，一组排头持棒站在起跑线后。发令后，排头迅速起跑，将棒交给本队另一组排头，然后站到排尾，依次进行，每人跑完一次，先跑完的队为优胜。

(四) 游戏规则

(1) 接棒时不得越出限制线。

(2) 棒必须交到手中，不得抛接，掉棒时由本人去拾起。

(五) 注意事项

练习前做好准备活动，避免不必要的受伤。队形也可成横向站立，便于加油和观看。

二、蛇形跑接力

(一) 游戏目的

发展速度，提高灵活性，培养协作精神。

(二) 场地器械要求

平整场地一块，标杆或其他便于代替物品若干。

(三)游戏方法

将学生分成人数相等的两队,成纵队站在起跑线后。发令后,第一人绕杆跑进,抵终点折返回来,击本队第二人的手后到排尾站立。后边依次进行,以先到终点为胜。既可以在往返时绕杆跑进,也可采用迎面接力进行。

(四)注意事项

(1)绕行跑进中将杆碰倒者需要自己扶起。

(2)必须绕过每一个杆后经终点标志杆后返回。

(3)击手必须在起点标志杆侧后进行。

三、喊号逐跑

(一)游戏目的

发展即时反应及加速能力。

(二)场地器械要求

平整场地一块,根据游戏人数画一适当大小的圆圈。

(三)游戏方法

学生在圆圈外站立。从排头开始1～4向后报数。要求每人记住自己的号数。游戏开始后,每人按规定方向沿圆圈慢跑,在跑步中听到其他学生喊出"×"号时,该号数的人立即离队从队外沿圆圈向前疾跑去追赶前面的同号人。在跑回原位之前以手触及前面同号者得一分。如追不上,跑至自己原位时归队,重新开始。

(四)游戏规则

(1)追逐者必须从圈外跑。

(2)没叫到号者不得阻拦。

(五)注意事项

圆圈的大小可根据人数的多少适当调整。应考虑叫号人与被叫人距离适当。

四、交换球接力

(一)游戏目的

提高奔跑速度和灵活性。

(二)场地准备

在地上画一条线作起跑线,在线的正前方,每隔6～8米画一个圆圈,每组2～3个,画若干组。

(三)游戏方法

将学生分成4～5人一组,成纵队站在起跑线后,每组第一个人的前脚踏在起跑线上,并拿三个小球做好比赛准备。鸣笛后,每组第一个人前跑并把三个小球依次摆进小圆,跑回起跑线由第二个人接力跑,把三个小球拿回交第三个人去放,直到全组放完,先完成的组为获胜。

(四)游戏规则

(1)球必须放在小圆内,如果滚出应重新放好。

(2) 中途掉球,捡起来继续比赛。

(五) 教法建议

小圆之间的距离远近,可根据学生情况决定。各级之间要有 3 米以上的空间。

五、二人双足跳

(一) 游戏目的

发展下肢爆发力,增强腿部力量。

(二) 场地准备

平坦场地一块。

(三) 游戏方法

两人一组,互用右手握住对方的左脚,左手搭肩,组成一对两足人。发令后,两足人用侧跳的方法跳至终点,再迅速换成左手握右脚组成双人足跳回至起跑线。先到为胜。

(四) 游戏规则

(1) 两足人中途脱手,应立即重新组合好后再进行前进。

(2) 换握必须在两人均过终点线后进行。

(五) 注意事项

(1) 可让学生先做两足人的练习。

(2) 注意安全,尤其膝关节应充分活动开。

(3) 距离可根据学生情况安排。

六、猜拳跳远

(一) 游戏目的

发展跳跃能力。

(二) 场地准备

在平整场地上画两条平行线,相距适宜。

(三) 游戏方法

学生两人一组,游戏开始,游戏者要娴熟猜拳口令;即象大于虎,虎大于鼠,鼠大于象。象跳三次,虎跳两次,鼠跳一次。学生两人一组:一人猜拳喊口令,一人等待立定跳远,以先到达终点组为胜方。游戏重新开始后,跳者与猜拳者互换。

(四) 游戏规则

跳后双脚不得向前移动。

(五) 注意事项

跳者应注意安全,场地距离可根据实际情况调整。

七、跳障碍

(一) 游戏目的

提高快速跑动中的灵活性。

（二）场地准备

平整场地一块，画出间隔 40 厘米、90 厘米的隔线和直径 40 厘米的圆，位置可根据情况适当调整。

（三）游戏方法

每个隔和每个圆内允许单脚依次着地。可按人计时比赛，也可分组比赛。

（四）游戏规则

脚触线或漏过每一个障碍扣一分。用时少、扣分少者获胜。

（五）注意事项

跳跃可采用单足跳，也可采用双足跳；游戏前应注意热身，避免意外伤害。

八、双脚跳绳接力

（一）游戏目的

提高跳跃能力和动作协调性。

（二）场地器械准备

平整场地一块，跳绳若干根。

（三）游戏方法

游戏者分成两组，成纵队在起点线后站好，排头持绳做好准备。听到出发的口令后，双脚跳绳到前边转折点后返回，第二名队员接绳后继续前进，依次进行，先到终点者获胜。

（四）游戏规则

（1）只许双脚跳，不许单脚跳。

（2）交绳必须在起点线后进行。

（五）注意事项

根据学生情况可采用各种跳法。

九、运球投篮

（一）游戏目的

培养身体动作性的协调性。

（二）场地器械准备

篮球场一块，篮球若干个。

（三）游戏方法

游戏者分成人数相等的两组，成纵队分别站在两端线的右侧。游戏开始后，各队第一人快速运球到对方篮下投篮，投中后运球回来交给本队第二人，依次进行，先完成的队为获胜者。

（四）游戏规则

（1）运球时，球若脱手，应在脱手处重新开始。

（2）交球只能用手交手的方法，否则传接无效。

（3）投篮不中，运球回来无效。

十、拾放球投篮接力

（一）游戏目的

提高在快速运动中，捡地面球及快速运球上篮的能力。

（二）场地器械准备

两个篮球，一块篮球场。

（三）游戏方法

把学生分成人数相等的两队，分别站在两端线外，中线两端各放一个篮球，游戏开始，各队排头快跑到中线，捡起地面上的放好的球，快速运球上篮，投中后按原路线运球到中线，把球放在地面上，跑回端线，下面的队员按同样的方法进行，直到全队做完。速度快的一队为胜。

（四）游戏规则

(1) 每次投篮命中后才能返回。

(2) 前一名队员回到端线后，后一名队员才能出发。

（五）注意事项

比赛为了增加难度，可以改变方向，使左右手都得到锻炼。

十一、折线运球竞赛

（一）游戏目的

提高在快速运动时的变向能力。

（二）场地器械准备

两个篮球，一块篮球场。

（三）游戏方法

把学生分成人数相等的两组，分别站在同一端线的两个场角上，排头各持一球。游戏开始，学生依次按示意图路线运球接力比赛。运球返回时仍按原来路线，运行速度快的一组为胜。

（四）游戏规则

(1) 运球变向时，必须有一只脚先踏入罚球线、边线的中心、前场场角上。

(2) 交接球必须在端线外进行。

（五）注意事项

根据游戏者的实际情况可适当改变运球方式。

十二、抢截球竞赛

（一）游戏目的

发展和提高反应、判断能力，培养协作意识。

（二）场地器械准备

排球场一块，排球一个。

(三) 游戏方法

在球场上，8～12 人分为两队，比赛以跳球开始，得球一方在同队之间连续传接 10 次而不被抢断则得一份。如传球不到 10 次时而球被断走则取消已传次数。抢断球的一方应在同队之间传递，争取得分。在规定的时间内得分多的队为胜。

(四) 游戏规则

(1) 持球学生不得走两步以上，不得运球。

(2) 抢断球时不得有犯规动作。

(3) 同队之间传球超过 10 次，而球未被抢断去，可继续得分。

(4) 每传递球一次，传球人高喊出次数以便大家知道传球次数。

(五) 注意事项

(1) 注意正确的传球姿势和动作要领。

(2) 也可采取打擂台方式进行比赛。

十三、快速传球

(一) 游戏目的

提高传、接球的速度和准确性。

(二) 场地器械准备

篮球或排球若干个。在场地上画若干组相距 3 米的平行线。

(三) 游戏方法

教师将学生分成人数相等且成偶数的若干组(10 人一组为宜)，每组成两列横队，面对面，保持适当间隔站在两条平行线上，各组排头手持一个篮球。游戏开始后，排头按规定的传球方法顺序传球;最后以球回到排头手中为止，以先完成的队为胜。

(四) 游戏规则

(1) 必须按规定的方法传球，传球的顺序和路线不得变更。

(2) 传球失误时，必须将球拾起并跑回失误的地点方能继续传球。

(3) 传球时，脚不得踩线和越线。

(五) 注意事项

(1) 此游戏的传球方法、距离可根据实际情况变换。

(2) 可用篮球或排球替换。

十四、集体过障碍

(一) 游戏目的

提高协作意识，培养集体主义精神。

(二) 场地器械准备

跳箱两个，鞍马两个，双杠两副。

(三) 游戏方法

把学生分成人数相等的两组，各成一路纵队前后拉手站在起跑线后。教师鸣笛各队集体向前跑，攀过跳箱，钻过鞍马，绕过双杠，在集体返回并站好队。以动作快，脱手少和队形齐的一队为优胜。

(四) 游戏规则

(1) 每脱手一次扣一分。

(2) 如行动路线不符，判作失败。

(五) 注意事项

(1) 在设备不足条件下，可因地制宜利用自然景物(如小树，矮墙、台阶、土坡)或架设简易障碍，要尽可能使两队条件相同，距离相等。

(2) 应在教师指导下进行，避免意外运动伤害。

十五、快速集会

(一) 游戏目的

提高集中注意力和快速反应能力。

(二) 游戏方法

把学生分成人数相等的若干组，之后宣布“解散”，当听到“立正”的口令时，应原地站好保持冷静，教师交换指挥位置以后再发出“面向我排成横队集合”的口令，各组应按照队列要求马上整队，以动作准确、行动迅速的一组为优胜。

(三) 游戏规则

(1) 整队时各队应按高矮顺序排列。

(2) 动令下达后方可行动。

(四) 注意事项

(1) 游戏中应要求学生做到“快、静、齐”。

(2) 教师位置改变得要突然，并应附带有两臂姿势的要求。

十六、有效与无效口令

(一) 游戏目的

集中注意力，提高兴奋性。

(二) 游戏方法

学生成班横队站立，教师下达队列口令前加“注意”二字为有效口令，不加“注意”为无效口令。有效口令下达后应立即行动，无效口令下达后，保持原有姿势不动。

(三) 游戏规则

动令下达后动作慢半拍的学生为失误。

(四) 注意事项

(1) 发口令时尽可能做到变幻莫测。

(2) 次数不宜过多。

十七、换位

(一) 游戏目的

提高反应速度和动作的敏捷性。

(二) 场地准备

平整场地一块，画两条平行线。

(三) 游戏方法

把学生分成人数相等的两组，成两列横队面对面站立，间隔 3 米，选出一人作守卫人，站在两列横队的中间。游戏开始，队列中的人力图与对面的人相互换位，而不被守卫人发现，守卫人要竭力监视所有企图换位的人，一经发现立即喊出他的名字。被喊出名字的学生要与守卫互换位置，游戏继续进行。

(四) 游戏规则

(1) 换位必须双方互换，只有一方换过去，若被守卫人喊出名字也算被发现。

(2) 守卫发现换位，必须在其换位动作完成前喊出名字。

(五) 注意事项

换位队员应错开站位，避免换位时发生相撞。

第十三章 其他运动

第一节　拓展运动

一、拓展运动简介

拓展运动是当今世界上最通行、最科学、最有效的体验式培训方式，它是素质教育在职业素养教育方面的一个分支，但绝不等同于我们熟知的传统的灌输式教育培训方式。通过在全球近50年的发展，于1995年走进中国。因其独特的功效，备受推崇，已被国家机关、学校、工厂等企事业单位以及各种社会组织，特别是现代企业列为必不可少的重要培训课题。

拓展运动源于英文Outward-Bound，原意为一艘小船离开安全的港湾，驶向波涛汹涌的大海，去迎接挑战。拓展(体验式培训)是一种现代人和现代组织全新的学习方法和训练方式。利用崇山峻岭、悬崖峭壁等自然环境和简单的器械，通过精心设计的一系列课程，在陌生与竞争的环境中，面对种种意外和挑战，彼此紧密配合，相互学习，交流感情，共同分享经验与成功，使身心得到锻炼，思想得到启发。

二、拓展运动的特点

(一) 综合活动

拓展运动的所有项目都以体能活动为引导，引发出认知活动、情感活动、意志活动和交往活动，有明确的操作过程，要求学员全身心地投入。

(二) 挑战极限

拓展运动的项目都具有一定的难度，表现在心理考验上，需要学员向自己的能力极限挑战，跨越“极限”。

(三) 集体中的个性

拓展运动实行分组活动，强调集体合作。力图使每一名学员竭尽全力为集体争取荣誉，同时从集体中吸取巨大的力量和信心，在集体中显示个性。

(四) 高峰体验

在克服困难，顺利完成课程要求后，学员能够体会到发自内心的胜利感和自豪感，获得人生难得的高峰体验。

(五) 自我教育

教员只是在课前把课程的内容、目的、要求以及必要的安全注意事项向学员讲清楚，活动中一般不进行讲述，也不参与讨论，充分尊重学员的主动地位和主观能动性。即使在课后的总结中，教员也只是点到为止，主要让学员自己体会，以达到自我教育的目的。通过拓展运动，参训者会在以下方面有显著提高：认识自身潜能，增强自信心，改善自身形象；克服心理惰性，磨练战胜困难的毅力；启发想象力与创造力，提高解决问题的能力；认识群体的作用，增进对集体的参与意识与责任心；改善人际关系，学会关心，更为融洽地与群体合作；学习欣赏，关注和爱护大自然。

(六) 宽泛的适应性

拓展运动对社会各界具有广泛的适应性，无论是公务员、教师、白领职员，还是普通的大学生及中小学生，都有相应的课程满足其需要，同时，各类课程都可根据具体的受训对象进行开发、设计、组合，使每次培训活动更为切合实际，充分实现训练目的。课程大多以团队活动方式进行，尤其适宜集体培训，每期 20～60 人为宜。

拓展运动是体验式的学习过程但并非简单的体育加娱乐，它对提高身心全面发展具有重要作用。

第二节　垂钓运动

一、垂钓运动概述

垂钓是人们运用钓具，把鱼从水中钓出来的一项活动，是一项能够强身健体、锻炼意志、陶冶情操、高雅而富有情趣、男女老少均可参加的活动，也是体育、娱乐兼而有之的活动。它深受人们喜爱，参加活动的人越来越多。

钓鱼在我国有数千年的历史。史料记载舜在做部落首领前，曾在山东雷首山的雷泽垂钓。“愿者上钩”的姜子牙垂钓于山西磐溪的传说，距今也有三千余年。钓鱼这项体育娱乐活动，在许多国家或地区都很活跃。据说仅在有一亿多人口的日本，就有三千多万钓鱼爱好者。1952 年由英国、法国、德国、意大利、南斯拉夫等国家发起成立了“国际钓鱼运动联合会”，钓鱼成为国际体育比赛项目。

我国陆上江河纵横、湖泊星罗棋布，气候适宜，垂钓条件优越。1983 年 9 月，全国钓鱼学会在无锡市成立。继之，江苏、江西、重庆、上海、沈阳也都成立了地方性的钓鱼协会。据不完全统计，目前我国钓鱼爱好者已达数千万人。

钓鱼的主要工具有鱼竿、鱼线、鱼漂、铅坠(海竿称铅砣)、鱼钩等，把它们连接在一起，可以垂钓。鱼竿、鱼线、鱼漂、铅坠和鱼钩的组合，是依照人的手和手臂安排的，使用起来较为灵便。鱼竿和鱼线，是手臂的延长，是钓者有限手臂的补充；鱼钩则是钓者的手，起着把鱼从水里"拿出来"的作用;铅坠可理解为钓者的臂力。起着将"手伸至水中的"作用。鱼漂是钓者的神经,通过动作将鱼咬钩的情况反映给钓者,使钓者及时提竿得鱼。所以,鱼漂又有钓者第二只眼睛之称。

二、垂钓的好处和注意事项

(一) 垂钓的好处

垂钓有益于身体健康,是众所周知的事实,特别对老年人更是如此,其好处概括起来有以下几点:

(1) 活动筋骨,增强体力。

(2) 充分呼吸,新鲜空气。

(3) 沐浴阳光,健康有利。

(4) 促进消化,增进食欲。

(5) 磨炼耐性,锻炼毅力。

(6) 忘却烦恼,消除忧郁。

(7) 充实生活,增加乐趣。

(8) 研究钓技,防止痴呆。

(9) 广结钓友,避免孤寂。

(二) 注意事项

事情总是一分为二,有利就会有弊,关键在于趋利避害,垂钓时应有以下注意事项:

(1) 垂钓时的六点注意。

①要选择适宜环境。地面比较平整,空气新鲜,温度适宜,出入方便。②渔具适用。手竿较轻,竿架易于插立,浮漂醒目,调漂时略多露出水面,以便识别鱼的动态。③板凳或椅高矮适当。带有遮阳伞具,饮用水,并备有适当食物。④控制垂钓时间与次数,不可流连忘返,过于疲劳。⑤要结伴而行。有慢性病者,可携带应急药物。⑥遇雨应及时收竿。

总之,以休闲散心与活动身体为主,不可过于迷恋。

(2) 冬钓三忌。

①忌寒保暖:冬季垂钓时寒气太大,易使人的血管收缩,抑制血液的流量,故应注意防寒保暖。②忌单人出钓,应结伴而行。③忌冒险上冰。钓者不可根据自己的经验,强行上冰,以免发生危险。

第三节　滑雪运动

一、滑雪运动简介

滑雪是陶冶情操,振奋精神,显现人生价值的冬季最佳户外运动。滑雪是充满魅力,其乐无穷的娱乐健身活动。滑雪，被称为冬季的“高尔夫”；滑雪，也被叫作高山峻岭中的“雄鹰”和林海雪原中的“轻舟”；滑雪，产生神幻故事的银色世界，是勇敢者的运动。总之，滑雪是一项既浪漫又刺激的休闲体育运动。

现代滑雪运动起源于北欧的挪威，我国的东北地区很早就出现了简单的滑雪，但是当时都是用于冬天的交通工具。早在几千年前，当人们的生产条件还很落后的时候，人类为了在恶劣的自然环境中生存，发明了可以代替行走的滑雪板，它的应用使得人们在浩瀚的森林中可以任意驰骋，追寻猎物。国际滑雪联合会成立于 1924 年的北欧。在法国夏蒙尼举行了第一届冬季奥运会，滑雪被列为正式比赛项目。在世界滑雪运动中居领先地位的国家有斯堪的纳维亚半岛各国，如挪威、瑞典、芬兰，还有西欧阿尔卑斯山脉周围的国家，如法国、意大利、奥地利、德国以及俄罗斯，一般来说斯堪的纳维亚半岛国家在北欧滑雪项目上占优势，阿尔卑斯山脉国家在高山滑雪项目上占优势。

二、滑雪用具

（一）滑雪板

一般滑雪板有木质、玻璃纤维和金属之分。木质轻且价格便宜，但易受潮变形，故使用前宜涂抹特制油脂，使其不易粘雪及防止雪水浸入。玻璃纤维滑雪板适合任何雪质的雪地，但价格较高。金属滑雪板在轻而燥的深雪及冰面上回转轻便，价格也较高。目前有将这三种材质混合制成的滑雪板，最受滑雪爱好者欢迎。

（二）滑雪杖

其作用是帮助滑行及维持身体的平衡。选择时以质轻、不易断折、平衡感好、适合自己的身高为原则。一般由拦雪轮起算，最长不过肩，最短不低于肋下。可将手穿过皮手环，握杖挥动称手为佳。

（三）滑雪靴

全名滑雪专用靴，可与滑雪板连成一整体。初学者和业余者选择保暖合脚及防水的滑雪靴即可。最好选择靴筒较低的短靴，以免影响足踝的屈转。

（四）各种固定器

有的滑雪板上有将滑雪靴固定在其上的装置，在滑雪者跌倒时固定器会迅速松脱，成为避免滑雪伤害的防护器具之一。

（五）滑雪蜡

涂抹在木质滑雪板底部的特制油脂，使滑雪板不易粘雪及防止雪水浸入。

（六）滑雪装

保暖、防风雪、舒适合身、不妨碍行动及减少风阻的服装。

（七）有色镜

雪地上因阳光反射强烈，必须戴上有色镜来保护眼睛，镜架以塑胶制品较为安全，镜片颜色以黄色或茶色为佳。

三、滑雪运动的方法和要求

（一）正确穿戴并熟悉雪具

在滑雪教练或工作人员帮助下选用适合自己的滑雪靴、滑雪板、滑雪杖，在滑雪场的初级练习场先做热身活动。

很多初学者穿上滑雪靴会觉得双脚被箍得很紧，合适的靴子应该是让初学者的胫骨、脚后跟、脚面被紧握而不感压迫，踝关节要能弯曲，脚趾能滑动抓地，总之要让靴子和脚成为一个整体，因为滑雪过程中滑雪者主要通过滑雪板来控制速度，没有合脚的靴子就无法有效地做出各种动作。

在雪地上的站立姿势，切记不要为了舒服而让脚在靴子里晃悠，那样可能会扭伤脚。穿雪靴在雪地行走时步子要适中，用后跟先着地。在穿滑雪板之前，先把两支雪板放在平地（初学者不要在斜坡上穿鞋），在双手执杖支持下先后穿板：先将前脚掌置入滑雪板固定器，上滑雪板时，只需将后部的固定器抬起，将滑雪靴的前端插入前部固定器的凹槽内，用力向下压滑雪靴的后跟，听见“啪”的一声，固定器已将滑雪靴的前后端紧紧地卡在滑雪板上了。

雪杖的正确握法是：先将手穿过雪杖的佩带，然后将佩带握在手中，这样万一摔倒后，雪杖不会被扔出去。穿好滑雪板后，双手执杖插在身体两侧雪地上帮助平衡，同时两脚踩滑雪板前后移动，适应滑雪板。

（二）平地行走，在平地和斜坡上保持平衡，横向蹬坡，外八字蹬坡

平地行走技术包括前后方向行走、横行、原地行走转圈。

平地行走时注意保持双板平行，两只滑雪板的板头和板尾不能交叉，步幅要小。横向行走是为上坡打基础，要领是步幅要小，保持双板平行。原地转圈 360°时，每一步的角度不要大，以向左转圈为例，左板每走一步，右板跟上的一步要保持与左板平行，板头和板尾不能交叉，否则将会失去平衡以至于摔跤。

平地保持平衡比较容易，少有滑动可以顺其自然，不要紧张挣扎导致自己失去平衡。在斜坡上保持平衡首先要明白“滚落线”的概念，“滚落线”是指一个圆球从斜坡上滚落的线路，要想在斜坡上保持平衡，必须使滑雪板与滚落线保持垂直，并且要让滑雪板的内刃和滑雪板的外刃嵌入山体，并形成夹角，身体的中心要放在下滑雪板上，以抗拒身体重量的自然下滑。

在斜坡上保持平衡后就能尝试横向蹬坡，即由下滑雪板的内刃和上滑雪板的外刃做支撑，轮流交换重心横着向山上蹬行，双手执雪杖自然地在身体两侧点地帮助保持平衡，记住要领：上身要直立，膝盖微弯顶住靴子的前沿以支持身体的重量，双板要平行并与滚落线垂直（要时刻观察滚落线的走向，滚落线要靠自己去想象，雪道上并不会画出来），想象自己是一个球嵌在斜坡上，双膝和髋部往山上方向倾斜，腰部和肩部向山下倾斜，身体呈反弓形。

外八字蹬坡是比横向蹬坡更有效率的一种方法，要领是：身体正对滚落线，双板的板头宽、板尾窄呈外八字形状，双膝内旋以使双板的内刃立起与雪面形成夹角，双手在身后执雪杖的杖头（像老人拄拐杖的姿势）支持，双板轮流交替向上蹬行，雪杖在身后自然的轮流支撑。

(三) 直滑降技术

选择缓坡蹬坡后,用雪杖支撑使自己顺利的调整板型,双板平行与肩同宽,正对雪道下方(正对滚落线),慢慢收起雪杖,身体的重量会使滑雪者徐徐下滑,直到平地时自然减速停止。要领:上身直立,头部抬起目视前方,不要紧盯自己的滑雪板,注意观察周围情况,肩部放松,胳膊前伸,双手握雪杖,手的高度在髋部左右,雪杖头垂在身后,膝盖微屈,感觉胫骨微微压迫滑雪靴的前壳,滑雪板平放在雪道上,身体随着滑雪板滑行。

直滑降中常见的错误是因为恐慌引起的:恐惧下滑的高度及自身越来越快的速度。如果是这样,干脆向身体的两侧坐倒或做出犁式制动减速。紧张的根源是害怕,所以要记住,要放松自己的胳膊,使自己的身体重心前倾,而不要重心滞后,这样就可以控制自己的滑雪板了。哈腰、撅臀和后坐都是错误的姿势。

(四) 犁式制动(内八字刹车)技术

犁式制动是一种非常有效的技术,可以用来停止滑行、减速、控制滑行和转弯,甚至有些高级滑雪者在天气恶劣和狭窄的雪道上也采用这种技术。练习犁式制动技术时要从平缓的斜坡开始,随熟练程度增加坡度。

犁式制动是在直滑降的过程中完成的:上体放松,手握雪杖头在身前髋部的高度,雪杖垂在身后,身体重心在前脚的内侧,不能后坐,在滑行中使双板的板尾打开呈"V"字形,即八字形,髋部的重量均匀地分布在两支滑雪板上,双膝和踝关节内旋以使两支滑雪板的内侧立起刻划于雪面,形成楔子嵌入雪面,并加大阻力,从而使自身下滑的速度减缓并最终停止。

(五) 转弯犁式

在熟练运用犁式制动技术滑行、减速之后可以练习转弯犁式技术。

在运用转弯犁式技术时,两支滑雪板一直呈"V"字形,即八字形,当身体的重心不是均匀地放在两支滑雪板上时,滑行的方向就改变了:重心偏向右板时(向右滑行受阻),滑行的方向偏向左边;中心偏向左板时(向左滑行受阻),滑行的方向偏向右边。

学习这项技术时要注意滚落线的位置,滑行路线要沿着滚落线画"S"形状。

(六) 斜向滑行

斜向穿过滑雪道(斜坡)而不是直着冲下山去被称为斜向滑行(或叫斜滑降),在坡度很大的情况下,斜向滑行可以有效控制滑行速度。斜向滑行的正确姿势是:双手握杖在身体前,胳膊放松,雪杖垂向身后,山上一侧的肩膀和髋部要扭向山下方向,这样身体的上部就会冲着山下方向,膝盖微屈使滑雪板靠山上一侧的半刃嵌入山体(不至于横着下滑),斜向前方滑行时身体重心偏向山下滑雪板,双板的板形是平行的。

当觉得滑雪板向山下方向更直且速度加快时,可以多施加压力给山下滑雪板,直到双板与滚落线的角度接近90°时就会减缓滑行速度并停止。而当双板与滚落线的角度逐步减小时速度又会加快。

(七) 上坡式转弯

在斜向滑行时给山下滑雪板施加的重力不断加大,斜向滑行的路线在穿过滚落线后会转弯继续向上滑行并最终停止。

（八）侧向滑行（横向下滑）

侧向滑行（横向下滑）是一种很有效的对付陡坡的技巧：斜向滑行中把山下滑雪板的板尾向山下方向推出，重心在山下滑雪板上，双板同时横向平放于斜坡上，横着向下滑，需要停下时，双板同时以山上一侧板刃嵌入山体就可停止下滑。

侧向滑行（横向下滑）可以向侧前方向和侧后方向滑行。

（九）犁式转弯

在熟练掌握犁式制动、转弯犁式、斜向滑行之后，将三者结合即可练成犁式转弯。基本过程是：双板平行斜向滑行，过了滚落线后马上用转弯犁式来转弯，转过弯来后再恢复斜向滑行，如此循环往复。犁式转弯技术分为初、中、高级，在中级犁式转弯时主要运用点杖技术，高级犁式转弯时还要加上引身技术。高级犁式转弯技术熟练后就可过渡到平行时转弯了。

第四节 攀岩运动

一、攀岩运动的起源

攀岩运动的兴起，最早可追溯到18世纪的欧洲登山运动。在此之前，欧洲人是很害怕接近山区的，总认为那是魔鬼居住的地方。一直到18世纪，才开始有一些传教士为了宣教，不得不穿越山区，另外也有一些科学家开始走入山区，做一些自然生态的观察研究。除了这些人之外，还有一些实业家、工程师、银行家等社会新阶层，开始把登山当成休闲活动。当时“首登”（某座山头被人类第一次登顶谓之首登）成为所有登山者追求的目标，当那些在阿尔卑斯山区中，比较平缓而容易到顶的山头都被“首登”过后，剩下的就是有着悬崖绝壁的险峻大山了。当时的登山者为了克服这些终年积雪的冰岩地形，开发出一套手脚并用的攀登技术，只是此时无论在技术或是器材上都还相当简陋。一直到“二战”前后，为了符合特种地形作战的需求，军队开始研究攀登技术后，才逐渐有了今日攀岩运动的雏形。

二、攀岩运动的功能

攀岩运动事实上已经超越了单纯的运动、游戏，被教育家当成改造个人人格的一项有效工具，所以它在近些年来，受到欧美国家的重视，目前世界各地已经有许多有系统、有组织的团体，将这种运动推广到学校、俱乐部及休闲游乐区。在欧美各国，许多公园都建有人工岩场，让人们去逛公园时，不再只是静态地散散步及欣赏花草、小鸟，他们还可以同时做一些攀岩运动，来达到更佳的休闲效果。

除了攀岩运动外，人工岩场也可以提供类似高楼逃生、绳索下降等个人防火训练，以及山难搜救技术的训练。高空作业人员，如天线架设、建筑、外墙清洗作业、冷气安装，也可以在经过训练后，将工作的危险性大幅降低，让劳资双方皆可获得保障，业主也可减少不必要的纠纷。军方及特种部队也常利用人工岩场，做各种作战技术演练，如困难地形突破、突击潜入、人质解救或者是巷战、城市战等训练。

在医疗方面，人工岩场也可以应用在医疗工作上。透过特殊的岩块排列组合，可以使病人从有趣的攀岩活动中，训练固定的肌肉，而达到复健之疗效，此种方式远较枯燥的传统复健训练要好。在儿童体健方面，则运用在肌肉发展及手、眼、身体之协调训练上。

室内攀岩一出现，就受到人们的喜爱。在国外，一些中、小学甚至将室内攀岩列入体育训练的课程之中。据有关专家介绍，开始学习攀岩的适宜年龄在 12 至 13 岁，这时儿童的身心发育均已达到攀岩的基本要求。攀岩既可以使他们的身体变得强壮，更可以增长他们独自战胜困难的勇气。

作为攀岩爱好者，无论任何年龄，只要具有面对困难的勇气，都可以尝试不同难度的室内攀岩运动。男士可以在这里一展阳刚之气，女士则可以通过攀岩锻炼肌肉，完善身体协调能力，以达到减肥瘦身的目的。

攀岩运动是从登山运动中派生来的新项目，也是登山运动中的一项竞技体育项目。它集健身、娱乐、竞技于一体，既要求运动员具有勇敢顽强、坚韧不拔的拼搏进取精神，又需要运动员具有良好的柔韧性、节奏感及攀岩技巧，这样才能娴熟地在不同高度、不同角度的陡峭岩壁上轻松、准确地完成身体的腾挪、转体、跳跃、引体等惊险动作，给人以优美、流畅、刺激、力量的感受。

三、攀岩运动的方法与规则

攀岩的诀窍在于开始攀岩运动之前的热身。如果省略这个步骤，攀岩者很容易受伤。尤其是手腕、脚踝、膝关节的准备活动。攀岩者系保险扣时，一定要耐心请教教练，打出一个漂亮的“双八结”或“水手结”。多样的变化，带给攀岩这种运动前所未有的挑战，对此，耐力很重要。在攀爬过程中，保持放松是省力的最佳办法。身体应尽量贴近岩壁，这样也可以节省力气。脚要横踩岩点上的小窝，可以有效防止滑脱。优秀的平衡能力，加上敏锐的判断力，有助于运动者挑战攀岩的难度和速度。

四、攀岩的基本要领

(一) 抓

用手抓住掩饰的凸起部分。

(二) 抠

用手抠住岩石的棱角、缝隙和边缘。

(三) 拉

在抓住前上方牢固支点的前提下，小臂贴于岩壁，抠住石缝隙或其他地形，以手臂和小臂使身体向上或向左右移动。

(四) 推

利用侧面、下面的岩体或物体，以手臂的力量使身体移动。

(五) 张

将手伸进缝隙里，用手掌或手指曲屈张开，以此抓住岩石的缝隙作为指点，移动身体。

（六）蹬

用前脚掌内侧或脚趾的蹬力把身体支撑起来，减轻上肢的负担。

（七）跨

利用自身的柔韧性，避开难点，以寻求有力的支撑点。

（八）挂

用脚尖或脚跟挂住岩石，维持身体平衡使身体移动。

（九）踏

利用脚前部下踏较大的支点，减轻上肢的负担，移动身体。

五、日常锻炼建议

攀岩运动对于手指和手臂的力量要求很大，引体向上可增加臂力和手指的力量，因此在平时练习的时候要多做引体向上等能加强上体力量的运动；另外，攀岩对柔韧和协调性的要求也很高，所以在练习的时候也要多注意这方面的运动。例如，跳绳可以锻炼身体的柔韧和协调性；乒乓球和棋类对培养判断力大有益处；游泳可锻炼心肺功能、全身力量和耐力。

六、攀岩运动的器材

攀岩的装备器材是攀岩运动的一部分，是攀岩者的安全保证，尤其是在自然岩壁的攀登中。因此平时要爱护装备并妥善保管。攀岩装备分为个人装备和攀登装备。

（一）个人装备

个人装备指的是安全带、下降器、安全铁锁和绳套、安全头盔、攀岩鞋、镁粉和粉袋等。

1. 安全带

攀岩用的安全带与登山安全带有所不同，属于专用，并不适合登山，但登山用的安全带可在攀岩时使用。我国大部分攀岩者多使用登山安全带，这是因为攀岩爱好者又常是登山爱好者，于是两种安全带也就混用了。

2. 下降器

“8”字环下降器是使用最普遍的下降器。

3. 安全铁锁和绳套

安全铁锁和绳套是攀岩过程中，休息或进行其他操作时自我保护之用。

4. 安全头盔

一块小小的石头落下来，砸在头上就有可能造成极大的生命危险，因此头盔是攀岩的必备装备。

5. 攀岩鞋

攀岩鞋是一种摩擦力很大的专用鞋，穿起来可以节省很多体力。

6. 镁粉和粉袋

手出汗时，抹一点粉袋中装着的镁粉，立刻就不会手滑。

(二) 攀登装备

攀登装备指绳子、铁锁和绳套、岩石锥、岩石锥、岩石楔，有时还要准备悬挂式帐篷。

1. 绳子

攀岩一般使用直径9～11 mm的主绳，最好是11 mm的主绳。

2. 铁锁和绳套

连接保护点，下方保护攀登者必备的器械。

3. 岩石锥

固定于岩壁上的各种锥状、钉状、板状金属材料做成的保护器械，可根据裂缝的不同而使用不同形状的岩石锥。

4. 岩石锤

顶岩石锥时使用的工具。

5. 岩石楔

与岩石锥的使用相同，但可以随时放取的固定保护工具。

6. 悬挂式帐篷

当准备在岩壁上过夜时使用的夜间休息帐篷，须通过固定点用绳子固定保护起来悬挂于岩壁。

第五节 保龄球运动

保龄球又叫“地滚球”，最初叫“九柱戏”，起源于德国，是一种在木板球道上用球滚击木瓶的室内体育运动，流行于欧、美、大洋洲和亚洲一些国家。保龄球的历史最早可以上溯到距今7 200年前。1920年，英国考古学家在埃及的墓道中发现了9个石瓶及1个石球，这个游戏的玩法是用球投向石瓶，将石瓶击倒，这与现代保龄球的用具与玩法十分相似。因此，保龄球运动被誉为人类历史上最古老的运动之一。

一、球的选用

保龄球的重量基本上从6磅到16磅，共11级。

6～7磅——小学生。

8～9磅——中学生。

10～12磅——女青年。

13～14磅——男青年。

15～16磅——中、高级球员。

二、握持球

握持球的方法有传统抓球法、半指节抓球法、满指节抓球法。

（一）传统抓球法

中指及无名指的第一、第二指节插入指孔的抓球法，因抓球容易所以对初学者或较弱的女性比较合适。

（二）半指节抓球法

中指及无名指插在第一指节和第二指节之间的抓球法，一般有职业球员采用这种抓球法。

（三）满指节抓球法

中指及无名指插入指孔但只插入第一指节而已，这种抓球法摆动费力但可供强劲的回转力，不好控制，并且容易增加手指指端的负担，所以一般只有熟练球员才使用这种抓球法。

三、投法和投球

为使保龄球有一个平稳的加速度，投球前必须进行助跑。只有在助跑中通过摆臂运球，球才能够得到加速度。四步助跑又叫标准型助跑，包括第一步推球，第二步垂直下摆，第三步垂直后摆，第四步向前垂直回摆和滑步投球。手臂摆动时，肩部应放松，像钟摆一样摆动。同时，投出的球还分为直线球和钩球（曲线球）。

（一）直线球

直线球即球路为直线而无侧旋的球。这种球路易于掌握，只要摆动正确就可投出好球，而且不费力气，容易控制强劲的球，最适合初学者。

直线球只以第二箭头为瞄准点投球，顶部为正旋且直线方向滚动，入射角度撞击瓶的效果并不好，而且只要瞄错一点点，就会有剩余瓶。

投直线球时要掌握正确的投球动作。放球时，首先把拇指脱出指孔，按着顺势依次以中指、无名指直线向前扬起，投出球之后，手掌心朝上，顺势做扬手动作。初学者易犯的错误是手腕弯曲，影响球路。

（二）钩球（曲线球）

钩球是指开始时球是直线滑行，到瓶区附近时向左变线进入球袋的球路（对右手球员）。钩球是在向前滚动的方向加上横向的作用力，因面破坏力更大。

钩球中的横向用力产生的侧旋，易造成球瓶斜倒或横倒的撞击效果。钩球的撞击效果，比起直线球更大，所以打全中的概率相当大，当入射角达到 6° 时，就可百分之百全中。

钩球法在持球时，拇指与中指所连接的直线，与犯规线呈平行的状态。投球时，首先抽出拇指，其次抽出其他两指，这时中指与无名指之间不要特别用力，只要有微微扬起的感觉后抽出球，就自然会有钩球的球路。这是最基本的钩球打法，称为自然钩球法。

为了投出更具杀伤力的钩球，持球手法可采用投直线球的方式，动作类似直线球，只是在球经过踝关节的瞬间，将持球右下部的中指和无名指轻轻扬起，并把手指上拉。拇指顺势抽离指孔时，其他两指也由右侧转向左侧，并同时进入扬手动作的全过程，扬手时，手臂仍直伸上扬，直到脸部的左前方为止。

第六节　射击运动

一、射击运动简介

射击是使用枪支对各种预先设置的目标进行射准比赛的一种体育运动。射击竞赛项目繁多，包括使用各种规格的步枪、手枪和猎枪对固定的、移动的、隐现的以及飞行的各种目标进行精确射击和快速射击。

射击国际比赛有男女个人项目，也有团体项目。使用枪支射击的人叫射手（射击运动员）或叫神枪手。射击运动员的技术叫射击术。

射击项目的基本类别是步枪（射击）、手枪（射击）、抛靶（射击）和双向飞碟（射击）。步枪的射击姿势有立势、跪式和卧式。步枪和手枪的标准靶由 10 个靶环构成，排列是从 1 环到 10 环。最外面的靶环为 1 分，靶心为 10 分。

二、射击小知识简介

（1）竞赛项目按使用枪支和射击方法的不同，分为 4 种类型：步枪项目、手枪项目、移动靶项目和飞碟项目。

每种类型按枪支规格、射击姿势、射击距离、射击方法和目标种类的不同，又分出更多的项目。目前国际手枪射击联盟公布承认世界纪录的男子项目共 42 项，女子 14 项。按规定只有在世锦赛、世界杯、奥运会及洲际的比赛中创造的纪录才能得到承认。射击竞赛又分个人赛和团体赛，每个项目团体赛的人数为男子 4 人，女子 3 人。团体赛的名次以个人成绩相加的总和来评定。国际射击联盟规定世界射击锦标赛的项目有男女个人和团体项目共 52 项。洲际射击锦标赛的项目与世界锦标赛大体相同。

（2）国际射击联盟（UIT）是射击运动世界管理机构。

（3）最重要的国际射击比赛是世界射击锦标赛。

（4）射手采用卧姿射击时，平卧腹部着地，用双肘支撑上体，枪托抵住肩部或腋窝，射手只能用双手托枪。

（5）手枪射击包括以下几个项目：自选手枪射击、手枪速射、标准手枪射击、气手枪射击和运动手枪射击。

第七节　铁人三项运动

一、铁人三项运动的起源

1973 年的一天，一群体育官员聚集在夏威夷群岛的一个酒吧里争论：世界上究竟哪一种体育运动项目最刺激，最具有挑战性，最能考验人的意志和体能？有的说是橄榄球，有的说是渡海游泳，有的说是足球，还有的说是长距离自行车、登山、马拉松等。他们各抒己见，争论不休。最后，美国海军准将约翰·克林斯提出：谁能在一天之内在波涛汹涌的大海游泳 3.8 千米，再环岛骑自行车 180 千米，最后跑完 42.195 千米的马拉松全过程，谁就是真正的铁人。于是第二天就有 15 名运动员参加了这项新倡议的比赛，其中还有 1 名女性，最后有 14 名运动员比完了全过程。于是一项挑战自然、挑战自我的新型体育运动项目就在这种充满戏剧性、冒险性的情况下诞生了。人们把这项一次连续组合完成游泳、自行车和长跑，并在运动员体能、速度和技巧上提供挑战的综合性体育运动项目称之为“铁人三项”。

铁人三项和跆拳道在悉尼奥运会上成为正式比赛项目，跆拳道的历史可以追溯到几千年以前，而铁人三项则只有 27 年的历史，可谓最年轻的运动。

二、铁人三项运动的主要规则

（一）游泳比赛的主要规则

（1）参赛者可以采用任何姿势前进，但须按竞委会规定的游程路线，并绕浮标外沿游完全程。

（2）游泳衣、帽、护目镜等均须按竞委会的规定使用。

（3）运动员须服从大会安排，在肢体的规定位置写号码，直至三项赛事整个赛程结束方能清除，禁止涂写号码以外的任何文字或标志。

（4）按发令信号起游；游程中允许借助水道线、救护船、监护船、浮标等原地休息，但不准借力游进；赶超对手须从侧方绕越，不得影响其正常游进。

（5）游程中运动员体力不支时，可举一手在头上挥摆以示紧急救援，凡被救起上船者按自动弃权论。

（二）自行车比赛的主要规则

（1）赛车用公路赛车，可装变速器及圆盘式车轮；禁止装车链盒；可有备用轮胎、打气筒、饮料架及饮料。

（2）赛程中需自始至终戴安全帽，帽的规格和戴的间距须符合规定。

（3）服装可穿三项赛专用服或单项服装。

（4）车牌号须与运动员号码相符并按规定系挂和装贴。

（5）起点设在与游泳终点的交接地段，区内有按号码排列的存车架，出口处画有白色起点线。

（6）赛途中不可更换车辆；短距离赛程中车辆出故障，只能修理不得更换部件。

（7）在运动员行进的左右各 1 米，前轮向后 7 米，或执行任务的摩托车后 10 米，汽车后 25 米均属安全区域范围，后方运动员进入该区域并通行，算尾随犯规。

（8）在规定范围内故意利用前方运动员为挡风屏障，作屏障犯规论处。

（9）两运动员保持平行前进为伴骑，按尾随犯规处罚。

（10）超车须在 15 秒以内按有关的骑车路线和距离完成，违者按尾随犯规处罚。

(11) 赛程中运动员均应沿路线右侧直线骑行;超越时距前者 7 米以外开始向左侧骑行,横向相距 2 米以上,领先 10 米后进入原路线骑行;前者被后者超越后,仍应保持原路线,不得改向左骑行;超越时,前者不得曲线骑行故意阻挡对手,违者按尾随犯规处罚。

(12) 借助机动力量或乘坐机动车者,取消资格。

(13) 终点线为两边白色、中间黑色标志线,须人、车同时到达为准;换项区域按号码顺序排列车架,赛车须对号上架。

(三) 长跑比赛的主要规则

(1) 比赛按组委会指定的路线行进,如遇特殊情况要离开路线行进,须向裁判员声明并在裁判监督下重新进入比赛。

(2) 运动员按规定在胸、背处各佩戴一块号码布,赛事结束前不得自行取下。

(3) 赛时不许借助车辆或其他动力前进。

(4) 不准冲撞或阻挡其他运动员跑进。

(5) 不能继续比赛者,可向裁判员提出自动弃权要求,在裁判员取下号码布后以弃权者身份上收容车。

第八节 交谊舞

一、交谊舞的起源

交谊舞也是起源于西方的一种舞蹈形式,又称舞厅舞、舞会舞、社交舞。

交谊舞的起源要从国际舞讲起。国标舞,全称是国际标准交谊舞。它来源于各国的民间舞,是在古老的民间舞的基础上发展演变而成。在 12 世纪,欧洲一些国家将民间舞蹈加以提炼和规范,形成了流行在宫廷中的“宫廷舞”,高雅繁杂,拘谨做作,失去了民间舞的风格,只在宫廷盛行,专供贵族习跳和欣赏,是贵族的特权。法国大革命后,宫廷解体,“宫廷舞”进入平民社会,成为社会中人人可舞的社交舞。1768 年,在巴黎出现了第一家舞厅,从此,交谊舞在欧洲社会中开始流行。

由于国际舞对舞姿、舞步要求非常严格。所以,出现了要求相对低一些的交谊舞,它保持了国标舞各种舞种的风格,但比较随意。尽管如此,交谊舞依然有自己的要求,这样,才能体现各个舞种的风格,才能洒脱自如。

19 世纪,随着工业革命和浪漫主义运动的兴起,由于男女衣着样式从长裙逐步转向方便行走的裙式,英国的布鲁斯(慢四步)、快步舞(快四步)、美国的狐步舞(中四步)、波士顿华尔兹(慢三步)等舞种十分流行。在第一次世界大战爆发前,拉丁美洲的舞蹈传入了欧洲。先是阿根廷的探戈舞,然后是古巴的伦巴舞、巴西的桑巴舞相继流行,人们热衷于这些舞蹈特有的节奏和舞步,并一直流传至今。

20 世纪初,爵士乐的出现使交谊舞进入一个新的时期。1904 年,英国成立了皇家舞蹈教师联合会，并由专门的舞蹈家对华尔兹、探戈、狐步、伦巴、快步等国际流行的舞种、舞姿、舞步等进行加工整理，使它具有了一定的规范和标准，公布为“国际标准交谊舞舞厅舞”的跳法，这就是所谓的“国际标准交谊舞”，简称“国标”。那种在舞厅里无拘无束、不拘一格、随心所欲地跳，便被认为跳的是自由舞。“国标舞”与一般的交谊舞的区别在于：“国标舞”是规范化、系统化的，它脱离了纯粹的自娱性，增强了艺术性，此外“国标舞”还具有表演性、竞技性的特点。

二、交谊舞的舞姿

男女舞伴都要挺胸、收腹、扩肩、收颔、两眼平视前方。尤其是扩肩，是指两肩要张开，生活中有很多人坐立时，两肩都要往里收，胸也未挺起，造成了驼背，所以跳这种舞有助于参与者保持良好的站姿和坐姿。接下来，男士平展双臂，左前臂抬起，使前臂与上臂呈约120°夹角。这时，大拇指与眉齐平，左手四指并拢，虎口张开，女伴亦是右手四指并拢，搭在男士虎口之上。然后，男士左手与女伴右手轻轻相握，男士的右手放在女伴左肩胛骨的下方，女伴的左手虎口张开，对准男士右上臂的三角肌，轻轻搭在男士的肩下，男女舞伴两脚并拢，女伴站位略在男士偏右，两人的头部都左偏45°角，两眼平视前方。

第九节　轮滑运动

一、轮滑运动的发展历史

20世纪初，轮滑运动在美国和欧洲得到广泛开展，一些国家纷纷成立了速度轮滑俱乐部。1910年，欧洲开始出现了轮滑比赛，英国于1908年修建了当时世界上最大的轮滑场。由于欧洲和北美洲轮滑运动蓬勃发展，成立一个世界组织统一管理此项运动，促进其健康发展已经显得十分重要。因此，于1924年在瑞士的蒙特勒举行了国际轮滑联合会第一次代表大会，瑞士、英国、法国、德国的11名代表参加了本次会议，会议选举凯维兹担任首任主席，奥托美耶尔为秘书长，并决定每年举行一次代表大会。1926年4月举行了第一届欧洲轮滑锦标赛，参赛的国家有英国、法国、德国、意大利、瑞士等。1936年在德国的斯图加特举行了首届世界轮滑锦标赛，英国队获得了第一名，意大利队获得第二名，葡萄牙队获得第三名。1937年在美国制定了第一个速度轮滑比赛规则，同年，在意大利蒙扎正式举办了首届世界速度轮滑锦标赛，在德国慕尼黑举办了第一届欧洲花样轮滑锦标赛。1938年在英国伦敦举行了首届速度轮滑世界锦标赛，共有6个项目，英国队获得其中4个项目的冠军，意大利获得1 000米冠军，比利时队获得1 500米冠军。1939年制定新的花样轮滑规则，从此，轮滑运动在世界各国得到迅猛发展，并真正走上了轮滑竞赛的道路。1940年4月28日在罗马举行的第43届国际奥林匹克委员会会议上正式承认了轮滑项目的国际联合会。这一决定，使轮滑运动很快从欧洲传到北美洲、南美洲、非洲、大洋洲等地，各洲也相继开展了轮滑锦标赛，并由之前的三年一届改为每年一届。

二、轮滑运动的锻炼价值

轮滑运动在我国已有悠久的历史，其运动场地广阔，使用器材简单，不论室内、室外、马路、广场，到处都可以利用。特别是在我国南方，因为没有天然冰场，大都以轮滑运动代替冰上运动。随着人们生活水平的提高和物质生活的满足，人们更加渴望进行体育锻炼。轮滑运动不但能强身健体，而且能提高人们的积极性、灵活性、稳定性和平衡能力。

（一）对运动系统的影响

参加轮滑运动能提高人体的平衡能力，在轮滑时，要把整个身体的重量放在几个滚动的轮子上，除了保持一定的身体姿势滑行之外，还要做各种各样的动作，如做前后滑行、左右转弯、跳跃、旋转、平衡等动作，尽管支撑面小、滑行速度快，但运动者稳定、精确的动作却很灵活，可见轮滑运动对提高人体的平衡能力有突出的作用。

（二）对心脏、心血管系统的影响

轮滑运动可以提高心脏、心血管的功能，据测定，经常从事轮滑运动的人的心脏比一般人的心脏横径大 3.4 厘米。这种功能性肥大是心脏肌肉发达的表现，心脏搏动有力。经常参加轮滑运动的人在安静情况下，心脏每分钟跳动 45～55 次就够用了，而一般人在安静时，心脏每分钟跳动 75 次左右才能满足人体工作生活的需要。

（三）对呼吸系统的影响

参加轮滑运动，能够呼吸新鲜空气，促进新陈代谢，改善血氧供应，在运动中不断提高呼吸系统的功能。在旺盛的代谢作用下，可以相应地改善消化系统内其他组织机能。整个机体工作能力提高以后，也可以大大地增强对呼吸道疾病的抵抗能力。

（四）对神经系统的影响

经常参加轮滑运动，可以提高对神经系统的调节作用，特别是对体温的调节能力。轮滑不但有速度变化，而且由于旋转的方向、位置等也不断地变化，这些都会使前庭分析器受到刺激，产生兴奋。同时，经过肌肉、肌腱、关节面和韧带中的运动分析其感觉神经末梢，在肌肉收缩、拉长，以及关节屈伸时，却要受到刺激，它和前庭分析器一样，在感觉器中分别沿着各部位的位置迅速传递肌肉活动状态的感觉。

三、轮滑技术介绍

轮滑与旱冰相似，所不同的是轮滑用轴承轱辘代替冰刀。穿上四个轮子的轮滑鞋可以在地面上做各种轮滑动作，在这里介绍有关轮滑的一些基础知识。

（一）站立、踏步

轮滑鞋的轮子前后滚动，不容易站稳，因此在穿好轮滑鞋后，左脚跟可紧靠在右脚的内测，使两脚成“丁”字形慢慢站起，同时上体稍前倾，两膝微屈，目视前方，两臂自然下垂，然后开始踏步。

身体重心放在左脚上，提起右脚向前，右脚四轮着地时，重心随着右脚前移落地。这样两脚轮换向前移动、落地，身体就能慢慢前进了。

踏步时步幅要小，抬腿要低，身体始终保持向前，两膝微屈，目视前方，两臂自然向左右摆动，控制身体重心。

（二）前滑

掌握踏步动作后，可开始练习向前滑行。在踏步前进中将左右两脚轮换向外侧后方蹬地，身体就能向前滑行了。也就是用右脚冰鞋内侧轮子向外侧后方蹬地，推动左脚向前滑行，身体重心落在左脚上，然后收右腿，右脚在靠近左脚内侧处着地，同时把重心移到右脚，再用左脚内侧轮子蹬地，推动右脚向前滑行，两脚轮换做上述动作。在前滑中，身体重心随着两脚交替向左右移动，在滑行时，如感到两脚疲劳，可将两脚同时放在地上滑行，掌握了直线滑行基本动作后，就可以训练转弯动作了。

前滑的转弯是在上述动作基础上进行的，一般采用向前压步的方法。在前滑中，如果向左转弯，要先使身体重心落在左脚上，身体略向左方前倾，右脚向右侧后方蹬地后，收腿提到左脚的左前方，左脚再向右脚的右后方蹬地，推动右脚向左滑行，重心随即移到右脚上，上体略向左转，如果向右转弯，动作、方向正好相反。

练习转弯时，两手伸出，两臂自然摆动，以保持身体平衡；两脚沿弧线向左前方或右前方滑行，身体不能过分倾斜，以免重心不稳而滑倒。初学者的步子不宜过分大，先练弧度大的转弯，待掌握了动作要领后，再做弧度小的转弯练习，逐渐加大身体的倾斜度。

（三）后滑

初学后滑，可先训练两脚平行的后滑（也叫倒滑葫芦）。

两脚平行站立，两膝微屈，两臂侧伸，身体重心在两脚的前脚掌上，目视前方。两脚后轮稍用力向两边撇开，两脚之间的距离滑至比肩宽且两脚后轮将靠拢到一起时，两脚再同时向外撇开，这样双腿连续不断地向外撇开和向里夹拢，身体重心向后，这样就能向后移动了。

学会了两脚平行后滑，就可以试着将两脚前后分开重复上述动作，身体重心仍放在两脚的前脚掌上，这样能提高后滑的平衡能力。

学会了向后滑行就可以再训练向后转弯动作，向后转弯动作是在向后压步中进行的。首先，两脚前后分开后滑，左脚在前，右脚在后，身体重心在左脚上。用右脚四轮在左脚方向左蹬，左膝弯曲，左脚移至右脚前，形成两脚交叉，身体重心移向左脚，上体略向右倾斜，右脚再移至左脚的右后方，重复上述动作，身体就向右后方转弯了。如要向左后方转弯，则两腿动作的方向相反。

初学者一般都是先从学习“向后葫芦滑行”，再学“向后蛇形滑行”，然后过渡到“单脚向后滑行”。

（四）横滑

横滑是轮滑的基础，要求两脚呈外八字形，脚尖向外，脚跟相对。

利用两脚向前后蹬地，推动身体侧向滑行。横滑时，上体略向前倾，两臂向左右自然伸开，靠大腿肌肉用力，使两个膝关节和脚尖向左右张开。以右侧滑行为例，两脚平行前滑，在右脚向前滑行的同时，左脚以前轮为圆心，左脚跟前移，与右脚跟相对，同时身体左转，向右滑行。左脚后轮向后蹬地，推动右脚滑行，左脚跟迅速跟紧右脚跟，这样连续做，使身体不断向右侧前进。

横滑产生惯性后，两腿保持横滑姿势不动，两膝稍伸直，腰部挺起，两臂向两侧自然伸出，可以呈直线向左或向右滑行，向右横滑时，右脚尖的方向决定着滑行的方向；右脚尖向前，就是直线滑行；右脚尖向左继而向右，就是"S"线滑行。

在熟练上述动作后，要加快横滑的速度，可使两脚在身体前后平移，就是左脚向后蹬，右脚平移到体前，身体重心移到右脚，右脚向后蹬，左脚平移到体前，身体重心移到左脚上。这样两脚交替蹬地，就能加快横滑速度。

(五) 停止

1. "犁式"停止法

两脚平行分开站立，随后脚尖内转，两脚以内侧轮柔和地压紧地面，两腿弯曲，上体稍前倾，臀部下蹲，两臂前伸维持身体平衡，就会逐渐减速至停止。

2. "T"形停止法

单脚向前滑行开始，浮足在滑行脚的后跟处成"T"形放好后，将浮足慢慢放在地面上以内侧轮柔和地压紧地面，减缓向前滑行的速度，直到停下来为止。

3. 双脚急停

在向前滑行时，两脚同时向顺时针(或逆时针)方向急转，左脚以内侧轮，右脚以外侧轮与滑行方向成 90°压紧地面，同时身体向右急转，重心移到右腿上，两膝弯曲，两臂前侧伸，即可使身体停止下来。

4. 向后滑行停止方法

向后滑行的停止方法，由于花样轮滑鞋的前端装有制动器，所以在向后滑行的过程中，只要抬起两脚脚跟，用两脚的制动器摩擦地面，就可立即停止下来。停止时，身体稍前倾，两臂侧举维持平衡。

第十四章

当代大学生体质综合评价

第一节　身体形态的测量与评估

人的身体形态是指人体的表面特征，包括人体器官的外形结构、体格、体型和姿态。身体形态测量包括观察与计量两个过程，前者包括对身体姿势的测量，后者包括对身高、体重和胸围等指标的测量。通过对身体形态的测量，不但可以在研究人体生长发育规律过程中提供重要数据，而且也可以为分析人体发育形态和评价人体发育水平提供重要的依据，同时为运动员选拔工作提供重要数据。

一、身高

身高是指人体在站立时头顶正中线上最高点到地面的最大垂直距离。身高可以反映人体骨骼发育状况，同时也是反映人体纵向生长水平的重要指标。身高测量的精度为0.1 cm。

测量时，被测量者赤脚、以立正姿势站在身高测量仪的底板上(躯干挺直，上手臂自然下垂，脚跟并拢，脚尖左右分开大约60°)，脚跟、骶骨部及两臂颊骨夹缝与身高测量仪的立柱贴近，头部保持正直，两眼平视前方，耳屏上缘与眼眶下缘最低点呈水平。记录时以厘米为单位，保留小数点后1位。

人体的身高受重力的影响，一天内的变动约为1.5 cm。清晨起床时身高为最高，夜晚为最低。因此，身高的测量时间应控制在上午10点左右。人在30岁时身高最高；40岁以后，身高会降低0.5 cm左右；60岁以后身高降低2 cm；70岁以后身高会降低3 cm左右。

二、体重

体重是反映人体横向发育的指标，同时也反映人体骨骼、肌肉、脂肪及内脏器官的综合情况。测量体重时，被测量者站立在体重秤中央，待稳定后即可读取数据。记录时以千克为单位，保留小数点后1位。

三、胸围和呼吸差

胸围是人体宽度最具有代表性的测量指标，它可以反映胸廓的大小和胸、背部肌肉的发育情况。测量时，被测量者应保持直立，自然呼吸。测量者将皮尺绕被测量者胸廓一周，皮尺的上缘位于背部肩胛下角的下缘，皮尺下缘位于胸部乳头上。已发育的成熟女性，皮尺位置于第四肋骨与胸骨连接处，皮尺应呈水平位置。在呼气后和吸气尚未开始前读数，记录时以厘米为单位，精确到小数点后一位，测量误差不超过 1 cm。

呼吸差是深吸气后胸围与深呼气后胸围的差，它可以反映人体呼吸系统功能。测量时，被测量者做最大的吸气，并在深吸气后记录胸围，接着做深呼气，并在深呼气后记录胸围值。在测量过程中，皮尺要贴紧皮肤，皮尺的松紧随深吸气和深呼气进行及时调整，并保持住皮尺的精确位置。被测量者在整个测量过程中不要耸肩或弯腰。一般人呼吸差为 6～8 cm，常锻炼者可达 8～10 cm，竞技运动员甚至可达 12 cm 以上。

四、体脂率

体脂率是指人体内脂肪体重所占体重的比例，又称体脂百分数。体脂率反映人体内脂肪含量的多少。正常成年人的体脂率分别是：男性 15%～18%；女性 25%～28%。人体体脂率应保持在正常范围，若男性体脂率超过 20%，女性超过 30%则视为肥胖。因运动不足、营养过剩或有某种内分泌系统的疾病导致的体脂率过高或肥胖，常会并发高血压、高血脂、动脉硬化、冠心病、糖尿病；若体脂率过低，达到体脂含量的安全下限（即男性低于 5%，女性低于 13%），则可能引起功能失调。

体脂率的测量多采用皮褶厚度测量法，皮褶厚度测量法是利用皮下脂肪厚度间接推算体脂率的一种方法。由于它不需要复杂的测量设备和测量条件，因此简便易行，并且适应大范围的群体测量。皮褶厚度测量法是用皮褶厚度计对身体两个点进行皮褶厚度测量，一个点是背部右肩胛骨下角；另一个点是在三头肌肌腹处。在皮褶厚度计上读得该两点的皮褶厚度，将两点的皮褶厚度相加作为 x，然后将被测量者的年龄性别分别代入下列公式，计算出身体密度。

推算身体密度（D）的回归方程：

男子	女子
$D=1.0913-0.0016x$	$D=1.0897-0.00133x$

将求得的密度代入 BROZEK 公式即可求得体脂百分数。BROZEK 公式是：

$$\text{体脂率}=(4.570\div\text{身体密度}-4.142)\times 100\%$$

然后根据计算出的体脂率推算身体脂肪重量和瘦身重（去脂体重）：

$$\text{脂肪重量}=\text{体重}\times\text{体脂率}$$

$$\text{瘦体重}=\text{体重}-\text{脂肪重量}$$

适量的脂肪是人体保持良好的功能状况所必不可少的，下表是成年人各种身体状态下体脂率。

身体状态	男性体脂率(%)	女性体脂率(%)
必需脂肪量	0～5	0～8
最少脂肪量	5	13
运动员	5～13	12～22
最佳健康状况	15～18	18～30
最佳体力状态	12～18	16～25
肥胖	＞20	＞30

第二节　大学生生理机能指标测量与评估

生理机能是人体各器官系统的功能状况所表现的生命活动，它反映了一个人的发育水平和体质状况。

一、呼吸系统的测量——肺活量

与外界进行气体交换是呼吸系统的主要功能，包括呼出二氧化碳和吸入氧气。人体的需氧量取决于个体的生理状态，当运动强度变化时，需氧量也相对地发生改变。一般人体在安静状态下，每分钟需氧量为 200～300 毫升；当人体处于剧烈运动状态时，每分钟需氧量可以增加 20 倍以上。

肺活量是指肺的静态气量，表现为不受时间限制的肺充气或排气的容量，与呼吸深度有关。肺活量主要反映呼吸机能的潜力和人体肺的容积的扩张能力。

肺活量的测试计：一般肺活量测试计，精度为 1 毫升；翻转式肺活量测试计，精度为 20 毫升，桶式肺活量测试计，精度为 50 毫升。测试时，被测者做最大限度深吸气，然后将嘴对准肺活量测试计口嘴做深呼气，直至呼尽为止。在两次测试后取最大值，记录时以毫升为单位，如下表所示。

性　别	较　差	一　般	好	较　好	优　秀
男大学生(mL)	2 500～2 849	2 850～3 249	3 250～3 899	3 900～4 349	4 350以上
女大学生(mL)	1 600～1 849	1 850～2 249	2 250～2 749	2 750～3 099	3 100以上

注意事项：呼气不可过猛，防止漏气；不得二次呼气；肺活量测试计口嘴应严格消毒。

二、心血管系统的测量——台阶实验

通过台阶实验来反映人体心血管系统技能。

使用台阶(男子测试台阶高30厘米,女子测试台阶高25厘米)、秒表和节拍器(频率为120次/min)或台阶测试仪测试。测试时,被测者直立站在台阶后方,按照节拍器发出的提示音做上下台阶运动。当节拍器发出第一声时,一只脚踏上台阶;发出第二声时,另一只脚踏上台阶,双脚直立站在台阶上;发出第三声时,先踏上台阶的脚下台阶;发出第四声时,另一只脚下台阶。连续重复3分钟后,被测者立刻静坐在椅子上,记录运动后1分到1分半钟、2分到2分半钟、3分到3分半钟的3次心率。记录运动持续时间,并以相同方法记录3次心率,然后,以下面公式计算台阶指数。如果被测者超过3次不能按照节拍器发出的节奏完成上下台阶或不能坚持完成上下台阶,应立刻停止测试。

台阶指数=运动持续时间(s)÷3次测量脉搏数之和×100%

性　别	较　差	一　般	好	较　好	优　秀
男大学生(%)	45.0～48.5	48.6～53.5	53.6～62.4	62.5～70.8	70.9以上
女大学生(%)	44.6～48.5	48.6～53.2	53.3～62.4	62.5～70.2	70.3以上

注意事项:心血管疾病患者,不得进行此项测试。

第三节　大学生身体素质指标测量与评估

一、握力

握力反映人体前臂和手掌肌肉力量。

握力的测量一般使用握力计。测量时,被测者身体直立,两脚自然分开(同肩宽),两臂自然下垂,将握力计调至适宜握距,然后用有力手持握力计。开始测试时,尽全力握紧上下两个握柄。取两次测试的最大值,记录时以千克为单位,保留小数点后一位,如下表所示。

性　别	较　差	一　般	好	较　好	优　秀
男大学生(kg)	31～36	36.1～41	41.1～48.5	48.6～53.9	54以上
女大学生(kg)	17～19.9	20～24.9	25～29.9	30～33.9	34以上

注意事项:用力时,禁止摆臂、下蹲或将握力计接触身体;如果被测者分不清有力手,双

手可各测试两次。

二、1分钟仰卧起坐

1分钟仰卧起坐为女生项目，反映女生腰腹部肌肉的力量及肌肉耐力。

使用垫子和秒表测试。测试时，被测者仰卧于垫子上，双腿分开与髋关节同宽，屈膝呈90°。测试者发出“开始”口令的同时，开表计时；被测者快速起坐，记录1分钟完成次数。

性　别	较　差	一　般	好	较　好	优　秀
女大学生(次/min)	3～7	8～16	17～28	29～35	36以上

注意事项：测试时，如果被测者借用肘部撑垫的力量完成起坐及双肘未触及或超过双膝，该次不计数；计数人员要随时向被测者报告完成的次数。

三、俯卧撑

俯卧撑为男生项目，反映男生上肢、胸部肌肉力量及肌肉耐力。

使用垫子测试。被测者双手撑地，双手间距与肩同宽，手指向前，身体挺直，屈臂使身体平直下降，直至与肘处于同一水平面，然后将身体平直撑起，恢复至开始姿势为完成1次。记录被测者1分钟最多可完成的次数。

性　别	较　差	一　般	好	较　好	优　秀
男大学生(次/min)	4～11	12～19	20～29	30～39	40以上

注意事项：测试时，如果身体未保持平直或身体未降至肩与肘处于同一水平面，该次不计数。

四、纵跳

纵跳反映人体下肢肌肉力量和爆发力。

测试时，被测试者站在纵跳仪踏板上，垂直向上尽力跳起。取两次测试最大值，记录时以厘米为单位，保留小数点后一位。

性　别	较　差	一　般	好	较　好	优　秀
男大学生(cm)	30.0～35.9	36.0～43.9	44.0～53.8	53.9～61.0	61.1以上
女大学生(cm)	19.1～22.4	22.5～27.9	28.0～36.3	36.4～42.8	42.9以上

注意事项：起跳时，双脚不能移动或有垫步动作。落地时，禁止有意收腹屈膝。

五、坐立体前屈

坐立体前屈反映人体的柔韧性。

使用坐立体前屈测试仪测试。测试时，被测试者坐在垫上，脚跟并拢，伸直双脚、双腿，脚尖自然分开，全脚掌蹬在测试仪平板上；双掌掌心向下，双臂重叠平伸，身体前屈，用双手中指指尖推动游标平滑前移，直至不能移动为止。取两次测量的最大值，记录时以厘米为单位，保留小数点后一位。

测试前，被测试者应做准备活动，以防肌肉拉伤。

测试时，膝关节不得屈曲，不得有突然前振的动作。

记录时，正确填写正负号。

性　别	较　差	一　般	好	较　好	优　秀
男大学生(cm)	0～4.4	4.5～9.9	10.0～17.3	17.4～22.7	22.8 以上
女大学生(cm)	0～3.7	3.8～8.99	9.0～16.1	16.2～20.9	21 以上

六、选择反应时

选择反应时反映人体神经与肌肉系统的协调性。

一般使用反应时测试仪测试。测试时，被测试者以单手中指按住“启动键”，等待信号发出，当任意信号键发出信号后，以最快速度去按该键；信号消失后，中指再次按住“启动键”，等待下一个信号发出，共有 5 次信号。被测试者完成第五次信号应答后，所有信号键都会同时发出光和声，表示测试结束。取两次测试的最好成绩，记录以秒为单位，保留小数点后两位。

性　别	较　差	一　般	好	较　好	优　秀
男大学生(s)	0.69～0.61	0.60～0.50	0.49～0.44	0.43～0.39	0.39 以上
女大学生(s)	0.79～0.66	0.65～0.53	0.52～0.46	0.45～0.40	0.40 以上

注意事项：测试时，被测试者不得用力敲击信号键。

七、闭眼单脚站立

闭眼单脚站立反映人体平衡能力。

使用秒表进行测试。测试时，被测试者闭眼，自然站立，当听到“开始”口令后，抬起任意一只脚，同时测试员开表计时。当被测试者支撑脚移动或抬起脚着地时，测试员停表。取两次测试的最好成绩，记录时以秒为单位，保留小数点后一位，小数点后第二位数按“非零进一”的原则进位，如 10.11 秒记录为 10.2 秒。

性　别	较　差	一　般	好	较　好	优　秀
男大学生(s)	3～5	6～17	18～41	42～98	98 以上
女大学生(s)	3～5	6～15	16～36	37～90	90 以上

注意事项：测试时，注意保护被测试者安全。

第十五章

大学生健康评价

第一节　影响健康的因素

经过科学家的推算，人类的极限寿命大约为110岁，我国古代就有“尽享天年，度百岁乃去”的说法。虽然目前人类的平均寿命较远古时代有所延长，而欲达到人类正常的寿命，仍是一个较棘手的问题。在英年早逝者中，除去意外事故，更多的是因为平时不注意医疗保健而死于心脑血管、癌症等疾病。这种现象在知识分子中尤为突出。那么，影响人的健康与长寿的关键因素是什么呢？据世界卫生组织1989年公布的资料：每个人的健康与长寿，60%取决于自身状况，15%取决于遗传，10%取决于社会因素，8%取决于医疗条件，7%取决于生活环境和地理气候条件的影响。

一、认识水平

“意识主导理念，理念主导行为”，有宏观与正确的意识，才能指导正确而有意义的行为。

二、生活方式

身体健康的人，常得益于良好的生活方式：不吸烟；节制饮酒；每天吃早餐；注意饮食营养；维持正常体重；保证高质量的睡眠；坚持中等负荷的体育锻炼。美国疾病控制中心调查了10种最常见的导致死亡的原因，发现不良的生活方式是造成死亡的最主要因素。除此之外，还应该及时注意身体传递给自己的各种需要的信息，并对之做出反应，即具有自我保健的意识和常识，做到定期检查，有病及时就医。最后，还要保证有适量的社交活动。生活于社会之中的人不单是一个生物的人，而是一个社会的人，因此，必须承担一定的社会责任，“扮演”好自己的角色，不断提高自己的社会适应能力。

三、遗传

遗传是指子代和亲代之间在形态结构以及生理功能上的相似，是一切生物共有的特征。有的草本植物只有一年的寿命，有的树木却可以存活几百年，说明生物的寿命随物种的不同而大有差异；对人类来说，遗传除了影响人的自然寿命，在人的生长发育过程中，身高、体重、皮下脂肪、血压等多项生理指标都有不同程度的家族性倾向，尤以身高最为明显；而遗传病也是当前医学领域中严重危害人类健康的疾病之一。

四、环境

（一）自然环境

大自然孕育了人类，人类的生命活动一刻也离不开大自然。自然环境的变化与人的生命活动息息相关。风雨寒热、二十四节气都会影响人的健康。人类与自然环境之间最本质的联系是物质财富和能量的交换。一方面，人类从自然环境中摄取空气、水、食物等生命必需物质，组成身体成分或产生能量；另一方面，机体排泄的各种代谢废物，在自然环境中经过多次变化，再次形成营养物质。由此可见，人和自然环境是不可分割的统一整体，环境的构成及其状态的异常变化，都会不同程度地影响人的正常生理活动。人类可以在一定程度上适应环境的变化，如人体可以通过调节体温来适应环境中气象条件的变化。但环境异常变化超过人体适应的范围时，人体就会发生某些病理性变化。人体的疾病绝大部分是由环境因素引起的，在环境致病因素中，环境污染又占很大比重。仅以人类肿瘤为例，有人提出，在人类肿瘤致病因素中，约有80％～90％是由环境因素引起的，即环境致癌说。除肿瘤外，环境污染影响人类健康的例子还很多，如美国洛杉矶的光化学烟雾引起的红眼病；印刷厂工人吸入铅尘或烟雾引起的铅中毒等。

（二）社会环境

人的健康状况可能会间接地受社会经济发展状况、社会秩序、伦理道德、宗教、风俗、教育等因素构成的社会环境影响。美国科学家曾报告，遭受虐待、歧视的儿童青少年，生长发育缓慢、身材矮小、性发育迟缓，他们并无明显的家族遗传倾向，可能是由于不良环境对中枢系统形成长期的恶性刺激，导致生长激素释放因子分泌而引起的。一旦改变他们的社会环境，他们的成长速度会大大加快，甚至最终可达到正常水平。

综上所述，环境对人类健康的影响是多层面的，维护和改善人类生存的自然环境和社会环境，已经成为保证人类健康生存的迫切任务。

第二节 健康的测量与评价

随着科学技术的迅速发展和新兴边缘学科的出现，人们对健康的认识日益深入，对健康的要求日益提高。健康对于提高人类的生活质量，成就人类的事业具有重要的意义。1988年，世界卫生组织总干事马勒博士强调指出：健康并不代表一切，但失去了健康，便失去了一切。这句话阐明了生活、事业与健康的辩证关系。

一、常用的化验检查指标

（一）血液一般检查

检查内容包括红细胞、血红蛋白、白细胞、血小板、血沉、甘油三酯、血糖等。

1. 红细胞(RBC)

正常：男性$(4.5\sim5.5)\times10^{12}$/L，女性$(4.0\sim5.0)\times10^{12}$/L。

增高：真性红细胞增多症、严重脱水、肺源性心脏病、先天性心脏病、严重烧伤、休克等。

降低：贫血、出血。

2. 血红蛋白(Hb)

正常：男性 120～165 g/L，女性 110～150 g/L。

增高与降低：大致与红细胞相同，但变化幅度不一定与红细胞平行。

3. 白细胞(WBC)

正常：$(4\sim10)\times10^{9}$ 个/L。

增高：细菌感染、严重烧伤、类白血病反应、白血病。

降低：白细胞减少症，脾功能亢进，造血功能障碍，放射线、药物、化学毒素等引起的骨髓抑制，疟疾，伤寒，病毒感染，副伤寒等。

4. 血小板(BPC)

正常：$(100\sim300)\times10^{9}$/L。

增高：原发性血小板增多症、真性红细胞增多症、慢性白血病、骨髓纤维化、症状性血小板增多症、感染、炎症、恶性肿瘤、缺乏性贫血、外伤手术、出血、脾切除后的静脉血栓形成和剧烈运动后。

降低：血小板减少性紫癜、红斑狼疮、药物过敏性血小板减少症、弥漫性血管内凝血、再生障碍性贫血、骨髓造血机能障碍、药物引起的骨髓抑制、脾功能亢进。

5. 血沉(ESR)

正常：男性 0～15 mm/h，女性 0～20 mm/h。

增快：急性炎症、结缔组织病、严重贫血、恶性肿瘤、结核病。

减慢：红细胞增多症、脱水。

生理性改变：女性月经期、妊娠后 3 个月及老人可稍增快。

6. 甘油三酯(TG)

正常：0.45～1.69 mmol/L。

增高：动脉粥样硬化、糖尿病、肥胖症。

减少：肝实质性病变、甲亢等。

7. 血糖(Glu)

正常：3.92～6.16 mmol/L(空腹)，5.1～7.0 mmol/L(餐后)。

增高：糖尿病、肾上腺皮质功能亢进、甲状腺功能亢进及脑出血等。

减少：胰岛素细胞瘤、肾上腺皮质功能减退或长期营养不良、严重肝炎等。

(二) 大便一般检查

大便常规检查包括大便的气味、颜色、性状、食物残渣、显微镜检查、寄生虫等。

1. 气味

大便若呈酸臭味同时混有气泡，常见于蛋白质或糖类消化不良。

2. 颜色

正常为黄色至橙黄色。

3. 性状

正常为柱状，质软。

4. 食物残渣

正常为肉眼不可见，出现时多见于消化不良症或肠道大部分切除的病人。

5. 显微镜检查(细胞)

显微镜下正常偶见少数上皮细胞或白细胞；大量红细胞见于下消化道出血；少量红细胞、大量白细胞或脓球见于细菌性痢疾；大量上皮细胞见于慢性结肠炎。

6. 寄生虫

要查寄生虫卵，如蛔虫、钩虫、鞭虫、姜片虫及日本血吸虫卵，即可做出相应的诊断。

(三) 尿液一般检查

尿常规检查包括尿量、颜色、气味、尿糖等。

1. 尿量

成人 24 h 正常尿量在 1 000～2 000 mL 之间，平均为 1 500 mL。

2. 颜色

正常为淡黄色，随饮水及出汗多少，色泽深浅有所不同。

3. 气味

新排出的尿液无特别气味，放置较久后可出现氨臭味。

4. 尿糖

正常：阴性。

增高：见于肾小球性尿蛋白，如急慢性肾小球肾炎、肾盂肾炎、肾小管性尿蛋白。

二、常用生理检查指标

(一) 心率

心率是指每分钟心脏搏动的次数。安静时一般成人心率约为 60～80 次/min。临床上安静时心率超过 90 次/min 称心动过速，低于 60/min 称心动过缓。经过较系统的体育锻炼或劳动锻炼的人，安静时心率明显减缓，有些训练水平较高的运动员可达到 50 次/min。

(二) 血压

血压是指血液在血管流动时对动脉血管壁产生的侧压力，也称动脉血压。心室收缩时，血液大量射入血管主动脉使压力急剧升高，这时的压力称为收缩压；心室舒张时，压力降低，称为舒张压；收缩压与舒张压之差称脉压差。血压在一定程度上反映心肌收缩力量的大小和血管弹性。血压的测量一般取坐位，以右上肢为准。测量时受试者右臂自然前伸平放在桌面上，使血压计零位与受试者心脏和右臂袖带处于同一水平面上。先将袖带捆扎于受试者上臂，肘窝暴露，将听诊器听头放在肱动脉上，开始充气加压使水银柱上升，直到听不到肱动脉搏动声，再打气升高 2.6～4 kPa，然后慢慢放气减压，第一次听到搏动声时的压力为最高血压（收缩压），继续放气减压到完全听不到搏动声的瞬间为最低血压（舒张压）。我国成年人安静时收缩压约为 13.3～16.0 kPa，舒张压为 8.0～10.7 kPa，脉压差为 4.0～5.3 kPa。世界卫生组织和国际高血压疾病学会 1993 年做出规定：凡舒张压超过 12 kPa 或收缩压大于 18.7 kPa，即视为高血压，如两次非同一时间测定的血压均较高，则可能患有高血压。

（三）呼吸

机体在新陈代谢过程中，需要不断地从外界环境中摄取氧气并呼出二氧化碳，这种机体与环境之间的气体交换称为呼吸。正常人呼吸频率为 16～20 次/min，但可随活动、情绪、疾病等因素而改变。

（四）肺活量

肺活量是指一个人全力吸气后所呼出的最大气量。肺活量是一种常用的反映呼吸机能的指标，它和身高、体重、胸围呈正相关。一般情况下，体重和胸围大的人，肺活量也大。测量肺活量时，受试者取站立姿势，然后手握肺活量计的吹气嘴，做最大吸气后对准肺活量计的吹气嘴做最大呼气，直到不能再呼气为止。测试者按指示器或显示器读数。每人可测量三次，每次间隔时间为 15 s，选最大值记录，精确到 10 位数，误差不得超过 200 mL。肺活量反映的是静态气量，与呼吸的深度有关。正常成年人肺活量，男性为 4 000～4 500 mL，女性为 2 600～3 200 mL。

（五）最大吸氧量

最大吸氧量（VO_2max）是指运动中每分钟由人体呼吸系统吸入，并由循环系统运输到肌肉而被肌肉所利用的最大氧量。它是评定人体运动时有氧工作能力的重要指标。优秀的男女耐力项目运动员 VO_2max 分别可达到 6 L/min 和 4 L/min。

（六）心电图

在每个心动周期中，由窦房结产生的兴奋依次传向心房和心室。这种兴奋的产生和传播时所产生的生物电变化，通过周围组织传到全身，使身体各部位在每一个心动周期中都发生有规律的生物电变化。用引导电极置于肢体或躯体的一定部位记录出来的心电变化的波形，叫作心电图。典型的心电图是由一组波形及各波之间的间期组成的。连续的心电图监测是用有线或遥感接收器，将心电图传送到中心台，通过贮存全面记录的方式，用电脑进行自动分析。它的目的、方法与动态心电图相似，其优点在于可以随时发现心律失常，立即给予处理。

（七）脑电图

脑电图是通过脑电图扫描机将自身微弱的生物电放大成为一种曲线图，以帮助诊断疾病的一种现代辅助检查方法。它对被检查者没有任何创伤。

（八）肌电图

肌电图同脑电图一样，也是记录人体自身生物活动的曲线图。

（九）肺功能检测

肺的功能主要是气体交换，即吸入氧气、呼出二氧化碳。用仪器测定肺的通气与换气能力即为肺功能检测。

(十) B 超检查

B 超检查简便易行，无创伤、无痛苦，运用极为广泛。除骨骼系统外，身体每个部位几乎都可使用 B 超检查。

(十一) X 线检查

X 线检查包括透视、摄片、造影三种。

1. 透视

经济简便，能动态观察器官的活动情况。

2. 摄片

能弥补透视的不足，其原理同一般摄影相同。

3. 造影

透视和摄片适用于对比度较好的肺和骨骼，但体内许多重要的组织结构互相之间在密度上差别很小，X 线无法分辨，这时就要借助于造影。

(十二) CT(电子计算机辅助断层扫描)

CT 主要用于颅脑、脊椎以及肺、纵隔、腹腔及盆腔器官病变的检查。CT 本质上仍是 X 线检查，但比一般 X 线检查更为准确。

(十三) 磁共振成像术

磁共振成像术即核磁共振(MRI)，基本原理是在强大磁场的作用下，记录组织器官内氢原子的原子核运动，经计算机处理后获得检查部位的图像。MRI 对人体没有损伤，能获得骨髓的立体图像，不像 CT 那样一层一层地扫描而有可能漏掉病变部位。

第十六章

大学生个性评价

第一节　心理健康及大学生心理健康的标准

人类社会的发展促进了人们对自身认识的发展，也促使人们更加重视自己的健康。

健康不仅是指身体健康，而且还包括心理健康。这一观点是在人们长期实践活动中总结出来的对人类健康的新认识。心理健康是研究怎样维护和增强心理素质，提高社会适应能力，预防和消除心理疾病，使心理处于最佳状态的一个学科领域。它的根本目的在于预防和矫正各种心理及行为异常，保持和促进个人与社会的心理健康。对于心理健康的标准，世界各国的学者都提出了不同的看法，至今还没有一个公认的标准。这主要是因为心理健康标准不像身体健康标准那样明确、客观，容易掌握。国内外心理学家根据自己的研究和对不同行为表现的观察，提出了不同的心理健康标准。

一、世界卫生组织(WHO)提出的心理健康标准

(1) 具有健康心理的人，人格是完整的，自我感觉是良好的，情绪是稳定的，且积极情绪多于消极情绪；有较好的自我控制能力，能保持心理平衡；自尊、自爱、自信，而且有自知之明。

(2) 一个人在自己所处的环境中，有充分的安全感，且能保持正常的人际关系，能受到别人的欢迎和信任。

(3) 心理健康的人，对未来有明确的生活目标，有理想和事业上的追求，并能脚踏实地地不断进取。

二、世界精神卫生学会(WPA)提出的心理健康标准

(1) 身体、智力、情绪十分协调。

(2) 适应环境，在人际关系中彼此谦让。

(3) 有幸福感。

(4) 在工作和职业活动中能充分发挥自己的能力，过着有效率的生活。

三、我国的心理健康标准

(1) 对自己有正确的认识和恰当的评价。

(2) 正视现实并对现实环境有良好的适应。

(3) 建立和谐的人际关系。

(4) 热爱生活，献身事业。

(5) 保持健全的人格。

(6) 能协调情绪，保持良好的心境。

四、大学生心理健康的十条标准

国内有调查显示：很多大学生希望成为名人或做出成绩，但他们的劳动积极性、参与感、挫折承受力等一系列与成功密切相关的心理和精神素质水平偏低，心理的健康和适应力不能跟上生理的发育。谈到青春期心理成熟程度，美国心理学家赫威斯特列举了十条标准，对于大学生来说，可以视为自我心理成熟的标准，也可作为教育与行为目标。

(1) 能在日常生活中与同龄人建立和谐的人际关系，这种关系应包括同性朋友和异性朋友在内。

(2) 在行为上能够扮演适当的性别角色。

(3) 接纳自己的身体和容貌，不过分炫耀自己的优点，也不过分掩饰自己的缺点，发挥最大潜能。

(4) 情绪表达渐趋成熟独立，凡事不再依赖父母或其他成人的支持与保护。

(5) 有经济独立的信心。

(6) 能够选择适合自己能力和兴趣的职业，而且肯努力，为获得该职业而准备。

(7) 认真考虑选择婚姻对象。

(8) 在知识、观念等各方面，都能达到作为一个公民所需要的标准。

(9) 乐于参与社会活动，也能在社会活动中对自己的行为负责任。

(10) 在个人的行为导向上，能建立起自己的价值道德标准。

第二节　心理健康自我检测

不健康的心理不但有害身体健康，而且严重影响日常行为活动和工作效率。对心理健康的检测可以更好地了解自己。下面介绍几种简易的心理健康测量表，可以根据测量表的内容和结果，检测自己的自我控制能力、评定情绪和焦虑水平等，对自己的心理健康水平有一个更全面的了解。

一、心理健康测量表

以下检测内容，每问有 4 种答案，阅读每个问题后，选择与自己实际情况相近的答案并做出记号。

(1) 到新环境你感到紧张恐惧吗? ________。

A. 不　　B. 有点紧张

C. 比较紧张　　D. 很紧张,甚至有恐惧感

(2) 你常常想一些与"死"有关的问题吗? ________。

A. 不　　B. 很少想　　C. 比较想　　D. 经常想

(3) 你寄出信后怀疑自己写错姓名,对吗? ________。

A. 不对　　B. 有点对　　C. 比较对　　D. 很对

(4) 你与朋友或同事发生摩擦之后,________。

A. 感到不应该,并很快忘记　　B. 有点不快,但仍能与其交往

C. 牢记心中,难以忘掉　　D. 感到苦恼,甚至怀疑被人冷落

(5) 你在别人观看或监督下,自己熟练的工作会出现失误吗? ________。

A. 会　　B. 不会　　C. 较明显　　D. 很明显

(6) 在黑暗中你害怕吗? ________。

A. 不　　B. 有点　　C. 比较害怕　　D. 非常害怕

(7) 你的注意力容易集中吗? ________。

A. 容易　　B. 不太容易　　C. 较容易　　D. 很容易

(8) 你是否愿意一个人待着? ________。

A. 不愿意　　B. 不太愿意　　C. 较愿意　　D. 很愿意

(9) 你遇事总是优柔寡断吗? ________。

A. 极少　　B. 有点　　C. 较多　　D. 经常

(10) 你对自己的要求是否苛刻? ________。

A. 能正确对待　　B. 不太苛刻　　C. 较苛刻　　D. 很苛刻

(11) 你相信命运吗? ________。

A. 不相信　　B. 很少相信　　C. 较相信　　D. 很相信

(12) 你愿意参加集体和社会活动吗? ________。

A. 很愿意　　B. 较愿意

C. 不愿意　　D. 讨厌或者害怕参加

(13) 你的虚荣心是否强烈? ________。

A. 不强烈　　B. 不太强烈　　C. 较强烈　　D. 很强烈

(14) 你迷信专家或权威吗? ________。

A. 不　　B. 不太迷信　　C. 较迷信　　D. 很迷信

(15) 你愿意与比自己能力差的人交往吗? ________。

A. 不愿意　　B. 有点愿意　　C. 较愿意　　D. 很愿意

(16) 比赛前是否总心慌或害怕对手? ________。

A. 不　　B. 很少是　　C. 较多是　　D. 总是

(17) 你对生活方面的要求能否结合实际? ________。

A. 能　　B. 基本能　　C. 不太能　　D. 脱离实际

(18) 你做事总是固执己见吗? ________。

A. 不　　B. 有点　　C. 比较是　　D. 总是

(19) 你是否总怀疑自己的能力? ________。

A. 从不怀疑　　B. 很少怀疑　　C. 有时怀疑　　D. 经常怀疑

(20) 你经常因回想伤心事而暗自流泪,对吗? ________。

A. 不对　　B. 有点对　　C. 比较对　　D. 很对

(21) 你对超过自己的朋友或同事嫉恨吗? ________。

A. 从不　　B. 有点　　C. 较嫉恨　　D. 非常嫉恨

(22) 你经常有一种失落感吗? ________。

A. 没有　　B. 很少有　　C. 有时有　　D. 经常有

(23) 你经常怀疑别人在背后议论自己吗? ________。

A. 从不　　B. 极少　　C. 有时怀疑　　D. 经常怀疑

(24) 你经常莫名其妙地发脾气吗? ________。

A. 从不　　B. 很少　　C. 有时发　　D. 经常发

(25) 你对生活与工作是否自信? ________。

A. 很自信　　B. 较自信

C. 不太自信　　D. 缺乏自信

(26) 你能很好地调节与控制自己的情绪吗? ________。

A. 能　　B. 基本能　　C. 不太能　　D. 不能

(27) 你经常对什么都看不惯吗? ________。

A. 不是　　B. 很少是　　C. 有时是　　D. 经常是

(28) 生活中你总有一种不安全感吗? ________。

A. 没有　　B. 有,不明显　　C. 有,较明显　　D. 有,很明显

(29) 睡眠中你经常做梦吗? ________。

A. 极少有　　B. 有时做　　C. 较多做　　D. 经常做

(30) 你总是自吹以获得满足或快慰吗? ________。

A. 不　　B. 有点　　C. 较喜欢　　D. 很喜欢

评定:将你所选的A、B、C、D四种答案按3、2、1、0计分。90分为满分,再按照以下评分标准评定。得分在76～90分之间为心理非常健康;61～75分为心理健康;46～60分为心理比较健康;31～45分为心理不太健康;16～30分为心理不健康;0～15分为心理很不健康。评出自己的心理健康状况后,分值在0～45分者,应在日常生活与工作中有针对性地进行调控,有意提高自己的心理素质,以增进身心健康。

第三节 不健康心理产生的原因和自测方法

在人们的日常生活中，导致不健康的心理及心理障碍产生的原因有很多种。例如繁忙的工作，学习和生活给现代人造成的过大的心理压力；精神和物质生活水平的提高使很多人的心理年龄远远地超过生理年龄而出现的生理衰老；复杂的人际关系等。下面介绍几种测试方法，以供参考。

一、心理衰老和心理年龄的自我测定方法

怎样才算衰老，到目前为止还没有一个统一的标准。国内外很多心理学家通过归纳、综合数种心理现象，总结出几套心理衰老的自测方法，这种心理衰老的自测方法包括A、B、C三组，每组均由一系列心理变化或衰老表现的项目组成。要想了解自己心理衰老，可根据需要选一组或三组综合运用。测查时将某一组内的各项心理变化或衰老表现逐项与自己的情况作对照，看是否符合及符合的程度如何，并按各组有关"基本无衰老""有点衰老""比较衰老""很衰老"及"极度衰老"的项目规定，来酌定自己心理是否衰老和衰老的程度。

A组

(1) 即使戴了眼镜也看不清楚东西。

(2) 没有一个年轻的朋友。

(3) 不喜欢看报刊《智力园地》之类的内容。

(4) 不能一下子说出水的五种不同用途。

(5) 别人和你讲话必须凑近耳边大声讲才行。

(6) 不能一下子顺背七位数或倒背五位数。

(7) 做事情不能坚持到底。

(8) 看到小说中有关爱情的描写一跳而过。

(9) 害怕外出。

(10) 在两分钟内不能从100开始连续减7至减到2。

(11) 喜欢一个人静静地坐着。

(12) 不能想象出天上的云朵像什么。

(13) 常常和别人吵架。

(14) 吃任何东西，都感到味道不好。

(15) 不想学习新知识和技能。

(16) 常常把一张立体图看成平面图。

(17) 不喜欢下棋这类动脑筋的游戏。

(18) 总认为自己比别人高明。

(19) 以前的许多兴趣爱好现在都没有了。

(20) 记不清今天是几号，也记不清今天是星期几。

(21) 钱几乎都花在吃的方面。

(22) 老是回顾过去。

(23) 常常无缘无故地生闷气。

(24) 不喜欢听纯粹的音乐。

(25) 喜欢反复地讲一件事。

(26) 看了书、电影、戏剧后，回忆不起它们的内容。

(27) 别人的劝告一点也听不进去。

(28) 对未来没有计划和安排。

(29) 常常看错东西听错话。

(30) 走路离不开拐杖。

以上心理现象，凡在 10 种以内者为“基本无衰老”；凡有 11～15 种者，为“有点衰老”；有 16～20 种者，为“比较衰老”；有 21～25 种者，为“很衰老”；有 26～30 种者，为“极度衰老”。

B组

(1) 记不清最近发生的事情。

(2) 如有急事在身总感到心情焦急。

(3) 事事总以我为主，以关心自己为重。

(4) 总好扯过去的事情。

(5) 对过去的生活总是后悔。

(6) 对眼前发生的任何事情都感到无所谓。

(7) 愿意自己一个人生活，不想麻烦别人。

(8) 很难接受新事物。

(9) 对噪音十分烦恼。

(10) 不喜欢接触陌生人。

(11) 对社会的变化惶恐不安。

(12) 很关心自己的健康。

(13) 喜欢自己过去的本领和功劳。

(14) 好固执己见。

(15) 喜欢做无聊的收藏家。

以上心理现象，凡在 3 种以内者，为“基本无衰老”；有 4～6 种者，为“有点衰老”；有 7～9 种者，为“比较衰老”；有 10～12 种者，为“很衰老”；有 13～15 种者，为“极度衰老”。

C组

(1) 经常感到胆怯很害怕。
(2) 别人做错事,自己也会感到不安。
(3) 稍有冒犯就火冒三丈。
(4) 别人请求帮助时,会感到不耐烦。
(5) 经常会感到坐立不安,情绪紧张。
(6) 脾气暴躁,焦急不安。
(7) 看见生人会手足无措。
(8) 感情容易冲动。
(9) 一点不能宽容别人,甚至对自己的亲友也如此。
(10) 曾进过精神病医院。
(11) 有时感到生不如死。
(12) 常常犹豫不决,下不了决心。
(13) 会不听别人劝告,一味干某一些事或想某一件事。
(14) 没有熟人在身边会感到恐惧不安。
(15) 总是愁眉不展、忧心忡忡。
(16) 在别人家吃饭会感到别扭和不愉快。
(17) 紧张时会头脑糊涂。
(18) 总希望别人和自己闲聊。
(19) 会无缘无故地想念不熟悉的人。
(20) 经常会哭泣。

以上心理现象,凡在 4 种以内者,为“基本无衰老”;有 5～8 种者,为“有点衰老”;有 9～12 种者,为“比较衰老”;有 13～16 种者,为“很衰老”;有 17～20 种着,为“极度衰老”。

二、应付心理压力的能力测试

通过下面的测试题,可以测试出应付心理压力的能力的大小。

(1) 你有一个支持你的家庭吗? 如果有的话,请记 10 分。
(2) 你是否以积极的态度执着追求一种爱好? 如果是,请记 10 分。
(3) 你是否参加每月集会 1 次的社会活动团体? 如果是,请记 10 分。
(4) 根据你的健康、年龄、骨骼结构状况,如果你的体重保持在“理想”范围内,请记 15 分。
(5) 你经常做一些所谓的深度放松吗? 至少 1 周做 3 次,包括安神、静思、想象、瑜伽等,如果是,请记 15 分。
(6) 如果你每周锻炼身体,每次在半小时以上,则每锻炼 1 次,请记 10 分。
(7) 如果你每天吃一顿营养丰富的饭菜,请记 5 分。
(8) 如果你每周都做你真正喜欢的事,请记 5 分。

(9) 你在家中备有专门供你独处和放松的房间吗？如果有，请记 10 分。

(10) 如果你在日常生活中，会巧妙地支配时间，请记 10 分。

(11) 如果你平均每天抽 1 盒香烟，请减 10 分。

(12) 你是否依赖饮酒或吃安眠药来帮助入睡？如果你每周有一个晚上这样，请减 5 分。

(13) 白天，你是否靠饮酒或用镇静药来稳定急躁的情绪？如果你每周有 1 次，请减 10 分。

(14) 你是否经常将办公室的工作带回家中开夜车？如果是，请减 10 分。

测试结果评定：理想的得分应该是 115 分。得分越高，说明你应付压力的能力越大。如果你的得分在 50～60 分或 60 分以上，说明你已具有应付一般性压力的能力；得分在 50 分以下，提示你应该增强应付压力的能力。

三、心理健康与身体健康的关系

健康人最重要的标志，就是有健康的行为方式。那么，怎样才能知道自己的行为方式是否符合健康的要求呢？心理学家编制了许多组问题以供自测。每组问题有三种回答，只需根据自己的实际情况，从中选择一个，然后进行汇总，就可以看出生活方式是否符合健康、文明的要求，这对提高学习和工作效率是有益的。

健康生活问卷

(1) 如果你早上必须早点起床，你就：________。

A. 调好闹钟

B. 要求别人叫醒

C. 听其自然

(2) 早上醒来后，你是：________。

A. 立即从床上跳下来开始工作

B. 不慌不忙地起床，做一些轻松体操，然后开始工作

C. 发现时间还早，还可以再睡几分钟，就继续躺在被窝里磨时间

(3) 在通常情况下，你的早餐是：________。

A. 稀饭干粮

B. 牛奶面包

C. 不吃不喝饿一顿

(4) 每天上班，你的习惯是：________。

A. 准时赶到工作地点

B. 可稍早或稍晚，前后相差半小时左右

C. 灵活掌握

(5) 午饭时间你总是：________。

A. 急匆匆，在食堂对付一口就算完成

B. 慢吞吞，有时还少量喝点酒

C. 从从容容坐下来吃饭，饭后还小憩片刻

(6) 不管工作多忙，事情多烦，责任多重，你和同事也总是尽可能地有说有笑，这种情况：________。

A. 每天都有

B. 有时存在

C. 很少出现

(7) 如果在工作上发生争吵或矛盾时，你应对的办法是：________。

A. 争论不休

B. 反应冷漠

C. 明确表态

(8) 每天下班后，你回家的时间是：________。

A. 不超过 20 min

B. 在 1 h 之内

C. 在外面玩 1 h 以上

(9) 业余时间你会：________。

A. 会见朋友和参加社交活动

B. 参加各项体育运动、娱乐活动或看电影

C. 从事家务劳动

(10) 对待探亲访友和接待来者，你的态度是：________。

A. 可以增长见识，排除杂念，积极休息

B. 浪费时间，又浪费金钱

C. 讨厌

(11) 晚上睡觉时间你总是：________。

A. 在同一时间

B. 凭自己高兴

C. 事情做好之后

(12) 如果有假期，你是怎样使用的：________。

A. 集中一次休完

B. 一半安排在夏季，一半安排在冬季

C. 待家里有事时，再使用

(13) 运动在您生活中所占的地位：________。

A. 只是喜爱看别人运动

B. 在空气新鲜的地方做做操、打打拳

C. 不喜欢运动，自己也从不运动

(14) 最近两个星期内(即使只有一次)，你曾经：________。

A. 到外面游玩过

B. 参加过体力劳动或运动

C. 散步 4 km 以上

(15) 暑假你是这样度过的：________。

A. 消极休息

B. 做点体力劳动

C. 散散步，也参加体育活动

(16) 你的自尊心的表现方式是：________。

A. 不惜任何代价要达到目的

B. 深信努力终将会结出果实

C. 用各种方式向别人暗示，要他们对你做出正确评价

请开始计分。首先对照下表，查出每道题的得分。例如，第 1 道题的三种情况，选择的是第二种情况“要求别人叫醒”，那么，根据表中的得分为 20 分。其他各题依此类推。然后，把每道题的得分相加得到总分。根据总分的多少，就可知道生活方式是否符合健康的要求。

情 况	得 分															
	1	2	3	4	5	6	7	8	9	10	11	12	13	14	15	16
A	30	10	20	0	0	30	0	30	10	30	30	20	0	30	0	0
B	20	30	30	30	10	20	0	10	20	0	0	30	30	30	20	30
C	0	0	0	20	30	0	30	0	30	0	0	10	0	30	30	10

评价：

400～480 分　几乎是最高分。可以肯定地说，这是一个善于生活、工作和休息的人。你不必担心刻板、规律的生活会使你单调，相反，积聚的精力和健康的体魄会使你的生活过得更加丰富多彩、更有意义且富有创造性。

280～400 分　能在工作繁忙的情况下掌握恢复工作能力的艺术，只要根据自己的机体特点更加合理地安排工作和生活，还是有提高效率和创造性的潜力。

160～280 分　你处在“中游”水平。但是，如果长此下去，可以说将很少有可能健康地工作和生活。但从现在开始注意还不晚。要改变那些有害的不卫生习惯和生活方式。请接受忠告，不要把可以防患于未然的事放到明天去做。

160 分以下　你的状况不佳。如果你已经感到身体不舒服，特别是心血管系统不太正常的话，很可能是那些有害于健康的生活方式造成的。在这种状况下，需要彻底改变现在的生活习惯，抵制恶习。

很多疾病产生的原因是多方面的，但心理因素引发身心疾病已经被大家广泛接受和证实。著名心理学家哈斯曾将几种身心疾病与性格特征相联系，总结出一些共性。

疾　病	性格特征
溃疡	依赖，对人怀有敌意，被压抑，感情受挫折，雄心勃勃，有魄力
偏头痛	只求尽善尽美、死板、好争斗、嫉妒
心脏病	忙碌、好胜、好争斗、善于把握环境
高血压	好高骛远、忿愤、被压抑、听话
哮喘	过分依赖、幼稚、希望被人承认
结肠炎	听话、带有强迫性、抑郁、心情矛盾、吝啬
麻疹	渴望被爱、有罪恶感、自我惩罚

第十七章

大学生体育能力评价

第一节 大学生体育能力的构成因素

体育能力就是指从事体育锻炼所必备的知识、身体素质、技能和方法。体育能力的构成因素主要有三方面：基础因素、一般因素和特殊因素。

一、基础因素

它是构成能力的根基，包括文化基础、心理基础和身体基础。文化基础是一般的社会文化修养和专业修养水平；心理基础是指一般的认识特征、意向特征和个性特征；身体基础是指良好的身体素质和运动能力。

二、一般因素

它原指通过教与学的活动过程中，学生逐步积累起有关运动方式与运动技能等方面的感性认识及其行为方式，在思想上把整体分解为各个部分及其他各个方面，或联系起来，或把整体的个别特征及个别属性分出来，或集合起来。一般因素由运动能力、创造能力和教育能力所组成，其中运动能力是基础，创造能力是核心，教育能力是纽带。

三、特殊因素

从体育教学运动的特点及其形式出发，就其思维的特征，体育教学中教师的思维活动特点有如下特殊因素。

（一）组织管理能力

利用集体学习的动力，使消极控制变为积极控制，即教师能给学生提供相互启发、相互冲击、相互补充的智力碰撞的机会，同时创造一个有利于培养学生社会生活技能和适应社会环境的能力。

（二）讲解与示范相结合的能力

作为构成体育教学任务的手段，讲解与示范是相当重要的。教师语言组织得越好，表达能力越强，示范正确优美，对完成教学任务越有利。然而，不可忽视的是应运用最接近学生思维实际的方式和方法进行教学。

(三) 概括能力

普通体育课项目多而课时少，这就要求教师能根据学生的实际能力、教材特点、课时长短，按体育教学规律和教学思维准确地进行概括，严密地组织教学。

(四) 纠正错误动作能力

一名优秀的体育教师不仅要有讲解示范的基本功，在教学中还应注意防止错误动作的产生，对已产生的错误动作，应及时采取有效手段进行纠正。学生的错误动作，只是一种现象，应分析其产生的原因、对症下药，并根据学生的认识水平，有针对性地给予解决。

(五) 思想品德教育的能力

体育教学是向学生进行共产主义思想教育、进行爱国主义教育的重要手段，是进行精神文明教育的有力阵地。由于大学生活泼好动，喜爱体育活动，因而他们的思想行为、个性爱好、文明修养、意志品质在体育活动中均能充分地表现出来。因此，体育教师应抓住时机，因势利导、有的放矢地进行教育，发展个性，陶冶学生美的情操，培养文明行为。

对于学生来说，特殊因素中的精神因素主要是献身精神和责任感，是爱国主义和敬业精神。没有优良的精神因素是不能成为创造性人才的，而这种素质是后天培养的。基本素质不好，则很难成才，但是一旦学会了思考，学会了解决问题的方法，掌握科学的方法论，就能改善和提高基本素质，促进高效率地完成学习任务，先天素质和后天环境对教学能力的形成有着重要的影响。然而，这两种因素只有在相互作用的条件下才能实现对能力的影响，而这种相互作用的过程正是人的活动过程。所以教师在教学中应特别注意对学生探索能力的培养，鼓励探索精神，养成探索习惯；注重发散思维的训练，开拓思路，寻求新的解决问题的方法和途径；重视学习特色，使学习活动个性化，使每位学生都有表现和发展创造才能的机会。为此，教师要努力地完善自己的教学能力结构因素。

第二节　实现体育能力和习惯培养的途径和方法

第一，能适应社会主义市场经济发展的要求，更新观念，不断吸收本学科以及相关学科新的研究成果和信息，更新扩充知识范围，而且要树立把创造能力大小作为衡量人才素质和智能结构的重要标准的思想，使教学过程成为不断开发学生创造能力的过程，并加以不断完善和优化。

第二，在教学中不仅要遵循传授知识技能和发展智能的一般性原则，还应遵循探索性、综合性、个性化教学原则。贯彻探索性原则，要求激发学生探求知识、技能的好奇心，鼓励质疑；贯彻综合性原则，要求教师根据学生已有的知识技能和发展水平，尊重学生不同的兴趣爱好，发展特长，鼓励和培养创造品质，如主动性、观察力、变通性、疑问性、自信心、持久性、想象力、严谨性、勇气等。要求教师联系有关学科的知识和社会生活中遇到的问题进行教学，同时鼓励学生尽量多地阅读有关书籍和资料，充分利用各方面的知识和生活经验，激发培养学生的创造意识和创造能力。

第三，研究教学方法，加强学生指导，引导学生学会创造性的学习和思考。在教法上注意采用探索性教学方法。创造一个探究的教学气氛，引导学生探索出适合学生本人特点的科学学习方法，把传授知识、技能的过程，变为发展创造的过程。因此应摆脱传统教学模式的束缚，采用“启发式”“发现式”“技法训练式”教学方法，废止“注入式”“满堂灌”的教学方法。

在教学过程中，不仅要有师生之间的信息交流，更要加强学生之间的信息交流，扩大信息传递渠道，加大信息容量，优化学生智能结构，为创造力的发展打下坚实的基础。思考是智能发展的生长点，是事业成功的基础，在教学中，教师要注意引导学生主动、积极地思考，特别是引导学生从多维度、从不同侧面学会思考。当代体育科学发展的一个突出特点是与其他领域、其他学科之间的联系越来越密切，出现了许多交叉学科和边缘学科。因此，当代的体育人才不仅需要科学的观点，更需要有科学的思维，在高校体育教学中如何教育学生进行科学的思维是其能力形成的关键。在教学中要结合不同科学的特点，发展学生的思维能力，使他们学会科学的思维，进行创造性的学习。

第三节　高校大学生体育能力的培养

所谓体育能力就是指从事体育锻炼所必备的知识、身体素质、技能和方法。没有这些，体育锻炼就无法取得预期的效果，甚至适得其反。体育能力的具体内容包括基本运动能力、自我锻炼能力、组织管理能力及终身体育意识等。

一、基本运动能力的培养

基本运动能力是指学生在参与和完成一定的活动中，必须具备的身体素质、心理条件和该项活动的基本要领。它是人们从事体育活动的基础，也是培养体育能力的基本条件。体育运动的项目很多，而且都各有特点，由于受各种条件的限制，不可能把所有的运动项目都教给学生。因此，在体育教学中应该让学生较系统地掌握一些行之有效的锻炼方法。在教学中要引导学生积极参加体育活动，在教学内容安排上，要突出重点，使学生重点掌握对发展耐力素质和力量素质有帮助的方法，提高肺功能和基础体力。只有具备了一定的基本活动能力，才能进行身体锻炼。

二、自我锻炼能力的培养

自我锻炼能力是指学生能够运用所掌握的科学锻炼身体的理论和方法，并结合环境与自身条件加以创新，独立地进行锻炼的本领。在教学中应该使学生掌握如何根据人体机能和反应情况，随时调节运动负荷的知识。适宜的运动负荷是保证体育锻炼对人体产生良好作用的重要条件，是锻炼身体的原则。在教学中还应该使学生了解，适宜的运动间歇是保证锻炼效果的又一重要条件。锻炼身体的过程是消耗体力的过程，每一次锻炼身体后的间歇也是恢复体力的过程。要获得体力的“超量恢复”就必须掌握好每一次锻炼身体之间的间歇。体育锻炼以后的间歇应该是因人而异，因负荷量大小不同，在实践中要善于控制、调节、不可千篇一律。还必须使学生懂得强健的体魄是长期不间断的锻炼积累起来的，只有有计划地坚持体育锻炼，才能使增强体质得到保证。

三、组织管理能力的培养

受过高等教育的学生，不仅应具备独立进行体育锻炼的能力，还需要一定的组织管理能力。他们作为家庭和社会的成员，就应该是家庭和社会体育的主要参与者和指导者，甚至成为组织者和领导者。因此，对他们进行体育方面的组织管理能力的培养是十分必要的。他们的组织管理能力可以通过体育课、课外体育活动课及多样的小型比赛等来培养，使他们学到的理论知识与实践相结合，这样不仅提高了教学效果，而且丰富了学生的课余生活。同时，对培养人才，为开展“全民健身运动”奠定了基础。增强学生体质是体育教学所追求的主要目标和根本任务。体育的基础知识、基本技术、基本技能是为达到目的而发挥作用的手段。高校体育教学要从学生的特点出发，为增强体质服务，更重要的是为学生终生的身心健康服务。在培养学生体育能力过程中，要把基本运动能力、自我锻炼能力、组织管理能力的培养摆在突出的位置。

四、终生体育意识的培养

终身体育是指人们在一生中所进行的身体锻炼和所受到的各种体育教育的总和。高校体育不仅要促进学生在校期间的身体发育和体质的增强，而且更应注重学生体育能力和习惯的培养，让终身体育概念渗透到学生思想中，从而使学生在毕业后能够根据主客观情况的变化，不间断地独立地从事科学的身体锻炼，成为贯穿人生的主要生活内容。大学阶段是学生生长发育，个性逐渐完善的重要阶段，也是能否坚持终身体育的关键时期。这个时期体育活动进行如何，将直接影响学生体育价值观的形成，对学生进入社会后的终身体育产生极大的影响。为此，在高校体育教学中，应从树立正确的终身体育观念入手，积极培养学生的体育能力和习惯。

更新观念，深化体育教育改革，高校体育教学要以终身体育作为指导思想，不仅要重视学生在校期间的身体锻炼及效果，还要教会学生如何进行终身体育锻炼。使学生在走出校门后，仍能根据实际情况，选择或重新学习体育锻炼的内容，独立地从事科学有效的体育锻炼，以满足个体身心健康的需要。这就要求我们将体育教学内容与未来的社会生活结合起来，在继承传统体育教学思想的基础上，建立一个既能培养学生体育意识，又能掌握运动技能；既能增强学生体质，又能培养学生自学、自练能力的教学过程。

参考文献

[1] 体育学院通用教材编写组.运动心理学[M].北京：人民体育出版社，1989.
[2] 中国篮球协会.篮球裁判员手册[M].北京：光明日报出版社，2008.
[3] 全国体育学院教材委员会.举重[M].北京：人民体育出版社，2008.
[4] 王小安，张培峰.现代篮球运动教程[M].北京：北京体育大学出版社，2007.
[5] 余丽华.篮球[M].北京：北京体育大学出版社，2007.
[6] 黄滨，奇那日图，李吉成.优化高师体育教育科学体系[M].长春：吉林科学技术出版社，2006.
[7] 王岳云.大学体育教程[M].广州：华南理工大学出版社，2006.
[8] 拉兹洛.多种文化的星球[M].戴侃等，译.北京：社会科学文献出版社，2004.
[9] 蔡俊生，陈荷清，韩林德.文化论[M].北京：人民出版社，2003.
[10] 柏忠言，张蕙兰.瑜伽：气功与冥想[M].北京：人民体育出版社，2000.
[11] 全国体育院校教材委员会.篮球运动高级教程[M].北京：人民体育出版社，2000.
[12] 殷玲玲.游泳[M].桂林：广西师范大学出版社，2000.
[13] 张宏成.篮球[M].苏州：苏州大学出版社，1996.
[14] 袭长城.现代篮球实用知识问答[M].沈阳：辽宁科学技术出版社，1993.
[15] 毗耶娑.薄伽梵歌[M].张保胜，译.北京：中国社会科学出版社，1989.
[16] 黄心川.印度哲学史[M].北京：商务印书馆，1989.
[17] 中国篮球协会.篮球规则[M].北京：光明日报出版社，2009.
[18] 林晓海.瑜伽标准体式分布图解全书[M].北京：中国纺织出版社，2009.
[19] 朱国政.篮球[M].北京：北京师范大学出版社，2008.
[20] 中华人民共和国国务院.学校体育工作条例[Z]. 1990-03-12.
[21] 全国人大常委会.中华人民共和国体育法[Z]. 1995-08-29.
[22] 陈莹.我国西部地区体育传统项目学校体育工作的现状与对策研究[D].北京：首都体育学院，2011.
[23] 史展翔.河南省省级体育传统项目学校现状与发展对策研究[D].北京：北京体育大学，2008.
[24] 崔芬芬.长春市体育传统项目学校管理教育现状及其对策研究[D].长春：东北师范大学，2006.

[25] 沈寅豪.上海市市级体育传统项目学校现状与发展对策研究[D].上海：上海体育学院,2011.

[26] 王晓楠.北京市体育传统学校现状的调查研究[D].北京：首都体育学院,2010.

[27] 杨磊.北京市体育传统项目学校现状分析与发展对策研究[D].南昌：江西师范大学,2007.

[28] 马彩珠.内蒙古自治区体育传统项目学校建设现状分析研究[D].呼和浩特：内蒙古师范大学,2010.

[29] 靳婕.陕西省省级体育传统项目学校布局及影响因素的研究[D].西安：西安体育学院,2010.